von Auer · Micus-Loos · Schäfer · Schrader (Hg.)
Intersektionalität und Gewalt

UNRAST

Katja von Auer, Christiane Micus-Loos,
Stella Schäfer, Kathrin Schrader (Hg.)

Intersektionalität und Gewalt

Verwundbarkeiten von marginalisierten Gruppen und Personen sichtbar machen

UNRAST

Bibliografische Information der Deutschen Bibliothek
Die Deutsche Bibliothek verzeichnet diese Publikation in der Deutschen Nationalbibliografie; detaillierte bibliografische Daten sind im Internet über https://www.dnb.de abrufbar.

Katja von Auer, Christiane Micus-Loos,
Stella Schäfer, Kathrin Schrader (Hg.)
Intersektionalität und Gewalt
1. Auflage, Juni 2023
ISBN 978-3-89771-347-5

www.unrast-verlag.de – kontakt@unrast-verlag.de
Mitglied in der assoziation Linker Verlage (aLiVe)

Umschlag: Felix Hetscher, Münster
Satz: Andreas Hollender, Köln
Druck: Multiprint, Kostinbrod

Inhalt

POLITIK, INSTITUTIONEN und RECHT

ZUGÄNGE und ANSÄTZE

Katja von Auer · Christiane Micus-Loos · Stella Schäfer · Kathrin Schrader

Einleitung

Alle drei Tage wird in Deutschland eine Frau Opfer einer tödlichen Beziehungstat. Gewalt in Beziehungen oder im sozialen Nahraum gehört für viele Mädchen und Frauen zu ihrem Alltag. So kommt die Studie des *Bundesministeriums für Familie, Senioren, Frauen und Jugend* (BMFSFJ) zu dem Ergebnis, dass 40 % der befragten Frauen seit ihrem 16. Lebensjahr körperliche und/oder sexuelle Gewalt erlebt haben (vgl. Schröttle/Müller 2004). Jede vierte Frau hat häusliche Gewalt durch den aktuellen oder einen ehemaligen Partner erlitten (vgl. ebd.). Mädchen werden, so die Studie, im familiären Umfeld dreimal so oft Opfer sexualisierter Gewalt wie Jungen (vgl. ebd.). Insofern ist der Zusammenhang zwischen Gewalt und Geschlecht offenkundig und wurde bereits vielfach diskutiert (Forschungsnetz Gewalt im Geschlechterverhältnis 2008). Auch wenn Gewalt unabhängig von Herkunft, Bildung und Einkommen auftritt, zeigt sich empirisch, dass für manche Menschen ein höheres Risiko besteht, in ihrem Leben Gewalt zu erfahren. Frauen mit Behinderungen sind im Laufe ihres Lebens doppelt so häufig von sexualisierter Gewalt betroffen als nicht-behinderte Frauen (vgl. Schröttle et al. 2013). Frauen mit Migrationsgeschichte suchen häufiger Schutz in Frauenhäusern, sind quantitativ und qualitativ in höherem Maße von Gewalt betroffen und tragen erheblichere gesundheitliche Folgen davon (vgl. Schröttle/Khelaifat 2007; Nägele/Mainusch 2019). Dies trifft ebenso auf Personen zu, die außerhalb der zweigeschlechtlichen Norm leben. Auch sie sind einem erhöhten Gewaltrisiko ausgesetzt. Trans*Menschen sind weltweit als Gruppe besonders vulnerabel und sehr oft das Ziel von gruppenspezifischen Diskriminierungen (vgl. Takacs 2006; Whittle et al. 2008; FRA 2014). Besonders Trans*Jugendliche leiden unter diesen Diskriminierungs- und Viktimisierungserfahrungen, wie aus Studien aus Europa (FRA 2014) und Deutschland hervorgeht (vgl. Schumann/Linde-Kleiner 2014; Krell/Oldemeier 2017; Sauer/Meyer 2016). Neben diesen drei Beispielen könnten weitere besonders vulnerable Gruppen aufgezählt werden. Sie alle eint, dass sie aufgrund ihrer sozialen Positionierung im besonderen Maße von Gewalt betroffen sind. Hinzu kommt, dass für diese Menschen häufig keine spezifischen Beratungs- und Schutzangebote existieren oder sie nicht über ihr grundlegendes Recht auf Gewaltfreiheit aufgeklärt sind (Helfferich/Kavemann 2012). Um vor geschlechtsbezogener Gewalt auch besonders vulnerable Gruppen und Personen, u.a. Trans*Personen, obdachlose Frauen, Sexarbeiter*innen, Frauen mit Behinderungen und Beeinträchtigungen, Frauen mit Psychiatrieerfahrung sowie women of color und migrierte und geflüchtete Frauen schützen zu können, müssen besonders die Differenzen innerhalb der Genusgruppe Frau in den Fokus gerückt werden.

Diese Erkenntnis führte seit einigen Jahrzehnten zu Debatten innerhalb der Frauen(haus)bewegung, der Wissenschaft sowie auf der Ebene der nationalen und internationalen Konstituierung von Menschenrechten. Dabei sind solche zentralen praktischen Fragen zu klären, wie potenziell Betroffene Schutzeinrichtungen, Beratungseinrichtungen und Aufklärungsangebote möglichst barrierearm erreichen (Rabe/Leisering 2018). Die aktuellen Debatten, die seit der Ratifizierung der Istanbul-Konvention im Jahr 2017 geführt werden, zeigen, dass besonders vulnerable Gruppen nicht nur strukturell von Schutz und Hilfen ausgeschlossen werden, sondern dass auch die Verhältnisse selbst als Gewalt zu verstehen sind, die eine »Verletzungsoffenheit herstellen und auf deren Grundlage Gewalthandeln erfolgen kann« (Sauer in diesem Band). Alle Beiträge in diesem Buch votieren deshalb dafür, den Begriff »Geschlechtsbezogene Gewalt« intersektional zu öffnen und in Abgrenzung zu (moral)politischen Forderungen (in Kritik dazu Crenshaw 1991; hooks 2022; Brown 2002, 2017) und einem karzeralen Feminismus (weiterführend dazu Gruber 2020; Srinivasan 2021) die Verwundbarkeit von marginalisierten Gruppen und Personen und die Ausschlüsse, die sie immer wieder erfahren, sichtbar zu machen. Es geht nicht darum, Gewaltverhältnisse zu relativieren oder wegzuschreiben, sondern im Gegenteil darum, Herrschaftsverhältnisse und ihre Wechselwirkungen innerhalb von Gewalterfahrungen zu thematisieren. Damit plädieren die Herausgeberinnen für ein Verständnis von Gewalt, das nicht nur eindimensional auf Geschlecht fokussiert ist, sondern die Wechselwirkungen sämtlicher Herrschaftsverhältnisse, wie Rassismus, Klassismus und Bodyismus aufnimmt.

Die Istanbul-Konvention wurde in Kraft gesetzt, um Frauen vor Gewalt, insbesondere jedoch vor häuslicher Gewalt zu schützen. Sie verpflichtet alle

Staaten, solche Gewalttaten zu verhindern, zu untersuchen, zu bestrafen und in jedem Fall dafür zu sorgen, dass die Opfer entschädigt werden. Die Fokussierung auf binäre Konstruktionen wie z.B. Frauen und Mädchen ist in den gegenwärtigen heteronormativen Diskursen notwendig, um geschlechtsbezogene Gewalt sichtbar zu machen und zu adressieren. Mittel- und langfristig fallen dadurch jedoch viele andere Gruppen durch dieses Raster, deren ›besondere‹ Vulnerabilität darin besteht, dass sie zu sogenannten Minderheiten gehören. Im Absatz 87 von Artikel 12 der Konvention wird unglücklicherweise nicht versucht, eine besondere Schutzbedürftigkeit neutral zu definieren, sondern diese über die Aufzählung von Gruppen festzuschreiben. Dies führt zwangsläufig zu ungewollten Ausschlüssen und einer Hierarchie der Opfer. Man könnte diese explizite Auflistung auch als toxisches Statusranking von Vulnerabilität bezeichnen. Dies ist besonders problematisch, weil ja eigentlich alle Opfer von Gewalt, die sich aus der heteronormativen Mehrheitsgesellschaft legitimiert, gemeint sind (vgl. Istanbul-Konvention, Bündnis 2021, Absatz 1). So bleiben, wenn auch ungewollt, Gruppen unbenannt, die häufig aus Schutzeinrichtungen ausgeschlossen werden, wie zum Beispiel Frauen mit Söhnen über zwölf Jahren, Student*innen, psychiatriebetroffene Frauen oder trans*, inter und nicht-binäre Menschen.

Die Herausgeberinnen plädieren deshalb für eine konsequent intersektionale Analyse von Gewalt, um besonders vulnerable Menschen in ihrer spezifischen Lebenssituation angemessen unterstützen zu können.

In diesem Sammelband soll versucht werden, geschlechtsbezogene Gewalt im Sinne einer performativen Differenz postkategorial zu beschreiben, um für alle Menschen ein gewaltfreies Leben anzustreben. In der Auseinandersetzung mit queer-feministischen Forschungen plädieren die Herausgeberinnen in Anlehnung an Kimberlé Crenshaw, Judith Butler, Birgit Sauer und Mai-Anh Boger für einen »intersektionelle[n], kontextbezogene[n] und diskursive[n]« Gewaltbegriff (Sauer in diesem Band). Nur mit einem solchen intersektionellen Gewaltbegriff, so Sauer, könne ein nachhaltiger Gewaltschutz ermöglicht werden, ohne minorisierte Gruppen abzuwerten oder von Gewalt betroffene Frauen zu viktimisieren (Sauer in diesem Band). Boger bezeichnet die »in einer buchhalterisch anmutenden Liste aneinandergereiht[en] Differenzen« (Boger in diesem Band) als Nichtung von Komplexität und verweist darauf, dass bei genauerem Hinsehen »diese Auflistung die Wahrnehmung erschlägt und indifferent macht« (ebd.). Sie führe nicht dazu, dass sich alle gehört, gesehen und willkommen fühlten, sondern im Gegenteil zu Kälte, zu Sarkasmus oder zu Ohnmacht ob der Tatsache, dass man niemals der ganzen Liste auf einmal gerecht werden könne (vgl. ebd.). Boger schlägt vor, »die Wahrnehmung daher nicht mit fertigen Listen [zu] erschlagen [...], sondern [...] aus der Erste-Person-Perspektive [...] [zu fragen], welche Differenzen relevant werden und gegenüber welchen Differenzen das Gegenüber oder man selbst indifferent ist« (ebd.).

Für die Lektüre des Buches *Intersektionalität und Gewalt. Verwundbarkeiten von marginalisierten Personen und Gruppen sichtbar machen* möchten die Herausgeberinnen folgende Lesart vorschlagen: Was häufig als Schwäche, Verwundbarkeit und zusätzliche Herausforderung wahrgenommen wird, lässt sich mit einer Perspektivverschiebung neu verhandeln. Nach Butler entsteht Verwundbarkeit nicht aufgrund von spezifischen Eigenschaften, sondern sie ist eine Grundkonstante des menschlichen Zusammenlebens. Butler schließt ihre Überlegungen mit dem Gedanken, dass Verwundbarkeit wahrgenommen und anerkannt werden muss, um eine ethische Begegnung zu ermöglichen. Es gehe nicht darum, sie abzuschaffen, sondern durch eine Anerkennung die Macht, Bedeutung und Struktur der Verwundbarkeit selbst zu ändern (Butler 2005: 60 f.). Dementsprechend darf sie nicht »als etwas Defizitäres gesehen werden, gegen das es zu arbeiten gelte, sondern als eine Bedingung, die notwendig zum Menschsein dazugehört« (Janssen 2020: 42). Dieser Ansatz ist deshalb für feministisches Denken und auch für die Menschenrechtsprofession Soziale Arbeit so produktiv, weil er keine handlungsunfähige Opferperspektive einnimmt, sondern die Möglichkeiten widerständiger Praxen fokussiert. Für die Zukunft bedeutet das, diese Perspektive auch in der Mandatierung konsequent umzusetzen. Die Handlungsfähigkeit von gewaltbetroffenen Menschen wird nicht nur dadurch erweitert, dass sie durch die Soziale Arbeit beraten und begleitet werden, sondern auch dadurch, wie diese es praktisch umsetzt (Barta/Schrader 2021). Es gilt, die Betroffenen als handelnde Subjekte zu begreifen und zu beraten, ihr Recht auf Unterstützung anzuerkennen und dies stets in dem Bewusstsein und der Verantwortung dafür zu tun, dass Soziale Arbeit immer auch über menschliche Schicksale mitentscheidet.

Mit den Beiträgen in diesem Buch wollen wir einerseits zeigen, wie Verwundbarkeit entlang der Differenzlinien zunimmt und andererseits Konzepte vorstellen, wie Sichtbarkeit, Akzeptanz und Handlungsfähigkeit der Betroffenen erweitert werden könnten. Soziale Einrichtungen,

Frauenhäuser und andere Anlaufstellen zum Gewaltschutz, aber auch Bildungsträger sollten solche Orte der Selbstermächtigung sein, aber durch die Ökonomisierung der Sozialen Arbeit und der Bildung sowie der jahrelangen Aushöhlung und Prekarisierung von Unterstützungsprojekten, sind sie dazu oft nicht mehr in der Lage und versuchen nur noch, ›den Laden am Laufen zu halten‹. Die Beiträge verdeutlichen, dass die Angebote für Betroffene von geschlechtsbezogener Gewalt und insbesondere für besonders vulnerable Gruppen nicht ausreichen. Solange die von heteronormativer Männlichkeit geprägte Gewalt nicht aus einer intersektionalen Perspektive beschrieben und als strukturelles Problem einer Gesellschaft anerkannt wird, sind Gewaltbetroffene weit davon entfernt, Zugänge zu adäquaten Schutzmaßnahmen und Handlungsmöglichkeiten zu finden. Die Herausgeberinnen begeben sich mit verschiedenen Autor*innen aus Praxis und Wissenschaft auf die Suche nach den Chancen, aber auch den Herausforderungen eines intersektionalen Gewaltbegriffes. Die Texte mit ihren unterschiedlichen Expertisen sollen einen Beitrag für Betroffene, Student*innen, Lehrende, Praktiker*innen und Wissenschaftler*innen liefern, um die aktuellen Arbeitsweisen zu diskutieren, weiterzudenken und eine intersektionale Perspektive auf Gewalt schrittweise in die Praxis und Ausbildung zu integrieren.

Die Leitartikel sind von Mai-Anh Boger und Birgit Sauer verfasst.

Mai-Anh Boger verfasst eine Hommage an Simone Weil. Sie bezieht sich auf ein Poem von Weil, in dem diese die Ilias nutzt, um zu zeigen, welches Unglück den Menschen geschehen kann, wenn das Gemeinwesen durch böswillige und brutale Gewalt vernichtet wird. Im Mittelpunkt dieses Werkes steht die Einsicht, dass alle zugrunde gehen, wenn sie der Gewalt zu sehr vertrauen. Bogers Beitrag verdeutlicht die Nutzlosigkeit und Überflüssigkeit der Gewalt sowie ihre Macht, Menschen zu verdinglichen und zu versteinern. Sie verwendet Weils Poem, um zu zeigen, wie durch Gewalterfahrung das Denken bis zur Nichtung beschleunigt wird. Die Autorin veranschaulicht dabei gleichzeitig, wie auch das inflationäre Auflisten von Differenzen, zu einem kalten und gewaltförmigen Denken führen kann. Boger inspiriert uns zu fragen, wie viel und welche Gewalt erfahren werden müsste, wie viel oder wenig Frau* wir sein müssten oder dürften, um geschützt zu werden. Ihre Antwort ist deutlich. Es braucht die Zeit für gründliches Denken, eine herrschaftskritische Positionierung sowie einen differenzierten Blick, um die Gewalt als solche zu erkennen und ihr nicht zu dienen. Nur dann kann Intersektionalität im Sinne der ›Schwachen‹ umgesetzt werden.

Birgit Sauer fragt in ihrem Beitrag, was ein intersektionaler Gewaltbegriff leisten kann, um kulturalisierenden Fallen zu entkommen und nachhaltigen Gewaltschutz zu denken, ohne bestimmte minorisierte Gruppen abzuwerten und von Gewalt betroffene Frauen zu viktimisieren. Ein intersektionaler Gewaltbegriff, so Sauer, sollte erstens das Zusammenspiel von Gewaltstrukturen und -diskursen, zweitens die Interaktion von Ungleichheitsstrukturen zwischen Minderheitengruppen und der Mehrheitsgesellschaft sowie drittens die Interaktion von Ungleichheits- und Gewaltstrukturen an der Schnittstelle von Geschlecht, Kultur, Ethnizität/Nationalität, Religion und Klasse umfassen.

Im ersten Teil *Differenzlinien der Gewalt* setzen sich Fachfrauen* und Expert*innen damit auseinander, wie besondere Vulnerabilität in Bezug auf Gewalt entstehen kann.

Elena Barta erweitert das Verständnis geschlechtsspezifischer Gewalt, und rückt im vorliegenden Beitrag Geschlechtergrenzen und trans*formatives Leben in den Mittelpunkt. Dafür wird gleichzeitig die öffentliche und die unsichtbare sowie die strukturelle und die interpersonelle Gewalt, die Trans*Personen und geschlechtlich nichtkonforme Personen erfahren, in den Fokus genommen. Den Begriff ›Trans*‹ nutzt Barta als Überbegriff oder symbolischen Schirm für eine Vielzahl von Personen, deren Geschlecht nicht den normativen Vorstellungen von Mann-Frau entspricht. Am Beispiel der partnerschaftlichen oder elterlichen Gewalt im privaten Raum und sexualisierter Gewalt im öffentlichen Raum beschreibt Barta die Spezifitäten der Geschlechtsbezogenheit, welche sich in einer Ablehnung der Geschlechtsidentität, der (imaginierten) Sexualität und einer Verweigerung der Anerkennung äußern. Anschließend verdeutlicht Barta die Komplexität von Mehrfachdiskriminierungen, die schutzsuchende Trans*Personen erfahren, sowie auf der Subjektebene das Zusammenspiel von institutioneller Diskriminierung und verinnerlichter Negativität. Abschließend plädiert Barta dafür, dass Forschung und Schutzeinrichtungen die Mechanismen der trans*feindlichen Gewalt ernstnehmen.

Sabine Fries zeigt ausgehend von der Feststellung, dass ein Zusammenhang von Gewalt und gesundheitlicher Beeinträchtigung oder Behinderung im Leben von Frauen* besteht, welcher durch intersektional wirkende Einflüsse eine besondere Vulnerabilität hervorbringt. Zu den Wechselbeziehungen zählt sie die Sozialisationsbedingungen, Geschlechtsidentität sowie die körperliche und sexuelle Selbstbestimmung von Frauen* mit Behinderungen. Gewalt und Diskriminierung gegen Frauen* mit Behinderungen haben komplexe und weitreichende Folgen, die die Lebensqualität dieser Frauen* mindern, so Fries. Auf Grundlage dieser Erkenntnis formuliert sie eine Kritik an dem Gesundheitsbegriff der WHO, welcher nicht ausreichend zwischen Gesundheit und Wohlbefinden differenziere und pathogenetische Aspekte fokussiert. Abschließend gibt die Autorin einen Ausblick auf Möglichkeiten, die Ziele der UN-BRK nach gleicher Qualität und gleichen Standards der gesundheitlichen Versorgung für Frauen* mit Behinderungen zu erreichen. Insbesondere zählen dazu eine Aufklärung und Sensibilisierung aller professionellen Kräfte im Gesundheitssektor und dem Abbau negativer Bilder von Behinderung.

Fabienne Mahwane gibt in ihrem Beitrag einen Einblick in den derzeitigen Umgang mit Rassismus innerhalb des Hilfesystems. Die Autorin stellt fest, dass Rassismus in das Hilfesystem gegen Gewalt an Frauen hineinwirkt und markiert eine Notwendigkeit der Auseinandersetzung, um zukünftig auch von Rassismus betroffenen Personen einen besseren Schutz zu bieten. Es fehle vor allem an einem Verständnis für Rassismus und seine Wirkungsweisen. Als größte Herausforderung sieht sie die mangelnde Reflexion der Mitarbeiterinnen im Hilfesystem über die Reproduktion rassistischer Stereotype und das Fehlen anti-rassistischer Arbeit. Detailliert arbeitet sie die Problematik heraus und skizziert, wie Diversität durch Mitarbeitende mit Rassismuserfahrungen und deren Vernetzung den Problemen entgegenwirken kann.

Christine Kone und Katja von Auer analysieren den Rassismus gegen Sintizze* und Romnja* mit einem intersektionalen Verständnis von Gewalt. Sie skizzieren das Spannungsfeld von Sicht- und Unsichtbarkeiten im Hinblick auf das damit verbundene Maß an Vulnerabilität. Dabei stellen sie die Frage, wie feministische Solidarität gelingen könnte und identifizieren mit Butler die Verletzbarkeit als konstitutives Moment von Schwesternschaft. Auf Basis einer strukturellen Verortung von Gewalt kritisieren sie die Rahmenbedingungen, unter denen anti- und contra_rassistische Hochschullehre stattfindet und beschreiben die Gefahr der damit einhergehenden Reproduktion diskriminierender Verhältnisse.

Die Gewalt in der Sexarbeit steht im Mittelpunkt des Beitrags von Ursula Probst. Sie zeigt, warum es notwendig ist, mit intersektionalen Perspektiven auf dieses umkämpfte Feld innerhalb feministischer Debatten zu blicken. Sexarbeit wird einerseits per se mit Gewalt gegen Frauen (sic!) gleichgesetzt und deshalb ihre Abschaffung gefordert. Andererseits betonen Aktivist*innen, die sich für die Rechte von Sexarbeiter*innen einsetzen, dass unterschiedliche Formen von (struktureller) Gewalt gegen sexarbeitende Menschen vonseiten staatlicher und rechtlicher Akteur*innen die vielfältigen Vulnerabilitäten von Sexarbeiter*innen erst bedingen. Die Autorin postuliert, dass gerade in den politischen Diskursen beiden Positionen ein pauschalisierender Gewaltbegriff zugrunde liegt. Sie kritisiert, dass dadurch die Differenzlinien und ihre Schnittpunkte innerhalb der Sexarbeit unsichtbar werden. Probst plädiert in ihrem Beitrag für eine differenzierende und vor allem auch situierende Analyse von Gewalt in der Sexarbeit, die nicht nur die Heterogenität von sexarbeitenden Menschen im Blick behält, sondern auch die unterschiedlichen Ebenen, Formen und Definitionen von Gewalt sowie ihre Überschneidungen benennt.

Im zweiten Teil *Politik, Institutionen und Recht* arbeiten die Expert*innen heraus, wie sich aufgrund von strukturellen Bedingungen die Verwundbarkeit von Menschen ganz unterschiedlich herausbilden kann.

Sarah Elsuni analysiert in ihrem Beitrag die juristischen Aspekte von Gewaltschutz und dem Recht auf körperliche Unversehrtheit im Lichte der Intersektionalität. Sie fokussiert in ihrem Beitrag, wie schwierig es für vielfältig vulnerable Menschen ist, Zugang zum Hilfesystem zu bekommen. Vor dem Hintergrund des ersten Evaluierungsberichtes des Expert*innenausschusses zur Umsetzung der Istanbul-Konvention (GREVIO 2022) arbeitet Sarah

Elsuni in zwei ausgewählten Bereichen – Gewalterfahrung und Sorgeverpflichtung sowie Gewalt- und Migrationserfahrung – exemplarisch heraus, welche Besonderheiten, Möglichkeiten und Herausforderungen, welche Lücken und Bedarfe beim Schutz sowie bei der Hilfe von geschlechtsbezogener häuslicher Gewalt bestehen.

Ulrike Lembke wirft in ihrem Beitrag einen intersektionalen Blick auf den Begriff Femi(ni)zide in juristischen und rechtspolitischen Diskursen. Sie zeigt, wie der Diskurs aus der internationalen feministischen Debatte spät nach Deutschland kam und in einen spezifischen deutschen Diskurs zwischen einer Privatisierung und Rassifizierung von Gewalt interveniert. Weiterführend setzt sie sich mit den Fragen auseinander, wann eigentlich ein Femi(ni)zid vorliegt, was die Tötung eines Menschen verursacht, nur weil dieser eine Frau ist und wie konzeptuell die Heterogenität der Opfer und Betroffenen (und nicht nur der Täter) abgebildet und verarbeitet werden kann. Charakteristisch für den Begriff des Femi(ni)zids sei die Kontingenz der beschriebenen Gewalt, weshalb eine vertiefte Erforschung sowie einer Kenntnisnahme der Ergebnisse notwendig sei. Abschließend argumentiert Ulrike Lembke, warum das Konzept des Femi(ni)zids über das Strafrecht hinaus angewendet werden sollte und geschlechterbasierte Gewalt somit zu einer umfassenden Staatsaufgabe werden würde.

Christina Clemm thematisiert in ihrem Beitrag anhand unterschiedlicher Beispiele misogyne Phänomene in der Justiz. Sie zeigt, dass geschlechtsspezifische Gewalt in den Justizbehörden weder benannt noch ihr angemessen begegnet wird. Die Autorin legt dar, dass es durch fehlende Ausbildung und Sensibilisierung, aber auch durch mangelnde personelle und sachliche Ausstattung der Ermittlungsbehörden zu Fehleinschätzungen von Tatmotiven kommen kann, was eine (Re-)Traumatisierung der Betroffenen auslösen kann. Der Beitrag kritisiert nicht nur den Status quo, sondern eröffnet auch die Perspektive eines anderen Umgangs bei besserer Fortbildung, mehr Wissen und besserer Ausstattung der Ermittlungsbehörden. Die Autorin ordnet ihre Analyse in den europäischen Kontext der Istanbul-Konvention ein und zeigt die verheerenden Folgen auf, wenn die deutsche Justiz von Phänomenen wie Frauenhass, Frauenverachtung und der Verzahnung mit anderen menschenverachtenden Praktiken wie Rassismus, LGBTIQ-Feindlichkeit oder Ableismus keine Notiz nimmt.

Clemm plädiert deshalb für eine fundiertere und intersektionale Wissensvermittlung in der Ausbildung.

Martina Puschke befasst sich mit den Gewalterfahrungen von Frauen mit Beeinträchtigung und mit den Hürden des Hilfesystems, durch welche ein diskriminierungsfreier Schutz erschwert oder verhindert wird. Puschke beschreibt in ihrem Beitrag, dass Frauen* mit Beeinträchtigung erheblich mehr von Gewalt betroffen sind als Frauen* ohne Beeinträchtigung und gleichzeitig viel weniger Schutz bekommen, da die Anlaufstellen nicht barrierearm sind und auch Mitarbeitende im Hilfesystem als Teil einer durch Differenzlinien strukturierten Gesellschaft ableistische Denkmuster reproduzieren. Die Autorin verortet die Ursache für die erheblich höhere Gewaltbetroffenheit in gesellschaftlichen Strukturen, die Menschen mit Beeinträchtigungen aussondert, indem sie sie »in ein flächendeckendes, lebensphasenübergreifendes Sondersystem« (Puschke in diesem Band) einsortiert, was auch in Zeiten der Inklusion nicht überwunden sei. Für einen intersektionalen Gewaltschutz fordert sie partizipativ erarbeitete Konzepte und eine angemessene Finanzierung.

Britta Schlichting und Sylvia Haller führen anhand der Leitlinien Autonomer Frauenhäuser aus, wie sich Parteilichkeit, eine feministische Grundhaltung, Partizipation, Inklusion und Empowerment (u.a.) in der praktischen Arbeit widerspiegeln. Sie verweisen auf die Bedeutung der Istanbul-Konvention für die Untermauerung von politischen Zielen. Dabei liegt es im Grundverständnis Autonomer Frauenhäuser zwar jede Gewaltbetroffene individuell zu schützen, aber geschlechtsspezifische Gewalt nicht zu individualisieren, sondern eingebettet in und befördert durch patriarchale Strukturen wahrzunehmen. Daraus entwickeln die Autorinnen u.a. die Forderung einer subjektunabhängigen Finanzierung, damit nicht die »einzelne gewaltbetroffene Frau als Problemträgerin identifiziert« (Haller/Schlichting in diesem Band) wird. Stattdessen sollen systembedingte Ursachen von Gewalt und die gesamtgesellschaftliche Verantwortung, misogyne Verhältnisse und Heteronormativismen zu überwinden, in den Blick genommen werden.

Melike Engin verbindet in ihrem Beitrag theoretische Ansatzpunkte mit ihren eigenen Erfahrungen und Beobachtungen als Mitarbeiterin in einem

Frauenhaus. Sie benennt den Widerspruch zwischen formalen Rechtsansprüchen auf diskriminierungsfreien Schutz und den Ausschlüssen, die in der Realität bestehen. Dabei wirken die Reproduktion von Rassismen innerhalb der Hilfesysteme, die Vermittlung von Normen und strukturell gewaltvolle Verhältnisse ineinander und verstärken sich gegenseitig. Anhand der *Citizenship* Debatte und den gravierenden Auswirkungen, die ein unsicherer Aufenthaltsstatus auf den Zugang zu Schutz- und Hilfeeinrichtungen haben kann, verdeutlicht sie die heterogenen Positionierungen von (migrantisierten) Gewaltbetroffenen und stellt den Zusammenhang zwischen kulturalisierter Gewalt und formellem Recht her.

Im dritten Teil *Zugänge und Ansätze* werden unterschiedliche Praxen des Gewaltschutzes fokussiert. Die Autor*innen blicken mit ihren Expertisen als Forscher*innen und Praktiker*innen für Gewaltschutz auf Probleme und Lösungsansätze in diesem Feld.

Das Kollektiv Solidarische Sozialarbeit beschreibt ausgehend von subjektiven Wahrnehmungen die Lebenssituationen von drogengebrauchenden Frauen* auf der Straße und ihren hohen Grad an Verwundbarkeit bezüglich sexualisierter Gewalt. Neben einer Einordnung in fachspezifische Diskurse sowie einer Darstellung der Repräsentation der Problematik in den Medien wird in dem Beitrag deutlich, wie sich die (Gewalt)Erfahrungen der Frauen* in die Wahrnehmung und Weltsicht der Sozialarbeiter*innen einschreiben. Damit zeigt das Kollektiv die tiefe Verflechtung von patriarchalen Machtverhältnissen mit dem gesellschaftlich und politisch marginalisierten Bewusstsein für die Notwendigkeit von Schutz einer besonders vulnerablen Gruppe.

Gloria Schmid schreibt über die Schwierigkeit und Möglichkeiten, Intersektionalität in der Frauenhausarbeit umzusetzen. Beispielhaft dafür ist die Ambivalenz, einen unbedingten Gewaltschutz für alle Personen umsetzen zu wollen, aber gleichzeitig an Grenzen zu stoßen, z.B. ein Denken in starren, hierarchisch geordneten Kategorien. Mittels ihrer intersektional-analytischen Perspektive auf die Praxis zeigt sie, wie Rassismus, Staatsbürger*innenschaft, Bildung, sogenannte Behinderung oder Fluchterfahrung von Frauen zu Ausschlüssen führen. Laut Schmid ist Gewalt gegen Frauen* ein gesamtgesellschaftliches Thema unabhängig von Herkunft, Bildung und Einkommen. Jedoch verdeutlicht sie auch, dass mehrfach-diskriminierte Frauen* eine höhere Wahrscheinlichkeit haben, Gewalt zu erfahren. Wichtig ist der Autorin auch, die Ressourcen der Frauen* anzuerkennen und sie als Betroffene in die Konzeption und Organisation der Frauenhausarbeit einzubinden.

Sarah Sobeczko gibt in ihrem Beitrag Einblicke in die Erfahrungen geflüchteter Frauen* im Frauenhaus. Sie stellt sich der komplexen Problematik, der die Frauen* ausgesetzt werden, die aus der Gewaltsituation in ihrem Herkunftsland geflüchtet sind und dann mit dem bundesdeutschen Hilfesystem konfrontiert werden. Auf der Basis von Ausschnitten aus Gruppendiskussionen mit geflüchteten Frauenhausbewohner*innen analysiert sie deren besondere Verwundbarkeit und reflektiert die Verwobenheit von Gewalt- und Ungleichheitsstrukturen sowohl hinsichtlich gesamtgesellschaftlicher Diskurse als auch in Hinblick auf die konkrete Praxis von Frauenhäusern. Die Ergebnisse setzt die Autorin nicht absolut, sondern weist darauf hin, dass die Aussagen der Frauen* nur mit einer Diversitätssensibilität zu problematisieren seien. Sobeczko resümiert, dass eine intersektionale Perspektive in der Arbeit mit geflüchteten Frauenhausbewohner*innen notwendig sei, um der Handlungsfähigkeit und Selbstbestimmung gewaltbetroffener Frauen* gerecht zu werden.

Kathrin Schrader führt den Begriff der Taxonomie in die Debatte um Kategorisierungen in der Sozialen Arbeit ein. Sie macht deutlich, dass hierarchisch aufgebaute Klassifikationsschemata, die aus verwaltungstechnischer Perspektive Effizienz versprechen und deshalb die Praxis bestimmen, intersektionale Ansätze zwangsläufig unterlaufen und auch eine Verfeinerung von Kategorien dieses Dilemma nicht auflösen kann. Dabei geht sie davon aus, dass die Einführung von betroffenenorientierten und intersektionalen Ansätzen nicht am Unwillen der Praktiker*innen, sondern an den Strukturen scheitert, die von Organigrammen und formalen Prozessen definiert werden. An einem Beispiel zeigt sie, wie die Taxonomien die Entscheidungen der einzelnen Akteur*innen beeinflussen und legitimieren, aber zu Ausschlüssen mit gravierenden Folgen führen. Schrader stellt ein dynamisches Modell vor, welches ausgehend von Subjektkonstruktionen und auf Basis einer intersektionalen Mehrebenenanalyse die taxonomischen Hierarchien überwindet und den Kategorien so ihre Macht nimmt. Dadurch können im

Ergebnis betroffenenorientierte statt zielgruppenoptimierte Hilfsangebote entwickelt werden.

Die Herausgeberinnen hoffen, mit diesem Buch eine weiterführende Diskussion anzustoßen.

Ihr Dank gilt den Autor*innen aus Praxis und Wissenschaft, die den Auftakt der Diskussion ermöglichen. Außerdem danken die Herausgeberinnen Nadine Ott, wissenschaftliche Mitarbeiterin am Institut für Pädagogik, Abteilung Sozialpädagogik der Christian-Albrechts-Universität zu Kiel für ihre große Unterstützung beim Lektorat.

Literatur

Barta, Elena / Schrader, Kathrin (2021): Die Dritte Option. Uneindeutigkeit im Fadenkreuz von Macht und Herrschaft. In: Melanie Groß / Katrin Niedenthal (Hg.): Geschlecht: divers. Die »Dritte Option« im Personenstandsgesetz – Perspektiven für die Soziale Arbeit. Bielefeld: transcript 2021. S. 149–172.

Brown, Wendy (2002): Suffering the Paradoxes of Rights. In: Wendy Brown / Janet Halley (Hg.): Left Legalism / Left Critique. Durham/London: Duke University Press 2002. S. 420–433.

Brown, Wendy (2017): Die Paradoxien der Rechte ertragen. In: Christoph Menke / Francesca Raimondi (Hg.): Die Revolution der Menschenrechte. Grundlegende Texte zu einem neuen Begriff des Politischen. 2. Aufl. Frankfurt am Main: Suhrkamp 2017. S. 454–476.

Butler, Judith (1991): Das Unbehagen der Geschlechter. Frankfurt am Main: Suhrkamp.

Butler, Judith (1993): Körper von Gewicht. Die diskursiven Grenzen des Geschlechts. Frankfurt am Main: Suhrkamp.

Butler, Judith (2005): Gefährdetes Leben. Politische Essays. Frankfurt am Main: Suhrkamp.

Butler, Judith (2015): Die Macht der Geschlechternormen und die Grenzen des Menschlichen. 3. Aufl. Frankfurt am Main: Suhrkamp.

Crenshaw, Kimberlé (1991): Mapping the Margins: Intersectionality, Identity Politics, and Violence against Women of Color. In: Stanford Law Review 43/6. S. 1241–1299.

European Union Agency for Fundamental Rights (FRA) (2014): Being Trans in the European Union: Comparative analysis of EU LGBT survey data. Wien.

Forschungsnetz Gewalt im Geschlechterverhältnis (GiG-Net) (Hg.) (2008): Gewalt im Geschlechterverhältnis. Erkenntnisse und Konsequenzen für Politik,

Wissenschaft und soziale Praxis. Forschungsnetz Gewalt im Geschlechterverhältnis. Opladen/Farmington Hills: Barbara Budrich.

Gruber, Aya (2020): The Feminist War on Crime: The Unexpected Role of Women's Liberation in Mass Incarceration. Berkeley: University of California Press.

Helfferich, Cornelia / Kavemann, Barbara (2012): Bericht der Bundesregierung zur Situation der Frauenhäuser, Fachberatungsstellen und anderer Unterstützungsangebote für gewaltbetroffene Frauen und deren Kinder. Hrsg. vom Bundesministerium für Familie, Senioren, Frauen und Jugend (BMFSFJ). Bundestagsdrucksache 17/10500. https://www.bmfsfj.de/resource/blob/93350/e8f90d2446d01af18a3c88a110200457/bericht-der-bundesregierung-zur-situation-der-frauenhaeuser-data.pdf (12.11.2022).

hooks, bell (2022): Männer, Männlichkeit und Liebe. Der Wille zur Veränderung. München: Elisabeth Sandmann Verlag.

Istanbul-Konvention, Bündnis (2021): Alternativbericht zur Umsetzung des Übereinkommens des Europarats zur Verhütung und Bekämpfung von Gewalt gegen Frauen und häusliche Gewalt. https://www.bmfsfj.de/resource/blob/183606/fb14953b4d67ab87db0a0dbe57acdd5c/buendnis-istanbul-konvention-alternativbericht-data.pdf (12.11.2022).

Janssen, Angela (2020): Verletzbarkeit und Geschlecht. In: Eva Breitenbach / Walburga Hoff / Sabine Toppe (Hg.): Geschlecht und Gewalt. Diskurse, Befunde und Perspektiven der Erziehungswissenschaftlichen Geschlechterforschung. Leverkusen-Opladen: Barbara Budrich 2020. S. 31–46.

Krell, Claudia / Oldemeier, Kerstin (2017): Coming-out – und dann ...?! Coming-out-Verläufe und Diskriminierungserfahrungen von lesbischen, schwulen, bisexuellen, trans* und queeren Jugendlichen und jungen Erwachsenen in Deutschland. Opladen: Barbara Budrich.

Nägele, Barbara / Mainusch, Sandra (2019): Statistik Frauenhäuser und ihre Bewohner_innen. Bewohner_innenstatistik 2018 Deutschland. Hrsg. vom Frauenhauskoordinierung e.V. https://www.frauenhauskoordinierung.de/fileadmin/redakteure/Publikationen/Statistik/FHK-Bewohner_innenstatistik_2019_WEB.pdf (12.11.2022).

Rabe, Heike / Leisering, Britta (2018): Die Istanbul-Konvention. Neue Impulse für die Bekämpfung von geschlechtsspezifischer Gewalt. Deutsches Institut für Menschenrechte. Berlin. https://www.institut-fuer-menschenrechte.de/publikationen/detail/die-istanbul-konvention (07.02.2019).

Srinivasan, Amia (2022): Das Recht auf Sex. Stuttgart: Klett Verlag.

Sauer, Birgit (2011). Migration, Geschlecht, Gewalt: Überlegungen zu einem intersektionellen Gewaltbegriff. In: GENDER 3/2. S. 44–60. https://nbn-resolving.org/urn:nbn:de:0168- ssoar-395442 (12.11.2022).

Sauer, Arn / Meyer, Erik (2016): Wie ein grünes Schaf in einer weißen Herde. Lebenssituationen und Bedarfe von jungen Trans* Menschen in Deutschland. Forschungsbericht zu »TRANS* – JA UND?!«. https://www.transjaund.de/wp-content/uploads/2017/07/Schaf-PDF.pdf (14.01.2020).

Schröttle, Monika / Khelaifat, Nadia (2007): Gesundheit – Gewalt – Migration. Eine vergleichende Sekundäranalyse zur gesundheitlichen und Gewaltsituation von Frauen mit und ohne Migrationshintergrund in Deutschland. Bundesministerium für Familie, Senioren, Frauen und Jugend (BMFSFJ). https://www.bmfsfj.de/blob/jump/93964/gesundheit-gewalt-migration-langfassung-studie-data.pdf (03.12.2019).

Schröttle, Monika et al. (2013): Lebenssituation und Belastungen von Frauen mit Beeinträchtigungen und Behinderungen in Deutschland. Ergebnisse der quantitativen Erhebung. Endbericht. Hrsg. vom Bundesministerium für Familie, Senioren, Frauen und Jugend (BMFSFJ). Berlin.

Schröttle, Monika / Müller, Monika (2004): Lebenssituation, Sicherheit und Gesundheit von Frauen in Deutschland. Eine repräsentative Untersuchung zu Gewalt gegen Frauen in Deutschland. Hrsg. vom Bundesministerium für Familie, Senioren, Frauen und Jugend (BMFSFJ). Berlin. https://www.bmfsfj.de/bmfsfj/studie-lebenssituation-sicherheit-und-gesundheit-von-frauen-in-deutschland-80694 (12.11.2022).

Schumann, Kerstin / Linde-Kleiner, Judith (2014): unsicher.klar.selbstbestimmt. Wege von Trans*Kindern, *Jugendlichen und jungen *Erwachsenen in Sachsen-Anhalt. Magdeburg: Kompetenzzentrum geschlechtergerechte Kinder- und Jugendhilfe Sachsen-Anhalt e.V.

Takacs, Judith (2006): Social exclusion of young LGBT People in Europe. Brüssel. https://www.ilga-europe.org/files/uploads/2022/05/social-exclusion-young-lgbt-people-europe.pdf (12.10.2022).

Whittle, Stephen et al. (2008): Transgender EuroStudy: Legal survey and focus on the Trangender experience of Health Care. Brüssel: The European Region of the International Lesbian and Gay Association & TransGender. https://www.ilga-europe.org/files/uploads/2022/04/Transgender-EuroStudy.pdf (12.11.2022).

LEITARTIKEL

Mai-Anh Boger

Gewalt und In/Differenz – Eine Hommage an Simone Weil

Gewalt beschleunigt das Denken. Wir vertrauen unseren Reflexen in dem Versuch, wehrhaft zu werden, zu bleiben. Schnell und instinktiv gilt es zu reagieren. Es ist ein animalisches Denken – und daher vielleicht auch keines mehr. Diese Überlegung gehört zu jenen, mit denen Simone Weil ihr Werk »Ilias – Oder das Poem der Gewalt« (2011) bzw. im französischen Original »L'Iliadeou le poème de la force« (1941/2014) eröffnet. Umso wichtiger erscheint – ob dieser gewaltigen Reduktion des Denkens auf die reflexhafte Verarbeitung von Sinnesreizen – die *Poesie* als Form der Verlangsamung des Denkens durch Verdichtung. Simone Weil lässt uns in Zeilen verweilen. Die Gewalt hingegen treibt uns fort und weiter, sie tötet die Reflexion, die Meditation, gibt uns mitunter sogar das Gefühl, es sei unangebracht oder moralisch fragwürdig, in Ruhe zu denken, müsste man doch schließlich handeln – und zwar sofort; nein, besser noch wäre es gewesen, jemand hätte vorgestern schon gehandelt. Gewalt, Angst und Eile gehen in der Nichtung des besonnenen Denkens eine intime Verbindung ein. Ganz langsam soll sich daher im Folgenden durch das Poem der Gewalt bewegt werden.

Ich wurde gefragt, was ich über Intersektionalität sagen könne – vor einem Publikum, das für, mit und in Frauenhäusern und ähnlichen Anlaufstellen arbeitet, das also sehr viel über die besagte Beschleunigung bis Nichtung des Denkens unter Bedingungen der Gewalt weiß. Das hier ist die verschriftlichte Form dieses Vortrags.

Intersektionalität als phänomenologischer Begriff: Zur Vorgehensweise

Wie Klinger (2012) verstehe auch ich Intersektionalität als einen phänomenologischen Begriff. Im Folgenden wird daher von der Erste-Person-Perspektive ausgehend gefragt, welche Differenzen in einer Situation bedeutsam sind: Welche Differenzen nehme ich wahr? Welche will ich auf keinen Fall wahrnehmen, muss ich verdrängen, verleugnen, verwerfen? Welche springen mir hingegen regelrecht ins Auge?

Wir sagten, dass die Gewalt das Denken tötet. Sie macht in-different im strengsten Sinne des Wortes: vernichtet werden zunächst und zuerst die Differenzierungen, die dem Leben Reichtum, Komplexität und Fülle geben, aber auch Ambivalenz, Ambiguität und Bedeutungsoffenheit. In der Intersektionalitätsforschung schleicht sich gelegentlich (und zumeist aus Versehen) ebenso eine Spur dieser monströsen Indifferenz ein, und zwar gerade dadurch, dass verschiedenste Differenzen in einer buchhalterisch anmutenden Liste aneinandergereiht werden. Hört, sieht, fühlt man genau hin, spürt man jedoch, dass diese Auflistung die Wahrnehmung erschlägt und indifferent macht. Sie führt entgegen der bewussten Intention nicht dazu, dass sich alle gehört, gesehen und willkommen fühlen. Häufig führt das Listen eher zu Kälte, verführt zu Sarkasmus (›Minderheitenquartett‹) oder entführt in eine Welt der Ohnmacht ob der Tatsache, dass man niemals der ganzen Liste auf einmal gerecht werden kann. Es gibt da diesen Kipppunkt: Listen an Differenzen machen ab einem bestimmten Punkt indifferent. Intersektionale Ansprüche an sich selbst und andere lösen sodann Überforderungsgefühle aus, statt im Sinne eines Empowerments zu wirken. Es kommt zu Übersprungshandlungen: Von einem willkürlichen Element auf der Liste der Differenzen wird gesagt, dies wäre nun aber wirklich zu viel, zu abstrus, zu überfordernd, nicht mein Problem! Es gibt einen inneren Zusammenhang zwischen der Kette der Gewalt und der Kette an gelisteten Heterogenitätsdimensionen und indifferent gereihten Differenzkategorien. Dieser soll erhellt (statt re-inszeniert) werden.

Bei einer phänomenologischen – zumal einer von Simone Weil inspirierten – Perspektive auf Intersektionen, auf Unfälle und Zwischenfälle auf den Kreuzungen von Lebenswegen, soll die Wahrnehmung daher nicht mit fertigen Listen erschlagen werden, sondern es soll aus der Erste-Person-Perspektive gefragt werden, welche Differenzen relevant gemacht werden und gegenüber welchen Differenzen das Gegenüber oder man selbst indifferent ist.

Das Subjekt (der) Gewalt

Das Poem der Gewalt beginnt mit der Feststellung, dass der »eigentliche Held« (Weil 2011: 161), das einzige Subjekt dieser Erzählung (im frz. Original: »le vrai sujet«; Weil 1941: 39) namens Ilias die Gewalt selbst ist. Damit sind zwei Dinge zugleich gesagt:

Es gibt in der Ilias keine Helden, auch wenn viele in ihr ›Helden‹ genannt werden. Wer aber genau liest, wer langsam liest, erkennt in der Ilias wie in jeder anderen gut verstandenen Geschichte der Gewalt keine Helden mehr. Da ist nur menschliches Irren; ein Menschsein, das seiner Subjektivität beraubt ist. Die erste Person, aus deren Perspektive erzählt werden könnte, ist – egal, auf welche (erste) Person man sich fokussiert – kein Subjekt. Sie ist vielmehr Objekt des einzigen wahrhaften Agens der Geschichte, Objekt der Gewalt. Dies aber, so Simone Weil, will der Mensch nicht verstehen. In einem kläglichen Versuch, Subjekt zu bleiben, konstruiert er sich eine Differenz, die ihm die Möglichkeit geben soll, etwas zu sein – im Idealfall *stark*, ein Held eben, ein Täter und kein Opfer. Aber auch jene, die sich für *schwach* halten, sich zu den Opfern zählen, verkennen die Tatsache, dass es die Gewalt ist, die handelt und die alle diese Positionen verteilt:

> »Wenn es allen von Geburt an beschieden ist, Gewalt zu erleiden, so ist dies eine Wahrheit, vor der die Macht der Umstände den Menschen die Augen verschließt. Der Starke ist nie ganz und gar stark, der Schwache nie ganz und gar schwach, aber beide wissen es nicht. Sie glauben nicht von der gleichen Art zu sein.« (Weil 2011: 170)

Der Schmerz selbst ist es, der das Denken unklar macht: Wie viel leichter ist es, sich menschlich zu fühlen, wenn man die Welt in Menschen und Unmenschen unterteilt! Sodann erscheinen einem die Dinge so zu liegen, dass es Subjekte der Gewalt gibt – jene nämlich, die (einem) Gewalt antun, die ›Starken‹ – und Objekte der Gewalt dieser Subjekte – nämlich die ›Schwachen‹. Die Erzählung der Ilias aber begehe diesen Fehler nicht. Vielmehr zeige sie in großer Klarheit, dass es nur noch Objekte gibt und dass auch jene, die man für stark halten mag, vom Gewaltsubjekt objektiviert werden:

> »Diese mit geometrischer Strenge erfolgende Bestrafung für den Missbrauch der Macht war der erste Gegenstand des griechischen Denkens. Sie ist die Seele des Epos; als Nemesis ist sie das Grundmotiv der Tragödien [...].« (ebd.: 171)

Alles kehrt wieder heim und zur Gewalt zurück, die als einziges Agens bestehen bleibt. Eine religiöse Komponente zieht hier ein: ein Drittes, von dem aus sich der ganze Kosmos organisiert und reguliert. Nemesis ist so etwas wie Kharma (vgl. ebd.: 172), aber sie ist eben nicht Rache. Sie hebt ein Unrecht auf, stellt ein Gleichgewicht wieder her, jedoch ohne die Kette der Gewalt zu unterbrechen, da sie nur die vermeintliche Subjektivität jener aufhebt, die glauben, nicht das Objekt der Gewaltordnung zu sein. Daher ist sie eine Heimsuchung. Gespenstisch ruft sie die Angst jener wach, die unter dem Schleier des unklaren Denkens Rache durch einen Anderen – einen Menschen – fürchten, doch wird es kein menschliches Wesen sein, das sie heimsucht.

Wir finden hier einen Subjektbegriff, der unsprechbar schwach ist; noch ein bisschen schwächer, als man sich in poststrukturalen Kreisen angewöhnt hat; tragisch schwach – nur, dass man auf diese Schwäche nicht hereinfallen darf, da das Schwache – wie oben zitiert – nie ganz schwach ist.

Sujet bedeutet im Französischen aber nicht nur Subjekt, es bedeutet auch schlicht Thema. Die Objekte der Gewalt haben in Wahrheit nur noch ein *Thema*: »das wahre Thema, das Zentrum der Ilias, ist die Gewalt« (ebd.: 161). So könnte man diesen ersten Satz auch übersetzen. Aus der Position jener Objekte, die sich für schwache Subjekte halten, dominiert in der Ersten-Person-Perspektive daher die Differenz ›gefährlich – ungefährlich‹ als oberste Differenzierung, die alle anderen Differenzierungen und Differenzen unter den Menschen gewaltvoll erschlägt. Wirst du mich töten oder nicht? ist die stumme oder ausgesprochene erste Frage an jeden Anderen, der da weilt; ob Mann oder Frau, versklavt oder befreit, von hier oder dorther, ist sekundär bis irrelevant. Würde man eine der besagten Listen an Differenzkategorien schreiben, sähe diese aus der Perspektive einer Person unter Bedingungen der ubiquitären Gewalt also so aus: 1. Gefährlich oder ungefährlich? Dann kommt lange nichts. Und nach diesem jede Subjektivität negierenden Nichts reiht sich alles nach der Frage, welche Differenz in der gegebenen Situation mit welcher Gefahr einhergeht: Besteht die Gefahr der Vergewaltigung? Dann muss Geschlecht weiter nach oben auf der Prioritätenliste. Besteht die Gefahr eher in grobschlächtigem Zweikampf? Dann soll es die Differenz an körperlicher Kraft sein, welche die Wahrnehmung regiert.

Die desubjektivierte Person als Ding: Leben vs. Tod als Indifferenzlinie

Fragt man nun aus der Erste-Person-Perspektive nach sich selbst, liest sich das so: Erfahre ich diese Gewalt als Frau? Oder als Frau of Color? Oder erfahre ich sie als Mensch? – Nichts von all dem! Ich erfahre sie als Ding:

> »[E]s sind nicht etwa Menschen, die ein härteres Leben haben, die sozial tiefer gestellt sind; es ist eine andere Menschengattung, eine Mischung von Mensch und Leichnam. Dass ein Mensch ein Ding ist, ist ein logischer Widerspruch; wenn aber dieses Unmögliche Wirklichkeit wird, wird der Widerspruch in der Seele zu einer Zerrissenheit. Immer wieder will dieses Ding ein Mann oder eine Frau sein und kann es nicht. Das ist ein Tod, der das ganze Leben durchzieht, ein Leben, das der Tod, lange bevor er es ausgelöscht hat, erstarren lässt.« (ebd.: 165)

Nun bin ich also in eine Geschlechtslosigkeit eingetreten, aber diese ist weder freiwillig noch subversiv. Sie ist schlicht eine Überlebenstechnik. Ich zeige meine Weiblichkeit nicht mehr, wenn mir dies gefährlich werden kann. Und andersherum: Wenn ich mein Leben schützen kann, indem ich eine bestimmte weibliche Form zeige, werde ich es tun. Diese Weiblichkeit ist enteignet; sie gehörte niemals mir, geschweige denn war sie eine Eigenschaft von mir. Differenz ist nicht mehr an Begehren gekoppelt (›Ich will, ich habe Lust, Frau zu sein‹), sondern an Angst (›Ich muss, ich sollte mich jetzt dringend weiblich gebaren, sonst …‹).

In einer anderen Formulierung könnte man auch sagen: Es gibt Differenzlinien und es gibt Indifferenzlinien. In der Nähe der Gewalt regiert stets die Indifferenzlinie; und alle Differenzen jenseits jener von Leben und Tod erscheinen als sekundär; sie werden zu strategisch-instrumentellen Nicht-Eigenschaften.

Alsbald stehe ich ihnen gleichgültig gegenüber. Sie bedeuten (mir) nicht mehr, als sie den Herrschenden bedeuten. Ob diese Nicht-Eigenschaften ihnen gefällig sind, sie besänftigen, das Sterben hinauszögern oder verlängern, wird zum einzigen Maß, nach dem die Dinge überhaupt Gültigkeit beanspruchen können. Das ist die Logik der Gewalt: Extension und Intensität des eigenen Werdens und Vergehens wird über das Maß der Gefahr bestimmt.

> »Zudem ist auch Mäßigung nicht ohne Gefahr, weil das Prestige, aus dem die Macht zu mehr als drei Vierteln besteht, vor allem aus der ungeheuren Gleich-

gültigkeit des Starken für die Schwachen entspringt, einer Gleichgültigkeit, die so ansteckend ist, dass sie sich auch auf jene überträgt, denen sie gilt.« (ebd.: 175)

Doch was bringt das Ding dazu, nicht gegen diesen Objektstatus aufzubegehren? Was bewegt mich dazu – erneut in der ersten Person gesprochen – mich der Indifferenz dermaßen hinzugeben, dass ich mir egal werde, meinem Sosein gleichgültig gegenüberstehe?

Sich töten, um nicht getötet zu werden

Gezeichnet wurde ein konsequent negativer Bezug zur Frage der Differenz. Dieser steht im Zeichen des Todestriebs. Doch wo Thanatos weilt, so lehrt uns die Psychoanalyse über jede der viel diskutierten Variationen der Trieblehre hinweg, da ist stets auch ein Moment des Eros – zumindest ein Rest an (Über-)Lebenswille, an Selbsterhaltungstrieb. Dieser lichte Moment ist es also, der mich dazu bewegt, in einer symbolischen Vorwegnahme des Todes jene Nichtung meiner Subjektivität einzuleiten, die mir die Verlängerung des Lebens meines organischen Körpers verspricht. Das ist, als würde man sich (symbolisch) töten, um nicht (im organischen Sinne) getötet zu werden. So schreibt Simone Weil über die Beziehungen zu und zwischen jenen Untoten:

> »Die Anderen verhalten sich vor ihnen so, als gäbe es sie nicht; und sie selbst machen sich angesichts der Gefahr, mit einem Schlag vernichtet zu werden, zu einem Nichts.« (ebd.: 165)

Ich stehe da wie ein Blumentopf, tot und doch lebendig, unbelebt im Raum. Wie fähig ist der Mensch unter dem Zeichen der Gewalt, seine Präsenz zu nichten, sich unsichtbar zu machen! So sehr niemand zu werden, sich so sehr zu einem gegenüber den eigenen menschlichen Eigenschaften und Leidenschaften indifferenten Objekt zu machen, das ist es, was den Kreislauf der Gewalt, die Spirale des Thanatos vollendet: Ding werden, bevor man zum absoluten Ding gemacht wird.

> »Die Gewalt macht jeden, der sie erleidet, zum Ding. Wird sie bis zur letzten Konsequenz ausgeübt, macht sie den Menschen zum Ding im wörtlichsten Sinne, sie macht ihn zum Leichnam. Da war jemand, und mit einem Mal ist da niemand.« (ebd.: 161)

Sichtbar wird in dieser Struktur der Vorwegnahme zweierlei: Erstens wird die Eingangsüberlegung leichter verstehbar, die davon ausging, dass die Gewalt das einzige Agens in dieser Situation ist, während die Übrigen, die Objekte der Gewalt, sich nur vormachen können zu handeln. Sich zum Ding zu machen, kommt einer nicht-handelnden Handlung, einer Un-Handlung gleich. Zweitens bildet die Struktur der Vorwegnahme des Todes das Ubiquitäre dieser dunklen Ahnung in der Zusammenfaltung von Raum und Zeit ab, die das Denken tötet.

Über die Einfaltung zeitlicher und räumlicher Differenz

Eigenschaftslos, in-different, das heißt auch herkunftslos: »Seiner Heimatstadt und seinen Ahnen treu zu bleiben, steht dem Sklaven nicht zu« (ebd.: 166). Vielleicht mag er versucht sein, sich an Zeiten zu erinnern, in denen er jemand war – sofern er solche erlebt hat. Doch kann ebendiese Erinnerung ihm zum Verhängnis werden: ein gefährliches Aufbegehren könnte daraus entflammen oder schlicht ein unaushaltbarer Schmerz über den Verlust dieser Vergangenheit.

Das Ding mag einen Ort haben, aber es hat keinen Raum – geschweige denn ist in der Druckkabine der Gewalt für eine ›Heimat‹ oder ein ›Zuhause‹ noch Platz.

Häusliche Gewalt – was ein unpassender und treffender Begriff zugleich! Unpassend ist er, wenn man ihn so versteht, dass diese Gewalt ›Zuhause‹ oder im ›häuslichen‹ Milieu stattfindet. Das sogenannte ›Zuhause‹ der Gewalt ist dem Menschen ein Lager, ein Schlachtfeld, eine Kampfzone, ein Schützengraben, aber kein Zuhause. Das Ding, der verdinglichte Mensch als Objekt der Gewalt, ist in dieser Gewalt behaust. Die Gewalt ist das ›Zuhause‹. Von daher ergibt der Begriff *häusliche Gewalt* Sinn: Das Haus, in dem ich lebte, war das Dach der Gewalt.

Aber nicht nur Schrumpfung des Raumes und Streichung der Vergangenheit, der Herkunft, des Gedächtnisses, sondern auch Nichtung der Zukunft werden in der Ilias beschrieben: Die Gewalt faltet die Zeit zusammen in ein nacktes Präsens. Keine Zukunft kann und will ich mir noch vorstellen; und meine Vergangenheit ist unfühlbar weit weg:

> »Die Seele erleidet alle Tage Gewalt. Morgens ist sie unfähig, nach etwas zu streben, weil sich der Gedanke nicht auf den Weg machen kann, ohne dem Tod

> zu begegnen. So löscht der Krieg jede Vorstellung eines Ziels aus, auch die eines Kriegsziels.« (ebd.: 178)

Und weiter:

> »Wer ihn nicht erlebt, kann sich nicht vorstellen, dass solch eine gewalttätige Situation möglich ist; wer ihn erlebt, kann sich nicht vorstellen, dass sie zu Ende geht. So tut man nichts, um dieses Ende herbeizuführen.« (ebd.)

Warum also tötet die Gewalt das Denken? Eingangs nannten wir den offensichtlichen Grund: die Angst beschleunigt, reduziert das Denken auf die reflexhafte Verarbeitung von Sinneseindrücken. Nun haben wir einen zweiten, einen tieferen Grund gesehen: Die Einkehr und Verfestigung der Indifferenz schließen den Raum, in dem sich ein differenziertes Denken entfalten könnte. Die Zeitachse kollabiert und nichts, das feinkörniger ist als die Frage nach Leben und Tod, welche mir von der Indifferenzlinie unnachgiebig gestellt wird, findet in meinem Bewusstsein noch Raum. So schreibt Simone Weil über das Schicksal des Denkens an eine bessere Zukunft:

> »Auch die Befreiung erscheint ihr [...] in Gestalt der Vernichtung.« (ebd.)

Kein Ausgang ist noch denkbar, noch erträumbar, der nicht unter dem Zeichen des Thanatos steht. Bis auf das Rest-Licht, von dem wir bereits sprachen! Es spielt mit probeweisen Differenzierungen und versucht, sich Raum zu schaffen.

Erzwungene Differenzierung innerhalb der Indifferenzlinie

Es gibt noch etwas Zweites, das der Rest an Eros kann. Wir betrachteten bereits das indifferent Werden gegenüber dem Anderen und sich selbst. Es wird durchbrochen von Momenten, in denen es sicherer sein könnte, vielleicht doch jemand oder etwas zu sein, eine Eigenschaft zu haben, nicht mehr ganz austauschbares Ding zu sein. Diese Momente sind jedoch fremdbestimmt. Die Koordinaten für dieses Sein-Dürfen sind eher die eines Sein-Müssens, doch werden sie dem Objekt der Gewalt als gnädiges Sein-Dürfen präsentiert:

> »Nie darf ein Sklave etwas anderes ausdrücken als was seinem Herrn gefällt. [...] und kommt durch ein Wunder die Hoffnung auf, durch besondere Gunst eines

Tages wieder wer zu sein, verspürt man gegenüber Männern, vor denen doch eine ganz nahe Vergangenheit Schrecken einflössen müsste, grenzenlose Liebe und Dankbarkeit.« (ebd.: 166f.)

Gezeigt wurde (im dritten Absatz), dass die Differenz in der Situation der Gewalt nicht an das Begehren, sondern an die Angst gebunden ist. Nun wird deutlich, dass es zu einer erzwungenen Differenzierung innerhalb des Regimes der Indifferenzlinie kommen kann, die sich jedoch unter dem plattgedrückten Denkhorizont wie Freiheit anfühlen mag.

In dieser Denkfigur kulminieren Simone Weils Überlegungen zur Hierarchie der In/Differenzen meiner Lesart nach: Obgleich unter dem Gewaltsubjekt zum Objekt, zum Ding geworden, kommt es zu einer Selbstidentifikation mit dem Zeichen, unter dem man gerettet wurde oder unter dem man glaubt, gerettet werden zu können – einem Zeichen, das sich daher sicher(er) anfühlt.

Es geht hier um nichts Geringeres als den Unterschied zwischen einem Frauen-Haus als einem Haus für Frauen und einer Abstellkammer für Dinge. Leise fragt das Ding, das kein Subjekt mehr ist: Ist das ein Ort, an dem Frau-Sein eine ungefährliche Option sein könnte? Wäre es möglich, hier Frau zu werden? Nachdem jede Differenz unter dem Eindruck der Gewalt nivelliert wurde, ist es in-different dieselbe Frage, die sich stellt – egal welches Geschlecht man hat: Kann ich hier jemand oder etwas sein? Aus der Eigenschaftslosigkeit heraustreten?

Verdeckt hinter diesen Fragen lauert jedoch die Kehrseite: *Muss* ich eine Frau sein, mich diesem Zeichen unterwerfen, um dort Sicherheit zu finden? Wer muss ich werden, als was muss ich mich identifizieren lassen, um Schutz zu erfahren?

Die unter dem Regime der Indifferenzlinie der Gewalt erzwungene Differenzierung mag umarmt und mit größter Dankbarkeit begrüßt werden, doch steht sie noch immer in einer Verlängerungslinie mit der Gewalt, welche dafür gesorgt hat, dass Differenz nicht mehr an Begehren, sondern an Angst gekoppelt ist. Frau-Werden aus Angst, weil es sich sicher anfühlt, nicht aus Begehren; Weiblichkeit nichten aus Angst, nicht aus Widerstand, sondern weil Frau-Sein gefährlich scheint – diese beiden Bewegungen sind zwei Seiten derselben Medaille.

So werden manche Zeichen der Differenz vernichtet während an anderen festgehalten wird, die sich sicher anfühlen, die Hoffnung versprechen.

Dieses Festhalten und Nichten von Zeichen entspringt jedoch, wie wir gesehen haben, keiner freien Entscheidung; zudem vollzieht sich dies zumeist nicht einmal bewusst: es bleibt vorsprachlich, stumm. Daher braucht es ein Poem, um diese Indifferenz zu durchbrechen.

Kein Fazit: Fragen mit Simone Weil

Folgende Fragen für die tägliche Praxis kann man aus dem Poem der Gewalt mitnehmen:

Was sind für diesen Menschen die Zeichen der Sicherheit – Differenzen, an denen man sich festhalten kann – und was soll indifferent bleiben?

Welche genichteten Differenzen sehe ich in meiner Praxis?

Welche konstruierten Differenzen (zwischen den vermeintlich ›Starken‹ und den vermeintlich ›Schwachen‹) begegnen mir in der Praxis und werden dort fortgeschrieben?

Welche Wege bleiben, aus der In-Differenz aufzutauchen, different zu werden oder zu sein, ohne dafür bestraft zu werden?

Beantwortet man sie in der gebührenden Langsamkeit und Differenziertheit, gibt es vielleicht ein klein wenig weniger Indifferenz auf der Welt.

Literatur

Weil, Simone (1941/2014): L'Iliadeou le poème de la force. Paris: Éditions de l'éclat/éclats.

Weil, Simone (2011): Ilias oder das Poem der Gewalt. In: Simone Weil (Hg.): Krieg und Gewalt. Essays und Aufzeichnungen. Zürich: diaphanes 2011. S. 161–191.

Klinger, Cornelia (2012): Für einen Kurswechsel in der Intersektionalitätsdebatte. portal-intersektionalitaet.de/theoriebildung/ueberblickstexte/klinger (25.08.2021).

Birgit Sauer

Geschlechtergewalt intersektional denken. Begriffliche Überlegungen

Einleitung

Gewalt gegen Frauen und Geschlechtergewalt sind keine bloß individuellen Akte, sie sind ein struktureller und institutioneller, durch viele patriarchale Gegebenheiten abgesicherter Bestandteil von Gesellschaften.[1] Männer können sich als Frauen überlegen fantasieren und sich stets als verfügungsberechtigt über Frauen imaginieren.

Auch wenn diese Regel generalisierbar für patriarchale Verhältnisse ist, so ist der Tatbestand der Gewalt dennoch differenziert und muss differenziert betrachtet werden – nämlich mit einer intersektionalen Perspektive, wie dies Kimberlé Crenshaw (1991) bereits vor 30 Jahren vorschlug. Sie bezeichnet mit dem Begriff der »strukturellen Intersektionalität« die Überschneidung, Verstärkung oder Leugnung unterschiedlicher Herrschafts- und Gewaltstrukturen (ebd.: 1245).

Auch in Europa ist das Politik- und Diskursfeld Geschlechtergewalt vielfältig – als Gewalt gegen migrierte Frauen, gegen spezifische Frauengruppen wie ältere oder behinderte Frauen, gegen muslimische bedeckte Frauen, gegen Women of Colour, gegen Trans*Personen und Lesben. Die intersektionalen Verknotungen konstruieren Opfer und Täter auch im Kontext von »politischer Intersektionalität«, also der aktiven (diskursiven) Verknüpfung unterschiedlicher Herrschaftsstrukturen (ebd.); Gewaltopfer laufen Gefahr, im de-thematisierten Knoten zu verschwinden. Offensichtliches Beispiel ist die Externalisierung von Gewalt an vermeintlich notorisch gewalttätige migrierte Männer, wie dies im Diskurs über die Gewalt in der Kölner Silvesternacht geschah. Dies hat imaginative Vorläufer im

1 ›Gewalt gegen Frauen‹ bezeichnet Gewalthandeln und -strukturen gegen als Frauen identifizierte Personen, ›Geschlechtergewalt‹ demgegenüber Gewalt aufgrund des Geschlechts von Opfer oder Täter*innen.

stereotypen Bild des besonders und unkontrollierbar gefährlichen afroamerikanischen Mannes (ebd.: 1253). Solche Narrative verschleiern die Multidimensionalität von Gewaltverhältnissen.

Ausgehend von den Debatten über und Maßnahmen gegen sogenannte ›kulturbedingte‹ Gewalt in vielen europäischen Ländern schlug ich einen intersektionalen Gewaltbegriff vor, der die Schattenseiten eines bloß geschlechterbezogenen Gewaltbegriffs zu durchleuchten und der Kulturalisierung von Gewalt etwas entgegenzusetzen in der Lage ist (Sauer 2011).

Die geschlechterkritischen Debatten über Multikulturalismus (für Viele: Okin 2005; Nussbaum 1999) und die öffentliche Skandalisierung von familiärer Gewalt gegen Migrantinnen wie Zwangsverheiratung und Genitalbeschneidung haben dazu beigetragen, die Gesetzgeber westlicher Staaten für Gewalt gegen Frauen in Migrant*innengruppen zu sensibilisieren. Doch zeitigen rechtliche Maßnahmen durchaus paradoxe Folgen. Prohibitive Maßnahmen wie Heiratsbeschränkungen für Migrant*innen, die Ungleichbehandlung von gesundheitsschädigenden Körperpraktiken im Namen der ›Tradition‹ und der ›Schönheit‹ oder der Ausschluss von Kopftuch tragenden Mädchen aus dem Bildungssystem verstärken die soziale Ungleichheit und Verletzlichkeit von Migrant*innen und laufen Gefahr, Einwanderer als ›anders‹ zu stigmatisieren (Phillips 2007: 2) und die Viktimisierung von Migrantinnen zu reproduzieren (Shachar 2007: 125).

Trotz der notwendigen Skandalisierung von Gewalt im Kontext von Migration wird das rassistische Potenzial unterschätzt, das die Unterthematisierung der Herrschafts- und Verletzungsstrukturen Ethnizität oder Religion bzw. die alleinige Fokussierung auf Geschlecht birgt (Crenshaw 1991: 1258 f.). Die kulturalisierte Thematisierung von Minderheitengewalt läuft mithin Gefahr, den Blick auf die Gewaltförmigkeit im Geschlechterverhältnis der Minderheits- wie der Mehrheitsgesellschaften zu verstellen. Frauen aus Minderheitengruppen werden schließlich in doppelter Weise zu passiven Opfern, d.h. sie werden zu nur erduldenden und nicht aktiv entscheidenden Personen gemacht.

Zwar werden die Debatten um ›kulturelle‹ Gewalt heute nicht mehr so heftig geführt, doch unterstellen vor allem politische Diskurse, die sich gegen Migration richten, noch immer eine größere Gewalttätigkeit männlicher Migranten, während der Differenziertheit der von Gewalt betroffenen migrantischen Frauen, z.B. als Geflüchtete, als Ehefrauen mit prekärem, also vom Ehemann abhängigen Aufenthaltsstatus, selten adäquat Rechnung getragen wird.

Die folgenden Überlegungen bewegen sich auf dem schmalen Grat, bestimmte Praktiken wie Genitalbeschneidung und Zwangsheirat als Gewalt gegen Frauen zu begreifen, sie weder zu relativieren, zu bagatellisieren oder tot zu schweigen, zugleich aber jene Gruppen, in denen diese Praktiken vorkommen, nicht generell unter Gewaltverdacht zu stellen, zu stigmatisieren und auszugrenzen und die betroffenen Frauen dadurch ein weiteres Mal zu entmächtigen.

Galt in der feministischen Anti-Gewaltbewegung das hierarchische, herrschaftlich organisierte Verhältnis zwischen Männern und Frauen als zentraler Bezugspunkt der Kritik von Männergewalt gegen Frauen, so muss dieser Befund differenzierter betrachtet werden, um die vielfältigen Formen von Gewalt gegen Frauen sowie von Gewalt aufgrund des Geschlechts in den Blick zu bekommen. Nicht alle Frauen sind gleichermaßen von Gewalt betroffen, und Frauen deuten (Gewalt-)Erfahrungen ganz unterschiedlich. Geschlechtergewalt muss daher in sich überschneidenden geschlechtsspezifischen, sexuellen, klassistischen, ethnischen bzw. nationalen sowie religiösen Herrschafts- und Verletzungs*strukturen* bzw. *-diskursen* eingebettet werden. Dies heißt, die Kritik von Geschlechtergewalt muss in der Lage sein, die Verknotungen multipler Herrschafts- und Gewaltstrukturen aufzuzeigen sowie die durch die paradoxen Verknüpfungen unsichtbar gemachten Herrschaftsdimensionen zu beleuchten und einer Dethematisierung zu entheben.

Das Ziel meines Textes ist es, Dimensionen einer solchen intersektionalen und diskursiven Re-Definition des Gewaltbegriffs vorzuschlagen, die Gewalt an der Schnittstelle von Geschlecht, Ethnizität/Nationalität und Religion im Prozess der Migration begreift, die Gewalt aufgrund des Geschlechts in weiteren Herrschaftsstrukturen wie kapitalistische Ausbeutung, Heteronormativität und Rassismus verortet.

Dimensionen eines feministischen Gewaltbegriffs

Gewalt gegen Frauen ist Ausdruck ungleicher Herrschaftsverhältnisse zwischen Männern und Frauen und ein sozialer Mechanismus weiblicher Unterordnung. Geschlechtsbasierte Gewalt bezeichnet »jede Verletzung der körperlichen oder seelischen Integrität einer Person, welche mit der

Geschlechtlichkeit des Opfers und Täters zusammenhängt und unter Ausnutzung eines Machtverhältnisses durch die strukturell stärkere Person zugefügt wird« (Hagemann-White 1992: 23).

Diese Definitionen reflektieren den in Anlehnung an Johan Galtung (1990) in die feministische Debatte eingeführten weiten Gewaltbegriff, der auf verborgene, in der bürgerlichen Moderne ›privatisierte‹ Geschlechtergewalt hinweist. Der weite feministische Gewaltbegriff umfasst nicht nur individuelle und intentionale Gewalthandlungen wie physische und psychische Verletzung, verbale Drohungen, Liebesbezeugungen wie im Falle von Stalking oder subtile Einschränkung des Handlungs- und Entscheidungsspielraums, sondern auch deren strukturelle und institutionelle Voraussetzungen. Auch körperliche Normierungen und Normalisierungen, wie die Disziplinierung zur Zweigeschlechtlichkeit, sind gewaltsame geschlechtsbezogene Eingriffe in die Integrität von Menschen.

›Gewaltverhältnisse‹ sind Strukturen, die Verletzungsoffenheit herstellen und auf deren Grundlage Gewalthandeln erfolgen kann. Hierarchische ungleiche Geschlechterverhältnisse sind solche Gewaltverhältnisse, die systematisch die ›Verletzbarkeit‹ von Frauen produzieren und die in modernen Staaten institutionell abgesichert sind. Geschlechtsspezifische Arbeitsteilung, Frauenarmut, politische Diskriminierung qua Geschlecht und ehemännliche Verfügung(-sgewalt) über Frauen in der familiären Privatheit sind in diesem Sinne strukturelle Gewalt (Sauer 2002).

Gewalt ist auch auf der symbolischen Ebene institutionalisiert, die sowohl direkte wie strukturelle Gewalt legitimieren kann (Galtung 1990: 291; Bourdieu 2005). Geschlechtsspezifische Bilder von schwachen, verletzlichen Frauen stellen Formen kulturell-symbolischer Gewalt dar. Der Aspekt der symbolischen Gewalt verweist zudem darauf, dass Gewalthandeln in einem interpretativen Kontext angesiedelt ist. Gewalt ist ein konstruiertes Phänomen, das ohne die Berücksichtigung ihrer Kontextualität nur unzureichend erklärt ist (Sauer 2002). Für diese Kontextualisierung müssen die Deutungen der von Gewalt betroffenen Frauen gehört und respektiert werden.

Eindeutig erscheinende Beschreibungen von Geschlechtergewalt werden also durch komplexe Konstellationen herausgefordert. So ist *zum einen* nicht klar abzugrenzen, wann die freie Einwilligung in einem Heiratsarrangement endet und wo der Zwang, mit jemandem eine Ehe einzugehen, den oder die man nicht liebt oder gar kennt, beginnt. Kann eine Praktik als Gewalt bezeichnet und verboten werden, wenn Frauen diese Praktiken freiwillig akzeptieren? Kann man von Gewalt sprechen, wenn erwachsene Frauen ihre Genitalien beschneiden lassen, sei es, um (Schönheits-)Normen zu entsprechen, sei es, weil sie es nicht anders kennen? Körperliche Schönheitspraxen sind auch nach Klassen differenziert. Frauen aus unteren Klassen sind z.B. eher zu chirurgischen Eingriffen bereit (Penz 2010: 138). Mündet also die Gewaltdefinition nicht in der Entmündigung von betroffenen Frauen, die angeblich nicht wissen, dass sie durch religiöse oder konsumindustrielle Normen manipuliert sind und dass ihnen Gewalt angetan wird? Und wird Frauen dann nicht gerade durch das Gewaltverdikt das Recht auf Selbstbestimmung, beispielsweise den Körper zu manipulieren, entzogen? Kurzum: Auch ein weiter feministischer Gewaltbegriff läuft Gefahr, den Gewaltbegriff zu verengen und zu vereindeutigen, indem Gewalthandeln den vielfältigen und unterschiedlichen Gewaltstrukturen und -diskursen enthoben wird. *Zum anderen* ist nicht immer eindeutig zu klären, dass diese Gewaltformen vornehmlich ungleiche Geschlechterverhältnisse als Ursache haben, ja ob Geschlechterverhältnisse überhaupt die zentrale Gewaltstruktur ausmachen oder ob nicht andere Gewaltstrukturen – Kolonialismus, Rassismus und Klassismus – eine Rolle spielen. Diese Paradoxien eines feministischen Gewaltbegriffs sollen im folgenden Abschnitt in einem intersektional argumentierenden Gewaltbegriff ›aufgehoben‹ werden.

Re-Theoretisierung von Gewalt an der Schnittstelle von Geschlecht, Ethnizität, Religion, Klasse und Sexualität. Grundzüge eines intersektionalen Gewaltbegriffs

Um die multiplen Formen von Gewalt gegen Frauen adäquat erfassen zu können, bedarf es einer Perspektivenverschiebung von der Begrenzung auf ungleiche Geschlechterverhältnisse allein hin zur Intersektionalität von Gewaltstrukturen und -formen. Die theoretische Herausforderung ist es, zu konzeptualisieren, wie unterschiedliche Herrschaftsstrukturen interagieren und wie sich daraus Gewalt gegen Frauen ohne kulturalistische, rassistische, sexistische oder klassistische Verkürzungen erklären lässt.

Ein intersektionaler Gewaltbegriff umfasst m.E. drei Aspekte: *zum Ersten* das Zusammenspiel von Gewaltstrukturen und -diskursen, also eine strukturelle und interpretative Komponente, *zum Zweiten* die Interaktion von Herrschaftsstrukturen in hegemonialen Kontexten, also in gesellschaftlichen Zusammenhängen, in denen es einer spezifischen Sichtweise gelang, zum *Common Sense* zu werden. Diese beiden Aspekte konstituieren *drittens* die Überschneidung von Gewaltstrukturen aufgrund von Geschlecht, Klasse, Ethnizität/Nationalität, Religion und Sexualität. Geschlechtergewalt erfolgt in multiplen und sich verdichtenden Systemen von Herrschaft, Unterdrückung und Privilegierung.

Geschlechtergewalt ist ein globales Problem, das auf der Unterdrückung von Frauen basiert und das beispielsweise Einwanderergruppen mit der Mehrheitsgesellschaft teilen (Phillips 2007: 96) und das in allen gesellschaftlichen Schichten auftritt. Doch darüber hinaus muss die Herrschaftsposition der Mehrheitsgesellschaft gegenüber der Positionierung von Einwanderungsgruppen wie auch die Position von privilegierten gegenüber unterworfenen Klassen als Verletzungsstruktur gesehen werden. Auch Wohlstand oder eine hohe Bildungsposition schützen nicht vor familiärer Gewalt, wenn sich für Frauen aus dieser Klassenposition keine Autonomie und Handlungsfähigkeit ableitet, sondern Abhängigkeit vom Ehemann. Deshalb müssen die Praxen der Mehrheitsgesellschaft sowie weitere hegemoniale Praxen (z.B. Heteronormativität und Geschlechterbinarität) kritisch reflektiert werden, um Geschlechtergewalt in je spezifischen Kontexten von Minderheitsgruppen und Mehrheitsgesellschaft zu situieren.

Ein intersektionaler Gewaltbegriff sollte somit in Betracht ziehen, dass spezifische sogenannte traditionelle Gewaltpraxen oft im Prozess der Migration entstehen (Song 2007: 5) und überhaupt erst durch interagierende Unterdrückungs- und Ausschließungsstrukturen sowie -diskurse der Mehrheitsgesellschaft gestärkt bzw. hervorgebracht werden (Sokoloff/Dupont 2005: 45). Geschlossene Grenzregime, die Beschränkung von Einwanderungsmöglichkeiten und die Privilegierung von Familiennachzug sind Strukturen, die Heirat zum Teil eines Migrationskalküls jenseits von Liebe und Wahl machen. Fremden- und aufenthaltsrechtliche Regelungen können die Vulnerabilität von migrierten Frauen erhöhen, wenn diese eine selbstständige Aufenthaltsgenehmigung erst nach einer gewissen Zeit erhalten und damit ganz unmittelbar vom Ehemann abhängig sind (Dinkelaker/Schwenken 2020). Gewalt in migrantischen Milieus kann also nicht ohne die Erfahrung von Ausgrenzung und Rassismus verstanden werden, d.h. sie wird durch patriarchale Geschlechternormen der westlichen Gesellschaften verstärkt und unterstützt.

Die Kombination eines strukturellen und diskursiven mit einem intersektionalen Ansatz von Gewalt gegen Frauen entgeht der Gefahr, Gewaltopfer zu entmächtigen und zu marginalisieren und kann vielmehr Handlungsermöglichungen in einer Multiplizität von Unterdrückungsstrukturen konzeptualisieren. Die Idee der »kulturellen« (Galtung 1990: 295) oder »epistemischen« Gewalt (Spivak 1988) macht zudem deutlich, dass beispielsweise die diskursive Konstruktion des ›Eigenen‹ und des ›Anderen‹ eine Form von Gewalt ist. Erst die kritische Reflexion dieser interpretativen Gewaltdimension kann gewaltbetroffenen Frauen ihre Handlungsmacht zurückgeben. Dies bildet schließlich die Voraussetzung dafür, dass sie sich gegen Gewalt zur Wehr setzen.

Politische Konsequenzen eines intersektionellen Gewaltbegriffs

Die Möglichkeit des Ausstiegs aus Gewaltverhältnissen ist ohne Zweifel grundlegend für Freiheit, Autonomie und Selbstbestimmung (Holzleithner/Strasser 2010: 40f.). Anne Phillips schlägt allerdings vor, das Recht auf Ausstieg durch ein Recht zu bleiben zu ergänzen (Phillips 2007: 157). Beides muss durch das Recht auf ›Stimme‹, auf Beteiligung an der Interpretation und Deutung von Gewalthandeln, von Gewaltsituationen und -strukturen ergänzt werden. Dazu braucht es Ressourcen der Selbstorganisation und der Selbstrepräsentation.

Die Vorteile von deliberativen Verfahren und interkulturellem Dialog liegen auf der Hand. Sie bieten gemeinsame, nicht-hierarchische Problemdeutungen, bringen die Pluralität von Stimmen zum Ausdruck und können so nicht nur Verständnis, sondern auch Handlungsmöglichkeiten schaffen. Allerdings ist es mit offener Debatte allein nicht getan: Wenn nicht auch intersektionale Gewaltstrukturen verändert werden, laufen demokratische Verfahren Gefahr, diese zu verschleiern und zu reproduzieren.

Literatur

Bourdieu, Pierre (2005): Die männliche Herrschaft. Frankfurt am Main: Suhrkamp.

Crenshaw, Kimberlé (1991): Mapping the Margins: Intersectionality, Identity Politics, and Violence against Women of Color. In: Stanford Law Review 43/6. S. 1241–1299.

Dinkelaker, Samia / Schwenken, Helen (2020): Fragmentierter Schutz an der Schnittstelle von gewaltförmigen Geschlechterverhältnissen und restriktiven Asyl- und Aufenthaltspolitiken. In: Bürger & Staat. Migration und Teilhabe 2020/3. S. 160–166.

Galtung, Johan (1990): Cultural Violence. In: Journal of Peace Research 27/3. S. 291–305.

Hagemann-White, Carole (1992): Strategien gegen Gewalt im Geschlechterverhältnis. Bestandsanalyse und Perspektiven. Pfaffenweiler: Centaurus.

Holzleithner, Elisabeth / Strasser, Sabine (2010): Multikulturalismus im Widerstreit: Debatten über kulturelle Diversität, Geschlechtergleichheit und sexuelle Autonomie. In: Sabine Strasser / Elisabeth Holzleithner (Hg.): Multikulturalismus queer gelesen. Zwangsheirat und gleichgeschlechtliche Ehe in pluralen Gesellschaften. Frankfurt am Main/New York: Campus, S. 27–46.

Nussbaum, Martha C. (1999): Sex and Social Justice. Oxford: Oxford University Press.

Okin, Susan Moller (2005): Multiculturalism and feminism: no simple question, no simple answers. In: Avigail Eisenberg / Jeff Spinner-Halev (Hg.): Minorities within Minorities. Equality, Rights and Diversity. Cambridge: Cambridge University Press 2005. S. 67–89.

Penz, Otto (2010): Schönheit als Praxis. Über klassen- und geschlechtsspezifische Körperlichkeit, Frankfurt am Main/New York: Campus.

Phillips, Anne (2007): Multiculturalism without Culture. Princeton/Oxford: Princeton University Press.

Sauer, Birgit (2002): Geschlechtsspezifische Gewaltmäßigkeit rechtsstaatlicher Arrangements und wohlfahrtsstaatlicher Institutionalisierungen. Staatsbezogene Überlegungen einer geschlechtersensiblen politikwissenschaftlichen Perspektive. In: Regina Dackweiler / Reinhild Schäfer (Hg.): Gewalt-Verhältnisse. Feministische Perspektiven auf Geschlecht und Gewalt. Frankfurt am Main/New York: Campus 2002. S. 81–106.

Sauer, Birgit (2011): Migration, Geschlecht, Gewalt. Überlegungen zu einem intersektionellen Gewaltbegriff. In: Gender 2011/2. S. 44–60.

Shachar, Ayelet (2007): Feminism and multiculturalism: mapping the terrain. In: Anthon Simon Laden / David Owen (Hg.): Multiculturalism and Political Theory. Cambridge: Cambridge University Press 2007. S. 115–147.

Sokoloff, Natalie J. / Dupont, Ida (2005): Domestic Violence at the Intersections of Race, Class, and Gender. In: Violence Against Women 11/1. S. 38–64.

Song, Sarah (2007): Justice, Gender, and the Politics of Multiculturalism. Cambridge: Cambridge University Press.

Spivak, Gayatri Chakravorty (1988): In other words. Essays in cultural politics. New York et al.: Routledge.

DIFFERENZLINIEN

Elena Barta

Repression ist unsere Realität. Trans*feindlichkeit, Gewalt, Geschlechtergrenzen und das trans*formative Leben

Geschlechtsspezifische Gewalt und Trans*geschlechtlichkeit

Geschlechtsspezifische Gewalt wird gemeinhin als Gewalt definiert, die Menschen aufgrund ihrer Geschlechterrolle, Geschlechtsidentität, ihres Geschlechtsausdruckes und ihres körperlichen Geschlechts erfahren. Betrachten wir aktuelle Studien zu geschlechtsspezifischer Gewalt genauer, dann zeigen die Ergebnisse, dass behinderte Frauen* und auch Trans*Frauen besonders von Gewalt betroffen sind, dass innerhalb dieser Gruppe Trans*Frauen of Colour besonders viel Gewalt erfahren und dass sie, wenn sie Sexarbeiter*innen sind, besonders ungeschützt sind. Personen werden dabei auf die Ebene ihrer Identität reduziert, in der sie besonders marginalisiert sind. Diese Strategie zu erforschen und zu fordern war in den letzten Jahrzehnten enorm wichtig, um sich in einer sogenannten Mehrheitsgesellschaft Gehör zu verschaffen. Sie ist der Grund dafür, dass wir sensibler geworden sind für die Lebenserfahrungen, Hürden und Bedarfe unterschiedlicher Menschen und sie prägt innovative Projekte, um beispielsweise den Zugang und Schutz von gewaltbetroffenen Menschen niedrigschwellig zu gestalten. Sie führt in der Praxis aber häufiger als notwendig dazu, Differenzlinien zu addieren und nicht, wie die Schwarze Juristin Kimberlé W. Crenshaw es in ihrer bahnbrechenden Analogie vorschlug, die Linien überkreuzen zu lassen und somit die Gleichzeitigkeit und Vielschichtigkeit von Diskriminierung und Gewalt sichtbar werden zu lassen (Crenshaw 1989; Sauer in diesem Band; Boger in diesem Band).

Im nachfolgenden Beitrag möchte ich dem Vorschlag der Herausgeberinnen folgen und mit einer »intersektionelle[n], kontextbezogene[n] und diskursive[n]« (Einleitung in diesem Band) Perspektive auf geschlechtsspezifische Gewalt gegen Trans*Personen und geschlechtlich nicht konforme

Personen blicken. Hierzu werde ich Beispiele sichtbarer und unsichtbarer, struktureller und interpersoneller Gewalt darstellen, in der die Überschreitung bestehender Geschlechterverhältnisse der entscheidende Faktor ist. Ich werde mich dem Gegenstand des Beitrags erst aus einer theoretischen Perspektive nähern, um einen analytischen Rahmen zu bieten, der die Verworrenheit von Geschlechtsidentität, Geschlechtsausdruck und Begehren fassen kann. Anschließend werde ich die fehlende empirische Forschung durch Beispiele aus den Medien, den Befragungen von Betroffenen und Expert*innen und eigenen aktivistischen wie professionellen Erfahrungen anreichern. Dadurch möchte ich auf Aspekte von Gewalt hinweisen, die bisher in der Debatte um geschlechtsspezifische Gewalt häufig unentdeckt blieben.

1. Die unerforschte Realität

»Bedroht, verprügelt und sexuell belästigt zu werden, ist unsere Realität.« So beschreibt Toto Stoffels in einem Interview (Parbey 2021) die Alltäglichkeit von Gewalterfahrungen, die Trans*Personen machen. Belastbare Zahlen aus den Kriminalstatistiken sind in Deutschland, aber auch europaweit, wenig vorhanden. Das liegt einerseits an der fehlenden Erfassung von Transfeindlichkeit als Tatmotiv und andererseits an dem geringen Anzeigeverhalten innerhalb der queeren Community (vgl. Lüter/Riese/Sülzle 2020: 26). Das geringe Vertrauen in Ordnungsbehörden hängt wiederum mit der erlebten Diskriminierung durch staatliche Akteur*innen und der historischen Kriminalisierung zusammen.

Gleichzeitig findet das Thema trans*feindliche Gewalt und Gewalt gegen geschlechtlich nicht konforme Menschen wissenschaftlich kaum Beachtung – weder auf einer theoretisch-fundierten noch auf einer empirischbasierten Ebene (Pohlkamp 2022: 57 f.). Die Erhebung der *Agentur der Europäischen Union für Grundrechte zur Situation von LGBT-Personen in der EU* kann durch die Befragung von 6579 Trans*Personen die validesten Daten zu Gewalterfahrungen liefern: Zwischen 2007 und 2012 erfuhren 34 % aller befragten Trans*Personen Gewalt oder wurden mit Gewalt bedroht; für das Jahr 2011 waren es 15 %. Etwa jede zehnte (8 %) Trans*Person wurde körperlich oder sexuell angegriffen oder mit Gewalt bedroht und ist der Meinung, dass dies teilweise oder ausschließlich der Fall war, weil sie als trans* wahrgenommen wurde. In den zwölf Monaten vor der Erhebung war von Hass motivierte Gewalt bei befragten Trans*Frauen (16 %), männlichen Crossdressern (14 %) und Transgender Personen (11 %) am häufigsten (Agentur der Europäischen Union für Grundrechte 2014: 6 ff.). Für die USA zeigen Studien zu Gewalt gegen Trans*Personen, dass diese eine hohe Erfahrung mit Übergriffen haben und dass Betroffene die Gewalt auf einen gesellschaftlichen Kontext zurückführen, der die Überschreitung von Geschlechtergrenzen bestrafen will oder dies zulässt (vgl. Franzen/Sauer 2010: 58).

2. (Trans-)Geschlecht denken

Die Frage, was Geschlecht definiert und ausmacht, ist Gegenstand von Modellen und Theorien unterschiedlichster Disziplinen. Für die Analyse von Geschlecht halte ich queere Theorien (vgl. grundlegend insb. Foucault 1983; Butler 1990, 1997) für besonders fruchtbar, weil sie Geschlecht nie abseits von Machtverhältnissen verstehen. Die Vorstellungen, die Gesellschaften über Geschlechter, ihre Rollen und die ihnen zugeschriebenen Machtpositionen haben, sind nicht natürlich, sondern konstruiert und befinden sich historisch betrachtet in einem ständigen Wandel[1].

Um die Art und Weise zu verstehen, wie Geschlecht und damit auch Transgeschlechtlichkeit Teil von gesellschaftlichen Praktiken ist, lohnt es sich, Judith Butlers Konzept der heterosexuellen Matrix und der Performativität zu nutzen.[2] Mit dem Modell der heterosexuellen Matrix gelingt es them[3] zu beschreiben, wie neugeborene Menschen im Rahmen eines medizinischen Settings in die Kategorien ›männlich‹ und ›weiblich‹ (*sex*) eingeteilt werden, als ›Mädchen/Frau‹ und ›Junge/Mann‹ (*gender*) aufwachsen und leben und sich ihr Begehren (*desire*) auf das jeweils andere Geschlecht richtet, also heterosexuell ist. Dieses Muster ist die Normalfolie. Obwohl sich die Rollenbilder verändern ist die grundsätzliche Einteilung in

---

1 Ein eindrückliches Beispiel für die Veränderung von Rollenbilder im Laufe der Geschichte ist die Sammlung von Travestie-Fotografien von Tina Glamour, online unter: https://www.re-vue.org/beitrag/sammlerkolumne-tina-glamor (03.07.2022).

2 Warum es sich bei Forschungen zu Geschlecht lohnt, Butlers Konzept der Performanz zu beachten, führe ich im Artikel »Geschlecht, Performativität und Subjektwerdung« in UNIQUE 11/12 näher aus.

3 Judith Butler äußerte in aktuellen Interviews, die Kategorie nicht-binär für sich selbst als passend zu empfinden. Daher nutze ich das im englischsprachigen übliche Pronomen they/them für Butler.

zwei Geschlechter gesellschaftlich hegemonial[4]. Butlers Konzept der Performativität ist ein Erklärungsmodell für die gesellschaftliche Herstellung der Matrix. Butler benutzt den Begriff, um zu beschreiben, wie durch Symbole und Sprechakte geschlechtliche Identität hergestellt wird. Der erste Satz bei der Geburt eines Neugeborenen ›Es ist ein Mädchen‹ verändert unsere Vorstellung von einem geschlechtsneutralen Baby/Kind. Die Anrufung ist als sich stetig wiederholende Aufforderung zu verstehen, zum Mädchen und dann zur Frau zu werden (Butler 1995: 29). Diese Aufforderung ist keine Bitte, sondern kann als Zwang verstanden werden. Die Aufforderung ordnet das Kind in eine Kategorie, ohne dass es selbst formulieren kann, in welcher und ob es sich in einer der angebotenen Geschlechtsidentitäten wiederfindet. Bis vor Kurzem war dieser Akt sehr offensichtlich gepanzert mit staatlichem Zwang: Neugeborene mussten innerhalb von wenigen Wochen in die Kategorie ›männlich‹ oder ›weiblich‹ geordnet werden. Die seit 2018 in Deutschland bestehende Möglichkeit, bei Kindern mit ›Varianten der Geschlechtsmerkmale‹ die Kategorie ›divers‹ zu wählen oder den Eintrag offen zu lassen, hat an den grundsätzlichen binären Sichtweisen und gesellschaftlichen Praktiken bislang leider wenig verändert. Der performative Akt des Weiblich- oder Männlichwerdens hat nur dann Erfolg, wenn er mit einem der gesellschaftlich akzeptierten Rollenbilder übereinstimmt. Der Begriff Performativität erinnert nicht zufällig an den Begriff *performance*, sondern weist darauf hin, dass Menschen ihr Geschlecht und ihr Begehren tagtäglich durch Kleidung, Haltung, Stimme, Aussagen und Subkulturen wie auf einer Bühne darstellen und wiederholen müssen.

Brechen einzelne Personen aus einer oder allen Kategorien der heterosexuellen Matrix aus, reagiert das soziale Umfeld mit direkten und indirekten Repressionen. Trans*feindliche Gewalt kann sowohl auf struktureller als auch auf individueller Ebene als Repression verstanden werden. Butlers heteronormative Matrix hilft, die Motive und Mechanismen von Gewalt gegen Trans*Personen, insbesondere die Überlappung mit frauenfeindlicher und homofeindlicher Gewalt, zu verstehen, weil sie unseren Blick dafür

4 Ich verstehe Hegemonie hier im Sinne Antoni Gramscis Hegemonietheorie. Gramsci meinte damit eine spezifische Form von Machtausübung, bei der sich ein bestimmtes Interesse, beispielsweise Geschlecht binär zu denken, bis in die Alltagskultur festsetzt und – flankiert von staatlichem Zwang – alle Lebensbereiche durchdringt. Vgl. Buckel/Fischer-Lescano 2007.

schärft, dass trans*feindliche Gewalt verbunden ist mit gesamtgesellschaftlichen Diskursen zu Geschlecht und Sexualität.

Den Begriff trans* verwende ich als Überbegriff für eine Vielzahl von Personen, deren Geschlecht nicht den normativen Vorstellungen von Mann-Frau entspricht. Ich verstehe ihn dabei als symbolischen Regenschirm, der binäre Trans*Personen (Frauen und Männer mit einer Transitionsgeschichte), nicht-binäre (enby, diverse, geschlechtsfluide, androgyne), intergeschlechtliche, nicht-westliche Konzepte (Two-Spirit, Hijra) und temporäre (Drag Kings, Drag Queens, Transvestiten) fassen kann (Mays 2014). In diesem Kontext möchte ich auch einzelne Beispiele der Diskriminierung und gewaltsamen Repression gegen intergeschlechtliche Personen einbringen. Obwohl Inter* und Trans*Personen manchmal aus guten Gründen getrennt organisiert sind, treffen gewalttätige Akte, wie ich sie hier beschreibe, Personen an den Grenzen der Zweigeschlechtlichkeit. Ob die Uneindeutigkeit angestrebt oder abgelehnt wird, oder ob sie wie bei Drag Queens und Drag Kings oder Crossdressern nur zeitweise sichtbar ist, ist im Kontext von interpersoneller Gewalt zweitrangig. Der Zugang zu Hilfe und Schutz, die Art und Weise von struktureller Diskriminierung und Widerstandsmöglichkeiten ist jedoch von vielen Faktoren, auch der Positionierung innerhalb des Trans*-Regenschirms abhängig. Hier wäre es fatal, alle Uneindeutigkeiten in einen Topf zu werfen. Ich werde sie daher in den jeweiligen Beispielen explizit machen.

3. Das ›Uneindeutige‹ strafen

In der Bestrafung spielen die Intersektionen von Körper, Geschlechterrollen und Sexualität eine wichtige Rolle. Der nicht normative Geschlechtsausdruck von Trans*Personen wird beispielsweise als Zeichen von Homosexualität interpretiert und gleichzeitig übersexualisiert. Lesbische Frauen und schwule Männer erleben körperliche Gewalt, weil ihnen jeweils Unweiblichkeit und Unmännlichkeit unterstellt wird (vgl. Franzen/Sauer 2010: 61). Trans*Frauen berichten in der Beratungspraxis bei körperlichen Angriffen auf ihre Person, dass sie gleichzeitig homofeindlich beleidigt werden. Dem Angriff gehen oft Formen von sexueller Belästigung voraus, die der Belästigung aller Frauen an öffentlichen Orten entsprechen. Analysiert man Kontextwissen, wie genannte Beleidigungen oder das Auftreten der Täter*innen nach einem Übergriff, liegt die These nahe, dass die Gewalt dazu dienen soll, die betroffene Trans*Person im Sinne der heterosexuellen Matrix zu disziplinieren. Hinzu kommt, dass sie als Normverletzer*innen selbst wenig Schutz und Intervention von Außenstehenden erfahren. Die Bestrafung des ›Anderen‹ positioniert Täter*innen außerdem implizit als Wächter*innen der Norm und unterstreicht ihre Männlichkeit, Weiblichkeit und Heterosexualität. Angreifende ›beweisen‹ durch ihre Gewalt die eigene Einhaltung der Regeln und setzen sie ›für das Gemeinwohl‹ durch.

Ines Pohlkamp konnte in einer der wenigen deutschsprachigen Studien zum Thema trans*feindliche Gewalt anhand von Interviews mit Betroffenen nachweisen, wie wichtig der Mythos eines »wahren Geschlechts« ist (Pohlkamp 2011: 62). Der Mythos wirkt als Motor für Gewalt: Bewegt sich eine Person performativ (ob gewollt oder ungewollt) außerhalb der Geschlechternorm, erschüttert ihre Existenz die strengen Geschlechtervorstellung des Gegenübers. Diese Person wird gesteigertem Interesse wie Anstarren oder Berührungen an Geschlechtsteilen ausgesetzt, um ihr ›wahres Geschlecht‹ zu enthüllen und den vermeintlichen Betrug offen zu legen. Pohlkamp beschreibt, dass die Diffamierung als Betrüger*in ein gewaltsamer Akt ist, der wiederum dann als Legitimation von Gewalt instrumentalisiert wird (ebd.). Die von Ines Pohlkamp beschriebenen Muster lassen sich auf die allermeisten bekannt gewordenen Vorfälle von trans*feindlicher Gewalt im öffentlichen Raum übertragen und zeigen, wie diese mit Diskursen zu Kriminalisierung und Devianz verwoben sind.

4. Gewaltformen

Im Folgenden möchte ich sexualisierte und häusliche Gewalt als zwei besonders geschlechtsspezifische Gewaltformen näher betrachten. Dabei werde ich sowohl trans*-spezifische Aspekte darstellen als auch Parallelen zu erlebter Gewalt von cis-Personen ziehen und erste Ideen für Schutz und Unterstützung skizzieren.

4a. Die Gefahr im eigenen Haus: Partnerschaftliche und elterliche Gewalt

Analysen und Angebote rund um geschlechtsspezifische Gewalt sind häufig geknüpft an häusliche Gewalt. Dabei geht es vordergründig um partnerschaftliche Gewalt von Männern an ihren (Ex-)Partner*innen und den im Haushalt lebenden Kindern. Betrachten wir das Themenfeld ›häusliche Gewalt‹ aber mit einer ›Trans*-Brille‹ kommt neues Diskriminierungs-

und Gewalthandeln zum Vorschein. Dies betrifft sowohl aktive Gewalt gegen geschlechtlich nicht konforme Kinder und Jugendliche als auch das Ausbleiben von Schutz, durch beispielsweise einen ›Rausschmiss‹ aus der gemeinsamen Unterbringung. Die von Ines Pohlkamp interviewten Personen berichten von Schlägen, Tritten, psychischen Pathologisierungen und dem sozialen Ausschluss aus dem Familienkreis (Pohlkamp 2014: 296).

US-amerikanische (Mustanski 2010) und kanadische (Bauer 2013) Studien zu Suizidalität von Transgender Jugendlichen belegen, dass ihr trans*sein nicht der Grund ihrer psychischen Probleme ist. Die Reaktion ihres Umfeldes bestärkt die Wahrnehmung des eigenen Selbst als ›anders‹ und die Vorstellung, dass dieses Selbst nie existieren wird, füttert suizidale Gedanken. Der elterliche ›Rausschmiss‹, also ein Entzug von Sorge, bestätigt internalisierte Trans*feindlichkeit und führt zu einer bisher kaum beachteten Form von Wohnungslosigkeit unter Jugendlichen. Greta Bauer, die eine der wenigen großen Studien zu Trans*Jugendlichen in Ontario (Kanada) gemacht hat, fand dabei heraus, dass die Hälfte der Trans*Jugendlichen mit nicht-akzeptierenden Eltern keine adäquate Wohnsituation hatten. Sie waren entweder wohnungslos oder couchsurften bei Freund*innen, während diejenigen mit akzeptierenden Eltern alle eine adäquate Unterbringung hatten (Focks 2014: 17 f.). Das Leben auf der Straße als Ergebnis häuslicher Gewalt, kann dann wiederum zu einem erhöhten Risiko von Gewalt führen.

In biografischen Erzählungen von Trans*Personen sind Formen von elterlicher Gewalt häufig gepaart mit einem Zwang zur Eindeutigkeit und dem Wunsch, die Kinder wieder ›zurecht zu biegen‹. Darin verknüpfen sich homofeindliche Motive genauso wie die Angst, durch das ›Anderssein‹ des Kindes selbst in repressive Mechanismen zu geraten. Ich würde daher im Themenfeld ›häusliche Gewalt‹ folgende Aspekte für die Praxis von Hilfe und Schutzeinrichtungen in den Raum stellen: Mütter fühlen sich in der Regel für die Queerness ihrer Kinder verantwortlich. Dies kann einerseits dazu führen, dass gewalttätige Männer ihren Partnerinnen die Schuld an der Queerness der Kinder geben und diese ein Katalysator in der ohnehin schon bestehenden Beziehungsgewalt sind. Anderseits werden Mütter in der Gewalt gegen queere Kinder oft zu Täterinnen, weil sie ihren Erziehungsanspruch im heteronormativen System erfüllen wollen. Für diese erste These würde sprechen, dass die ›Disziplinierung‹ von queeren Kindern ähnliche Besitzansprüche und Argumentationsmuster verwendet wie partnerschaftliche heterosexuelle Gewalt. Sind beide Elternteile in Gewalt- und Diskriminierungshandeln gegen queere Kinder involviert, fände ich es außerdem interessant zu erforschen, ob Maßnahmen zum Schutz vor Zwangsverheiratung oder sog. ›Ehrgewalt‹ auch für Trans*Jugendliche sinnvoll sein könnten? Diese These wird von der Erkenntnis getragen, dass diese Gewalthandlungen darauf abzielen, die heterosexuelle Matrix im Sinne von klaren binären Geschlechterrollen wiederherzustellen. Ob Kinder die starren Vorschriften nun durch voreheliches oder homoerotisches Begehren oder non-konformes Rollenverhalten gebrochen haben, sollte bei der Analyse von Gewalt eine Rolle spielen und trotzdem dazu führen, dass alle Kinder Schutz und Unterstützung erfahren und ihre Perspektive in Präventionsprojekten Widerhall finden.

Der fehlende Schutz vor Diskriminierung und Gewalt ist bei intergeschlechtlich geborenen Kindern ein besonders schmerzhafter Aspekt im Verhältnis zu den eigenen Eltern, die einen nicht vor vereindeutigenden medizinischen Eingreifen bewahren konnten. Operative Eingriffe an Kleinkindern mit dem einzigen Ziel der geschlechtlichen Eindeutigkeit sind eine der massivsten Formen von Gewalt gegen geschlechtlich nicht konforme Menschen und werden erst seit wenigen Jahren als Verletzung der Menschenrechte klassifiziert.[5] Ihre Langzeitfolgen sind bisher kaum erforscht. Gleichzeitig sind die Lebenserfahrungen von intergeschlechtlichen Menschen sehr unterschiedlich. Eine große Gruppe von intergeschlechtlichen Menschen, meist als Mädchen mit Androgensensitivität[6] diagnostiziert, erfahren von der Beschaffenheit ihres Körpers erst in ihrer Pubertät (beispielsweise wird durch eine fehlende Regelblutung festgestellt, dass sie XY und nicht XX-Chromosomen haben). In der bisher ersten empirischen globalen Studie zur Lebenssituation intergeschlechtlicher Menschen beschreibt Dan Christian Ghattas die Gewalterfahrung von Inter*Personen so:

> »Verbale Diskriminierung und physische Gewalt jenseits medizinischer Maßnahmen erleben intergeschlechtliche Menschen verstärkt dann, wenn sie entweder

5 Vgl. den Bericht des Sonderberichterstatters über Folter und andere grausame, unmenschliche oder erniedrigende Behandlung oder Strafe (Juan E. Mendéz: UN-Dok. A/HRC/22/53 vom 1. Februar 2013) sowie die Empfehlung des Kommissars für Menschenrechte des Europarates (Organisation Intersex International Europe e.V. 2016).

6 Siehe hierzu https://xy-frauen.de/ (03.07.2022).

ihre Intergeschlechtlichkeit offenbaren oder aber, wenn sie in Verhalten und/oder äußerer Erscheinung nicht dem Stereotyp des männlichen oder weiblichen Geschlechts entsprechen. Wie auch in anderen Ländern kann es hier, je nachdem ob das Umfeld geschlechtertransgressives Verhalten und Aussehen toleriert, zu physischen Gewalterfahrungen und lebensbedrohlichen Situationen kommen. Je nach Grad der persönlichen Traumatisierung, etwa durch medizinische Eingriffe, sind intergeschlechtliche Menschen zudem verstärkt selbstmordgefährdet.« (Ghattas 2013: 39 f.)

Die verbindende Lebenserfahrung von Inter- und Trans*Personen wird in der Beschreibung Ghattas sichtbar: Sie erfahren physische Gewalt in den Momenten, in denen ihre Geschlechtlichkeit ›uneindeutig‹, ›monströs‹ oder ›unwahr‹ erscheint.

Richten wir den Blick auf partnerschaftliche Gewalt, dann sind es eben diese Momente des ›Uneindeutigen‹, die vor allem für Trans*Frauen in heterosexuellen Beziehungen zur Gefahr werden. Viele der durch Community-Gedenken wie dem *Trans Day of Remembrance* (TDOR)[7] bekannt gewordenen Morden an Trans*Frauen können auf Intimpartnerschaften zurückgeführt werden. Die Morde passieren zu 24 % in der eigenen Wohnung und zu 36 % auf der Straße. Zwischen Januar 2008 und September 2021 wurde die Ermordung von 4042 trans*- und genderdiversen Personen in 75 Ländern bekannt. 43 % der getöteten Menschen in Europa sind Migrant*innen und von den Personen, deren Beruf bekannt war, waren 58 % Sexarbeiter*innen (TGEU 2021). Die hohe Vulnerabilität von Sexarbeiter*innen ist doppelt zynisch, denn diese prekäre Form der Arbeit ist für viele arme Trans*Frauen eine der wenigen Formen, Geld für anstehende Geschlechtsangleichungen oder ihr Überleben zu verdienen. Gleichzeitig sind sie auch innerhalb von Trans*-Bewegungen eine stigmatisierte Gruppe, weil ihre Arbeit der alltäglichen Sexualisierung von Frauen und der Hypersexualisierung und Abwertung von Trans*Frauen in einer patriarchalen Gesellschaft entspricht. Umso wichtiger sind in diesem Kontext Formen von Selbstorganisierung wie das Trans*sexwork Peer Netzwerk[8] oder die Solidarisierungen und Arbeit rund um den TDOR.

Betrachtet man die Berichte über Morde und Gewalt in (ehemaligen) Partner*innenschaften zeigen sich sehr ähnliche Muster zu Partnerschafts-

7 https://tdor.tgeu.org/de/ (03.03.2022).
8 http://transsexworks.com/ (03.03.2022).

gewalt bei heterosexuellen cis-Paaren. Maßnahmen zu Intervention, Schutz und Hilfe, so meine These, wäre für Trans*Frauen also durchaus vorhanden, wenn sie sie auch in Anspruch nehmen dürften. Der Zugang hängt in der Praxis aber oft an den individuellen Haltungen der Fachkräfte oder der Träger, insbesondere, wenn im Team ein diffuses oder unterbewusstes Gefühl vorherrschend ist, dass transgeschlechtliche Frauen als betrügerisch oder gefährlich oder anstrengend stigmatisiert. Treffen Hilfesuchende auf eine trans*-exkludierende Beratungsstelle wird ihnen nicht nur der konkrete Zugang verwehrt, sondern sie erleben sich weiterhin als rechtlos und unwürdig Hilfe zu erhalten.

Einige Träger, Beratungsstellen und Schutzeinrichtungen befinden sich spät, aber doch in Öffnungsprozessen und fördern intersektionale Bildungsprozesse in ihren Teams oder haben gute Kooperationen mit Trans*-Selbstorganisationen. Diese Leuchttürme zu finden oder an sie verwiesen zu werden, ist für Hilfesuchende fundamental wichtig, denn sie stellt oft die erste biografische Berührung mit einer Institution dar, die sie nicht für ihr So-Sein straft oder unmögliche Bedingungen für das eigene Überleben stellt.

4b. Sexualisierte Gewalt und der Fokus auf das wahre Geschlecht

Sexualisierte Gewalt gegen Trans*Personen ist in der Öffentlichkeit vor allem als Aspekt brutaler Straßengewalt gegen Trans*Frauen sichtbar. Sowohl einzelne Erfahrungsberichte als auch die Ergebnisse von Ines Pohlkamps Forschung weisen auf eine Gewaltspirale hin, in der homosexuellenfeindliche, misogyne und transfeindliche Motive der Angreifer sich verknüpfen und einem recht ähnlichen Szenario folgen (Pohlkamp 2014: 249 ff.). Die berichteten Szenen beginnen oft mit homosexuellenfeindlichen oder sexualisierten Beleidigungen, die die Betroffenen als sexuell verfügbar markieren. Danach folgen aggressive Formen von Bedrängung und Berührung von Körperteilen, vor allem der äußeren Geschlechtsorgane, gepaart mit Drohungen von sexueller Gewalt, die durch besondere Brutalität auffallen und darauf abzielen, die Person oder ihre Geschlechtsorgane zu zerstören (ebd.: 258). In der Straßengewalt durch Fremde kann dieser sexuellen Nötigung dann körperliche Gewalt folgen, die von Beleidigungen begleitet werden, die auf die Integrität der Person abzielen und beispielsweise die betroffene Frau als ›Mann‹ demaskieren und bestrafen wollen. Wie bei allen Formen sexualisierter Gewalt spielt Dominanz und die Herstellung einer Machthierarchie eine ebenso relevante Rolle wie toxische Formen von Männlichkeit.

Sexualisierte Gewalt gegen Trans*Männer und geschlechter-non-konforme Menschen sind in der öffentlichen Auseinandersetzung ähnlich unsichtbar wie Gewalt gegen lesbische Frauen oder Gewalt innerhalb queerer Datingkontexte. Obwohl durch aktivistische Sammlungen wie das *Trans Murder Monitoring* (TGEU 2021) oder Berichte aus der Beratungspraxis klar ist, dass diese Personengruppe Gewalt und sexuelle Nötigung erfährt, sind sie weder Zielgruppe von Hilfseinrichtungen noch von Fachdebatten. In den von Ines Pohlkamp analysierten Berichten von Personen mit sehr unterschiedlichen Positionierungen innerhalb des Trans*-Spektrums wurde jedoch deutlich, dass bei sexualisierter Gewalt gegen Trans*Personen die Genitalien eine besondere Rolle spielen:

> »Die [Jugendlichen] fanden auch, sie müssten rausfinden, welchen Geschlechts ich bin, und dazu ist witzigerweise immer diese Stelle im Körper wesentlich. Und das ist nicht lustig, von sechs Jugendlichen angefasst zu werden. Da habe ich mich dann irgendwie losreißen können und bin dann gerannt.« (Polkamp 2014: 271)

Dabei werden von den Befragten intime Fragen zu Genitalien als Vorstufen von sexueller Nötigung empfunden (ebd.: 338). Fragen zur Beschaffenheit von Genitalien durch Ärzt*innen oder Ordnungsbehörden verletzten ebenso ein Intimitätsgefühl wie die beabsichtigte Verletzung und Abwertung durch pöbelnde Fragen in öffentlichen Settings. Sie werden insofern als Vorstufen empfunden, als dass sexualisierte Nötigung von Trans*Personen oft in der ungewollten Berührung von Genitalien besteht, die entweder durch die Kleidung ›ertastet‹ werden oder bei der Betroffene zur Entblößung gezwungen werden. Diese Form der genitalienbezogenen Nötigung kann dann zu unterschiedlichen anderen Formen von sexualisierter Gewalt führen. Die Androhung von sexualisierter Gewalt ist bewusster Teil der Demütigung und Herabsetzung. Trans*Personen mit Vaginas werden dabei auch immer wieder ›korrektive‹ Formen von Vergewaltigungen angedroht. Dieses Motiv ist in queeren Kreisen besonders durch den Spielfilm *Boys don't Cry* (Pierce 1999) erstmals breiter diskutiert worden.[9]

9 Der Film erzählt die Geschichte Brandon Teenas, einem jungen Trans*Mann bzw. einer geschlechtlich-nicht-konformen Person, die*r von einer Gruppe von Männern 1993 zur Entblößung die*r Genitalien gezwungen und als Betrüger_in diffamiert, vergewaltigt und ermordet wurde.

In der Bearbeitung dieser Gewalterfahrungen wäre es durchaus sinnvoll, die Verknüpfung zu lesbenfeindlicher sexualisierter Gewalt zu ziehen und zu erforschen, aus welchem Grund lesbische, trans*männliche, nichtbinäre Trans*Personen so viel seltener in Schutz- und Hilfeeinrichtungen zu finden sind.[10] Auf diesen Umstand wurde in den letzten Jahren verstärkt auch im Kontext von *Rainbow Refugee*-Gruppen hingewiesen. Das betroffenenkontrollierte Forschungsprojekt *SOGICA*[11] konnte in einer groß angelegten Vergleichsstudie zwischen Deutschland, England und Italien nachweisen, wie sehr Rassismus, Klassismus, Misogynie sowie Homo- und Transfeindlichkeit den Ausgang von Asylverfahren beeinflussen (Held/McCarty 2019).

5. Erschwerende Faktoren: Mehrfachmarginalisierung und geschlossene Systeme

Transfeindliche Gewalt, als eine Form geschlechtsspezifischer Gewalt, hat ebenso wie Rassismus oder Frauenfeindlichkeit Effekte auf das Leben von Betroffenen und ist je nach Subjektposition mit anderen Formen von Gewalt verknüpft:

> »Die Transfeindlichkeit, die ich erlebe, ist oft auch rassistisch. ›Geh zurück in dein verficktes Land‹, höre ich zum Beispiel von weißen Männern. Als trans Woman of Color bekomme ich Diskriminierung aber von mehreren Seiten ab. Wenn ich zum Beispiel in Berlin-Neukölln auf Menschen aus meiner Kultur treffe, sagen sie ›Haram‹ zu mir: Sünde.« (Parbey 2021: 2)

Damit beschreibt Amina Maher in einem Zeit-Interview, welche Effekte eine Positionierung in mehreren marginalisierten Subjektpositionen haben kann. In Mahers Alltagsbeschreibung wird deutlich, dass sowohl die erfahrene Gewalt schmerzhaft ist als auch der Ausschluss aus Communitys, die für die Verarbeitung von Gewalt notwendig wären. In der Verbindungslinie zu Rassismus wäre es, so meine These, wichtig, die Hypersexualisierung von Schwarzen und Menschen of Color mit der Hypersexualisierung von

10 Eine absolute Ausnahme ist das Berliner Monitoring zu trans*- und homofeindlicher Gewalt, dass in seiner ersten Ausgabe den Schwerpunkt auf lesbenfeindliche Gewalt legte (vgl. Lüter/Riese/Sülzle 2020).

11 *Sexual Orientation and Gender Identity Claims of Asylum. A European Human Rights Challenge.* Online unter: https://www.sogica.org/de/ (10.10.2020).

Trans*Frauen sowie die fehlende soziale Absicherung und Armut in diesen Personengruppen zusammen zu denken. Ein erster Hinweis, der diese These stützt, ist das bereits erwähnte *Trans Murder Monitoring*, durch das die Intersektionen dieser Ungleichheiten sichtbar werden. Neben der Sexarbeit arbeiteten viele der Ermordeten in Niedriglohnsektoren und körpernahen Dienstleistungen. Bei der Ermordung von Trans*Frauen of Color zeigt sich, wie systematischer Rassismus und Heterosexismus in Ermittlungsbehörden die Strafverfolgung verlangsamen kann. Der TDOR entstand, gerade weil der Tod der Schwarzen Trans*Frau Rita Hester nie aufgeklärt oder von den Medien thematisiert wurde (SUQ 2020).

Trans*Personen sind dabei besonders in geschlossenen Systemen, wie Gefängnissen, Psychiatrien oder Asylunterkünften, vulnerabel, in denen sie sich einer binären Logik der Unterbringung oder Sanitäranlagen und Personals ausgesetzt sehen, die qua Berufsgruppe in einem hierarchischen Machtverhältnis stehen und dazu angehalten werden, Menschen in ihrer ›Obhut‹ als betrügerisch zu denken. Der eindrückliche Bericht einer Trans*Frau in einem österreichischen Gefängnis (vgl. Fuß 2018: 18) zeigt, dass viele Entscheidungen, die Aspekte der Gefangenschaft betreffen (Einzelzelle, Isolation, berufliche Beschäftigung, Zugang zu Hormonen), von Gefängnisleitungen im Zusammenspiel mit Wachteams und sozialen Diensten gefällt werden. Dazu gehören auch die trans*spezifischen Gesundheitsversorgungen wie Hormonersatztherapien. Hinzu kommt, dass Personen durch das Trennungsgebot in Männern- oder Frauen-Trakten untergebracht werden, die durch den behördlichen Geschlechtseintrag entschieden werden. Ein erfolgreiches Verfahren nach dem TSG – und somit eine Unterbringung im richtigen Trakt – ist durch seine Komplexität und Langjährigkeit aber in der Regel gut situierten Menschen vorbehalten. In diesem Kontext von einem Privileg zu sprechen, erscheint mir wegen der invasiven Befragungen durch Gerichte und psychiatrische Gutachten zynisch. Trotz einer Reihe von medial bekannt gewordenen Fällen von gefährlichen Falschunterbringungen und der mittlerweile staatlich bestätigten Existenz von intergeschlechtlichen und nicht-binären Personen sehen nur der Berliner und Hamburger Senat Handlungsbedarf[12](vgl. Klein 2021).

12 Der Berliner Senat diskutiert aktuell einen Gesetzesentwurf, der abweichende Einzelfallentscheidungen zulässt. Die Hamburger Senatorin versprach nach dem Suizid einer Transfrau, die durch die Mithäftlinge im Männertrakt gedemütigt worden war, eine Reform (vgl. Klein 2022).

Die ständige Betrugsunterstellung in Gefängnissen spiegelt sich auch in den Interviews zu Asylverfahren wider, in denen queere Geflüchtete (so wie alle Geflüchtete) in der Beweislast sind, ihre Verfolgung zu beweisen. Dabei stehen sie sowohl westlichen Konzepten von Trans*geschlechtlichkeit als auch einer Systematik, die fehlende Anzeige bei erlebter Gewalt im Herkunftsland negativ auslegt, gegenüber. Wie diese Mechanismen wirken, zeigt der Fall der jungen transidenten Dervisa, die 2014 nach dem Rausschmiss aus dem Elternhaus auf der Straße lebte und nach mehreren Gewalterfahrungen, die trotz Beweisen nicht strafrechtlich verfolgt wurden, von Bosnien nach Deutschland floh. Ihr trans*-Sein, ihr prekärer sozialer Status als Romnja, ihre fehlende Ausbildung und ihre Wohnungslosigkeit waren Bausteine dafür, dass sie in Bosnien keinen Schutz durch die Ordnungsbehörden, sondern weitere Abwertung und Diskriminierung erfuhr. Diese Aspekte führten wiederum dazu, dass ihr Fluchtgrund als ›offensichtlich unbegründet‹ abgelehnt wurde, weil er sich nicht nur auf die Geschlechtsidentität bezog. Sie versuchte kurz vor der Abschiebung sich das Leben zu nehmen.[13]

6. Verinnerlichte Negativität und institutionelle Diskriminierung

Berichte und Analysen aus Beratungskontexten liefern wichtige Hinweise auf die Folgen von Trans*feindlichkeit. Constance Ohms, die seit 2016 die Community-basierte Beratungsstelle *gewaltfreileben* leitet, konnte in der Beratungspraxis feststellen, dass queere Menschen mit verinnerlichter Negativität länger in gewaltvollen Beziehungen bleiben. Trans*Personen führen Übergriffe auf ihr So-Sein zurück. Dies führt dazu, dass sie öffentliche Räume meiden, um sich vor Hassgewalt zu schützen. Gleichzeitig findet (zumindest eine unterbewusste) Schuldumkehr statt, die dazu führt, dass Betroffene selten Unterstützung bei Fachberatungsstellen suchen (Ohms 2021: 8). Obwohl es zu Gewalt in Intimpartnerschaften bei Trans*Personen keine Forschung gibt, zeigt die Beratungspraxis einen Zusammenhang zwischen verinnerlichter Negativität und dem Erleben, aber auch Ausüben von Gewalt in Partner*innenschaften, auf. Ohms stellt beispielsweise einen

13 Zur detaillierten Berichterstattung über Dervisas Fall siehe: https://taz.de/Transsexuelle-bekommt-kein-Asyl/!5018461/ und https://www.sogica.org/de/life_stories/transsexuelle-soll-ihre-neigung-nicht-offen-zeigen/ (10.10.2020).

Zusammenhang zwischen moralisch-religiösen Einstellungen und dem Ausüben von Gewalt her:

> »Wird das eigene sexuelle Begehren als moralisch verwerflich betrachtet, können Gefühle von Scham, Selbsthass und Missbilligung verstärkt werden, sodass ein Rahmen geschaffen wird, in dem es zu sexuellem Zwang kommen kann.« (Ohms 2021: 9)

Für die Beratung von Klient*innen ist es deswegen relevant, einen positiven Selbstwert zu unterstützen, toxische Einflüsse von Herkunftsfamilien oder Religionsgemeinschaften anzusprechen und zu verdeutlichen, dass »verinnerlichte Homo-, Trans*- oder Queernegativität ihren Ursprung nicht in der Person selbst hat, sondern ein wesentlicher Aspekt der heteronormativen Sozialisation ist« (ebd.).

Befragt man Trans*Personen zu Gewalt, nennen diese, neben physischer und sexualisierter Gewalt, häufig auch das entwürdigende Verfahren nach dem TSG[14]. Für eine Anerkennung des eigenen Geschlechts vor dem Amtsgericht sind nach dem TSG zwei psychiatrische Gutachten notwendig, die das Leid der Betroffenen, den unumstößlichen Wunsch nach Transition und psychischer Gesundheit – im Sinne der Abwesenheit anderer psychiatrischer Diagnosen – attestieren. Dieses zwingt sie, sich einer äußerlichen Bewertung ihrer selbst, meist durch Personen ohne Transitionserfahrung, zu unterziehen. Die Selbstbezeichnung der Betroffenen und das Wissen über die eigene Identität verschwindet in der gerichtlichen Suche nach dem ›wahren Geschlecht‹ hinter der medizinischen Macht, Geschlecht durch Bescheinigungen definieren zu können.

Als 2020 im deutschen Bundestag die zwei Selbstbestimmungsgesetze der Fraktionen FDP bzw. Bündnis 90/Die Grünen diskutiert wurden, konnte man in der Gegenargumentation konservativer Politiker*innen ebendiese Suche nach dem ›wahren Geschlecht‹ und Trans*Personen in der Figur des*der Betrüger*in wiederentdecken. Mit dem Argument, Frauen vor »verkleideten männlichen Angreifern auf Damentoiletten schützen

14 Das ›Gesetz über die Änderung der Vornamen und die Feststellung der Geschlechtszugehörigkeit in besonderen Fällen (Transsexuellengesetz – TSG)‹ wurde 1980 verabschiedet. Seit seiner Existenz wurde ein Großteil der Paragraphen durch Einzelklagen vor dem Bundesverfassungsgericht gestrichen. Hierzu gehört beispielsweise die Sterilisation von Trans*Personen, die in vielen Ländern noch Voraussetzung für eine Änderung des Personenstandes ist.

zu wollen«, wurden Trans*Personen als ›gefährlich‹ markiert[15]. Gleichzeitig wird ihnen diskursiv unterstellt, betrügerisch handeln zu wollen. Dieser Vorwurf war und ist Grundlage für die psychiatrischen Befragungen im TSG-Verfahren, die Betroffene oft als diskriminierend, voyeuristisch und gewaltförmig degradierend empfinden. Diese beinhalten eine Befragung zu detaillierten Beschreibungen von Sexualpraktiken, Liebesbeziehungen oder Waschpraktiken. Für viele Trans*Personen sind medizinische, vor allem psychosoziale Einrichtungen, daher nicht als möglicher Schutzraum, in dem Gewalterfahrungen bearbeitbar werden, denkbar, sondern sie sind Orte, in denen erfahrene Gewalt potenziell wiederholt und verstärkt wird. Sie erleben eine voyeuristische Fokussierung auf Sexualität und sexuelle Praktiken statt einer Stärkung der Selbstfindung. Engagierte Psycholog*innen, oft aus queeren Kontexten, versuchen seit einigen Jahren, diesem schädlichen Handeln von Fachkräften durch Aufklärung und Schulungen entgegenzutreten.[16]

7. Selbstorganisation und Widerstand

Die in den Beispielen sichtbare Figur des Betrügenden und das alltägliche Anstoßen an der heterosexuellen Matrix führt bei vielen Trans*Personen zu einer ständigen Angst des ›Entdeckt-Werdens‹. Betroffene müssen lernen, mit dem plötzlich gesteigerten Interesse des Gegenübers und mit der Möglichkeit von Diskriminierung und Gewalt zu leben. Am sinnvollsten gelingt dies, wenn betroffene Menschen ihre Diskriminierungs- und Gewalterfahrungen in Kollektiven politisieren und mit anderen gesellschaftlichen

15 Während die geplanten Entwürfe versuchten, staatliches Diskriminierungshandeln zu verringern erlebten Trans*Personen eine bis heute anhaltende Welle an trans*feindlicher Berichterstattung und Ressentiments, die bis in feministische Einrichtungen reichen, deren Hauptanliegen der Schutz vor geschlechtsspezifischer Gewalt ist. Vgl. AFP 2021.

16 Das 2020 beschlossene ›Gesetz zum Schutz vor Konversionsbehandlungen‹, das »medizinische und andere Interventionen, die darauf gerichtet sind, die sexuelle Orientierung oder die selbstempfundene geschlechtliche Identität einer Person gezielt zu verändern oder zu unterdrücken (sogenannte Konversionstherapien)« verbietet, ist ein erster und guter Schritt zu einer Haltungsveränderung in psychosozialen Berufen. Es verbietet zwar nur extreme Formen von Queerfeindlichkeit im psychosozialen Setting, soll aber durch die mediale Debatte, so die Hoffnung der Initiator_innen, auch eine Haltungsänderung innerhalb der Fachkräfte verursachen (vgl. https://www.bundesgesundheitsministerium.de/konversionstherapienverbot.html (03.03.2022)).

Machtverhältnissen in Beziehung setzen. Diese Form, die Wut über die eigenen Lebensverhältnisse auf die Straße zu bringen, hat nicht nur das Potenzial, die Grenzen der Norm zu verändern, sondern bringt ein Gefühl von Wirkmächtigkeit zurück, das durch die erlebte Gewalt verletzt worden ist. Das Aufsuchen von Selbsthilfekontexten und spezialisierten Beratungsstellen kann einen ähnlichen Effekt herstellen, vor allem, wenn er Wege aufzeigt, nicht allein mit einer Gewalterfahrung zu sein.

Das eigene Leben nicht ohne Gewalt denken zu können, ist einer der wirkmächtigsten Glaubenssätze internalisierter Queerfeindlichkeit. Er speist sich aus gelebter Diskriminierungs- und Alltagserfahrung ebenso wie aus dem Fehlen von fiktiven oder realen Vorbildern, die Trans*Personen als glücklich, erfolgreich und mit sich selbst im Reinen darstellen. Bis auf wenige, sehr aktuelle Ausnahmen, sind Trans*Personen im Film und Fernsehen als monströse Killer oder als wehrlose Opfer brutaler sexualisierter Fantasien sichtbar. Umso wichtiger ist es, in der Beschreibung von Gewalt gegen Trans*Personen, Verarbeitungsformen und widerständige Praxen darzustellen. Die auch im deutschsprachigen Online-TV viel diskutierte FX-Serie *Pose* schafft diese Form der Repräsentation.[17] Heilsame Verortung erfahren Trans*Personen aber auch im Austausch mit (online) Selbsthilfegruppen oder in der politischen Organisierung und Selbstermächtigung in Kneipen und Kulturinitiativen. Diese Organisierung hat in den letzten zehn Jahren nicht nur zu einer Sensibilisierung der Bevölkerung, sondern auch zu konkreten rechtlichen Verbesserungen geführt. Sie hat das Sprechen über Gewalt zumindest in subkulturellen Kontext ermöglicht, aber noch zu keiner Veränderung im Aufkommen von Gewalt geführt.

Projekte, die sich dem Gewaltschutz oder der Prävention von Gewalt verpflichtet haben, sollten also unbedingt auf trans*spezifische Aspekte von geschlechtsspezifischer Gewalt achten, wenn sie ihren Auftrag ernst nehmen. Diese Aspekte müssen durch Forschung und Berichte von Selbstorganisation erst in das Licht der Fachöffentlichkeit rücken, damit ein

17 In der Serie, deren Zentrum die Ballroom-Kultur der 1980er Jahre ist, wird auf brutale Gewaltszenen verzichtet und dadurch subtilere Formen von Gewaltverhältnissen wie Armut, Ausschluss aus dem Gesundheitssystem, prekäre Arbeitsformen, aber auch Selbsthass thematisiert (Majewski 2019). Sie bringt durch die Besetzung mit Trans*Schauspieler_innen eine Pluralität von nicht-konformen Körpern auf die Bildschirmfläche und vermittelt einem breiten (auch heterosexuellen) Publikum die Relevanz von Wahlfamilien und Community-Strukturen in der Lebensrealität von queeren Menschen.

gewaltfreies Leben jenseits der heteronormativen Matrix denkbar werden kann.

Für die Forschung und die Praxis wäre es notwendig, trans*idente, intergeschlechtliche, geschlechter-non-konforme, queere Menschen als das wahr zu nehmen, was sie sind: Träger*innen von Menschenrechten. Das bedeutet, dass wir ein Recht auf ein gewaltfreies Leben, auf sexuelle und reproduktive Rechte, auf Schutz und Unterstützung haben, wenn unsere Rechte beschnitten werden. Hierfür müssen die Forschung und die Träger Sozialer Arbeit anerkennen, dass geschlechtsspezifische Gewalt im Kontext von Homo- und Trans*-Feindlichkeit eigene Mechanismen hat, um patriarchale Geschlechterrollen durchzusetzen. Diese Mechanismen müssen mehr erforscht werden und gleichzeitig brauchen queere Menschen spezialisierte Beratungsstellen und Selbstorganisierungsprojekte, die über die Öffnung von bestehenden Projekten[18] hinausgehen.

Literatur

Agentur der Europäischen Union für Grundrechte (FRA) (2014): Leben als Trans* in der EU. Vergleichende Datenanalyse aus der EU-LGBT-Erhebung. Zusammenfassung. fra.europa.eu/sites/default/files/fra_uploads/fra-2015-being-trans-eu-comparative-summary_de.pdf (2.3.2022).

AFP (2021): Transfrauen im Bundestag. Slawik: »Mir wurde das Frausein abgesprochen«. https://www.zdf.de/nachrichten/politik/bundestagswahl-transfrauen-bundestag-slawik-reaktionen-100.html (2.3.2022).

Barta, Elena (2012): Geschlecht, Performativität und Subjektivierung In: UNIQUE 11/12. https://oeh.univie.ac.at/zeitgenossin/geschlecht-performativitat-und-subjektivierung (1.1.2022).

Barta, Elena / Schrader, Kathrin (2021): Die Dritte Option: Uneindeutigkeit im Fadenkreuz von Macht und Herrschaft. In: Melanie Groß / Kathrin Niedenthal (Hg.): Geschlecht: divers. Die »Dritte Option« im Personenstandsgesetz – Perspektiven für die Soziale Arbeit. Bielefeld: transcript 2021. S. 149–172.

Buckel, Sonja / Fischer-Lescano, Andreas (2007): Hegemonie gepanzert mit Zwang. Zivilgesellschaft und Politik im Staatsverständnis Antonio Gramscis. Baden-Baden: Nomos.

Butler, Judith (1990): Gender Trouble: Feminism and the Subversion of Identity. New York: Routledge.

18 Die schrittweise Öffnung von beispielsweise Frauen*häusern für transidente Frauen ist sicherlich sinnvoll, greift aber zu kurz, weil sie nur einen Teilbereich der Community meint und in der Betriebskultur auf heterosexuelle Frauen* ausgerichtet ist.

Butler, Judith (1997): Körper von Gewicht. Die diskursiven Grenzen des Geschlechts. Berlin: Edition Suhrkamp.

Crenshaw, Kimberlé (1989): Demarginalizing the Intersection of Race and Sex: A Black Feminist Critique of Antidiscrimination Doctrine, Feminist Theory and Antiracist Politics. In: University of Chicago Legal Forum 1989/1. S. 139–167. http://chicagounbound.uchicago.edu/uclf/vol1989/iss1/8 (3.2.2022).

Focks, Petra (2014): Lebenswelten von intergeschlechtlichen, transgeschlechtlichen und genderqueeren Jugendlichen aus Menschenrechtsperspektive. http://www.meingeschlecht.de/MeinGeschlecht/wp-content/uploads/Focks_Lebenswelten_Expertinneninterviews-_2014.pdf (1.11.2021).

Foucault, Michel (1983): Sexualität und Wahrheit: Bd. 1. Der Wille zum Wissen. Frankfurt am Main: Suhrkamp.

Franzen, Jannik / Sauer, Arn (2010): Benachteiligung von Trans*Personen, insbesondere im Arbeitsleben. Berlin. https://www.antidiskriminierungsstelle.de/SharedDocs/downloads/DE/publikationen/Expertisen/expertise_benachteiligung_von_trans_personen.pdf (6.3.2022).

Fuß, Frederik (2018): Zu den Haftbedingungen von Transfrauen in österreichischen Gefängnissen. In: Queerulantin 10. S. 18–21. https://www.queerulantin.de/Downloads/Projekt%20Queerulant_in%20Ausgabe%2010%202018%20bebildert%20online.pdf (10.10.2020).

Ghattas, Dan Christian (2013): Menschenrechte zwischen den Geschlechtern. Vorstudie zur Lebenssituation von Inter*Personen. Berlin: Heinrich-Böll-Stiftung. https://www.boell.de/sites/default/files/menschenrechte_zwischen_den_geschlechtern_2.pdf (3.3.2022).

Held, Nina / McCarthy, Karen (2019): ›They like you to pretend to be something you are not‹: An exploration of working with the intersections of gender, sexuality, ›race‹, religion and ›refugeeness‹, through the experience of Lesbian Immigration Support Group (LISG) members and volunteers. In: Suryia Nayak / Rachel Robbins (Hg.): Intersectionality in Social Work: Activism and Practice in Context. Oxon/New York: Routledge 2019. S. 142–155. http://usir.salford.ac.uk/id/eprint/62122/1/Held%20and%20McCarthy_accpted%20version.pdf:public (8.3.2022).

Klein, Jeja (2021): Berlin will Haft für Trans und Inter neu regeln. https://www.queer.de/detail.php?article_id=39647 (25.03.2022).

Klein, Jeja (2022): Nach Suizid von trans Frau: Gefängnisreform angekündigt. https://www.queer.de/detail.php?article_id=41496 (25.03.2022).

Lüter, Albrecht / Riese, Sarah / Sülzle, Almut (2020): Berliner Monitoring: Trans- und Homophobe Gewalt. https://camino-werkstatt.de/downloads/Monitoring-trans-und-homophobe-Gewalt.pdf (23.01.22).

Majewski, Daria Kinga (2019): Serie Pose. Trauer, Träume, Hoffnung. https://magazin.hiv/magazin/gesellschaft-kultur/serie-pose/ (3.3.2022).

Mays, Jay / Reiff Hill, Mel (2014): The Gender Book. Houston: Marshall House Press.

Ohms, Constance (2021): Internalisierte Homo-, Bi+-, Trans*-und Queernegativität und Gewalterfahrungen in intimen Partner*innenschaften. https://broken-rainbow.de/wp-content/uploads/2022/01/Broschuere-verinnerlichte-Homo-Transnegativitaet_online.pdf (3.3.2022).

Organisation Intersex International Europe e.V. (2016): Menschenrechte und Intergeschlechtliche Menschen. https://oiigermany.org/wp-content/uploads/2017/02/ (3.3.2022).

Parbey, Celia (2021): »Auf der Straße haben Menschen schon mehrmals Essen nach mir geworfen«. https://www.zeit.de/zett/queeres-leben/2021-08/queerfeindlichkeit-deutschland-angriffe-gewalt-oeffentlichkeit-lgbtq (1.2.2022).

Pohlkamp, Ines (2011): Transphobe Gewalt und die Bedeutung eines ›wahren Geschlechts‹. In: Kriminologisches Journal 43/1. S. 57–70.

Pohlkamp, Ines (2014): Gender Bashing. Diskriminierung und Gewalt an den Grenzen der Zweigeschlechtlichkeit. Münster: Unrast.

Solidarisch Unaufgefordert Queer (SU42

Q) (2022): TDOR2020.We fight for our futures! https://www.suqpolitix.org/2020/11/19/tdor2020/ (2.3.2022).

Transgender Europe (2021): Trans Murder Monitoring. Infografik. https://transrespect.org/wp-content/uploads/2021/11/TvT_TMM_TDoR2021_infographics_wide_DE_01.png (2.1.2022).

Sabine Fries

Intersektional wirkende Einflüsse auf die Gewaltbetroffenheit von Frauen* mit Behinderungen: Sozialisationsbedingungen, Geschlechtsidentität sowie körperliche und sexuelle Selbstbestimmung

Gewaltbetroffenheit von Frauen* mit Behinderungen

Dem Thema *Gewalt gegen Frauen*[1] *mit Behinderungen* kommt in Deutschland eine wachsende gesellschaftliche und gesundheitspolitische Bedeutung zu (Weibernetz 2022). Einen wichtigen Beitrag dazu haben einige in den letzten Jahren veröffentlichte Studien geleistet, allen voran die erste bundesweit repräsentative Untersuchung *Lebenssituation, Sicherheit und Gesundheit von Frauen mit Behinderungen und chronischen Erkrankungen* (Schröttle et al. 2013). Über 1.500 Frauen* mit unterschiedlichen Behinderungen und Beeinträchtigungen[2] wurden im Rahmen von quantitativen und qualitativen Interviews befragt. Um Behinderung als einen zentralen Risikofaktor für die Betroffenheit von Gewalt zu untersuchen, waren in methodischer Hinsicht besondere Anforderungen an diese Studie gestellt, die

1 Das Sternchen soll zeigen, dass die Bezeichnung Frau* (resp. Mann*) Menschen einschließt, die sich unabhängig vom ›biologischen‹ Geschlecht als Frau (resp. Mann) definieren (vgl. https://www.ash-berlin.eu/fileadmin/Daten/Einrichtungen/Frauenbeauftragte/Downloads/Die_Crux_mit_dem_Sternchen.pdf).

2 Einbezogen in die Studie waren Frauen* mit Körper-, Seh-, Hör- und/oder Sprechbeeinträchtigungen sowie mit kognitiven und psychischen Erkrankungen. Unter die Bezeichnung *Beeinträchtigung* fallen unabhängig vom Grad der Behinderung oder von der Behinderungsart vor allem auch Frauen*, die von chronischen Erkrankungen betroffen sind. Die Disability Studies (Wesselmann 2022: 66 ff.; Dannenbeck 2022: 80 ff.) unterscheiden zwischen Beeinträchtigung und Behinderung: Die Beeinträchtigung ist die körperliche Seite der Behinderung – das fehlende Bein oder die fehlende Sehkraft, die chronische Krankheit. Der Begriff *Behinderung* wird in diesem Artikel von der sozialen Dimension her verstanden: Barrieren behindern und schließen aus, und das macht die Beeinträchtigung oft erst zur Behinderung (BMAS 2021).

in repräsentativer Absicht möglichst viele Frauen* mit unterschiedlichen Formen von Behinderungen und Beeinträchtigungen erreichen wollte. Die Befragung wurde an die unterschiedlichen Zielgruppen angepasst und sowohl in Privathaushalten als auch in Einrichtungen mit Menschen mit Behinderungen durchgeführt. So wurden zum Beispiel Taube[3] Frauen* in ihrer Erstsprache, der Deutschen Gebärdensprache (DGS), befragt und Frauen* mit kognitiven Beeinträchtigungen in leichter Sprache. Auf diese Weise konnten auch Zielgruppen erreicht werden, die von standardisierten Befragungen (z.B. Telefoninterviews) oder Interviews, die auf Schriftsprache basieren (vgl. z.B. Eiermann et al. 2000) im Allgemeinen ausgeschlossen sind.

Während sich bisherige Studien nur auf einen bestimmten Ausschnitt des Problems, z.B. auf bestimmte Behinderungs- oder Gewaltformen sowie Lebenssituationen (häufig im klinischen Kontext) bezogen, konnten die Daten der Studie von 2013 in aller Deutlichkeit aufzeigen, dass ein Zusammenhang von Gewalt und gesundheitlicher Beeinträchtigung oder Behinderung im Leben von Frauen* besteht: »Frauen mit Behinderungen und Beeinträchtigungen waren im Lebensverlauf allen Formen von Gewalt deutlich häufiger ausgesetzt als Frauen im Bevölkerungsdurchschnitt« (Schröttle et al.: 264). Die hier vorgelegten Daten und Statistiken legen dar, dass Frauen* mit Behinderungen im Lebensverlauf zwei- bis dreimal häufiger als Frauen* im Bevölkerungsdurchschnitt Gewalt ausgesetzt waren (ebd.; vgl. auch 415). Fast alle der befragten Frauen* mit Behinderungen hatten zudem durchweg Erfahrungen mit Diskriminierungen gemacht (ebd.: 266; 414). Die Studie verdeutlicht weiterhin, dass spezifische Formen und Ausprägungen von Behinderungen und Beeinträchtigungen zu einem Risikofaktor für Gewalterleben werden, weil sie beispielsweise mit einer eingeschränkten Wehrhaftigkeit oder spezifisch gefährdeten Lebens- und Abhängigkeitssituationen wie zum Beispiel einem Angewiesensein auf körperliche Pflege (ebd.: 265) einhergehen. Auch hinsichtlich der Gewaltformen konnten differenzierte Ergebnisse gewonnen werden. So waren

3 Die Großschreibung ›Taub‹ beschreibt eine historische, politische und soziale Identität, die als Kategorie von der medizinischen Norm abweicht. Taub lässt sich nicht allein, wie fälschlicherweise oft angenommen wird, auf den diagnostizierten medizinischen Hörstatus und die DGS-Verwendung reduzieren. Die Schreibweise ist ein Versuch, Hierarchien sichtbar zu machen und infrage zu stellen (vgl. https://poesiehandverlesen.de/glossar.php).

beispielsweise Frauen* mit psychischen Erkrankungen sowie Frauen* mit erheblichen Hör-, Sprech- und Sehbeeinträchtigungen besonders betroffen von gewalttätigen Übergriffen durch einen Beziehungspartner (ebd.: 264 und 415).

Es ist ein besonderes Verdienst dieser und der sich daran anschließenden Studien (vgl. Schröttle/Glammeier 2014; Fries/Schröttle 2015; Schröttle 2017; RKI 2020), eindrücklich darlegen zu können, wie die unterschiedlichen Risikokonstellationen auf komplexe Weise zusammenspielen und sich in ihrer Wechselwirkung gegenseitig verstärken. Das gilt besonders auch für die Risikofaktoren Behinderung und Beeinträchtigung: Nicht die Behinderung oder Beeinträchtigung selbst, sondern die mit der spezifischen Form der damit verbundenen Einschränkungen und speziellen Lebensumstände erhöhen das Risiko, Opfer von Gewalt zu werden. Denn Frauen* mit Behinderungen erleben in der Regel mehrere Formen von Diskriminierung, die durch eine bloße Aufzählung oder Aneinanderreihung nicht in ihrem Kern erfasst werden können. In diesem Beitrag geht es daher darum, nach intersektional[4] wirkenden Einflüssen im Leben von Frauen* mit Behinderungen zu fragen und diese im Kontext von Gewaltbetroffenheit zu diskutieren. Im Fokus stehen hierbei die Wechselbeziehungen von *Sozialisationsbedingungen*, *Geschlechtsidentität* sowie die *körperliche und sexuelle Selbstbestimmung* von Frauen* mit Behinderungen.

Sozialisationsbedingungen

Die Vulnerabilität, als Frau* mit Behinderung Gewaltsituationen ausgesetzt zu sein, ist immer auch ein Spiegelbild der individuellen Lebensumstände und der strukturellen Voraussetzungen, die Frauen* mit Behinderungen in unserer Gesellschaft vorfinden. Selbst nahezu 15 Jahre nach Ratifizierung der UN-Behindertenrechtskonvention (UN-BRK) unterscheiden sich die Sozialisationsbedingungen von Frauen* und Mädchen* mit Behinderungen in Deutschland noch erheblich von denen der Frauen* und Mädchen* ohne Behinderungen.

---

4 Unter *Intersektionalität* wird verstanden, dass Geschlechtsidentität nicht isoliert von weiteren Kategorien wie Ethnizität, Schicht, sexuelle Orientierung etc. konzeptualisiert werden kann. Im Fokus stehen vielmehr die Wechselbeziehungen zwischen sozialen Kategorien bzw. Machtverhältnissen (Crenshaw 1989; Walgenbach 2007).

Die Entwicklung von Identität, Selbstwert und Selbstbewusstsein ist nach wie vor maßgeblich von der sozialen Umgebung abhängig. Die eigene Identität als eine positive anzunehmen und ausleben zu können sowie die Stärkung von Vertrauen in die eigenen Fähigkeiten (Selbstwirksamkeit) sind wichtige Faktoren für die Entwicklung eines positiven Selbstbilds. Frauen* mit Behinderungen werden nach wie vor nicht vorrangig als Personen mit individuellen Fähigkeiten gesehen, sondern primär als ›behindert‹ eingestuft: »Ich bin eine Diagnose, eine Behinderung« (Balzer 2021). Durch alltägliche Aussagen wie »an den Rollstuhl gefesselt«, oder »Das ist aber schade, dass du wegen deiner Behinderung dort nicht hineinkommst«[5], werden Personen mit Behinderungen auf eine wahrgenommene Beeinträchtigung reduziert.

Die aufgeklärte Gesellschaft des 21. Jahrhunderts hat dafür den Begriff *Ableismus* geprägt, der die strukturelle Diskriminierung von Menschen mit Behinderungen und Beeinträchtigungen beschreibt. Ableismus ist definiert als Diskriminierung oder soziales Vorurteil gegenüber Menschen mit Behinderungen, stigmatisiert also bereits marginalisierte Menschen (vgl. u.a. Chouinard 1997; Köbsell 2015).

Der Behindertenrechtsaktivistin Rebecca Maskos gelingt es in ihren Veröffentlichungen sehr gut, ableistische Denkmuster als solche zu benennen und zu entlarven:

> »Ableismus lässt uns als vielschichtige Person verschwinden, hinter einer Wand von stereotypen Annahmen. Zum Beispiel, dass unsere Behinderung uns verbittert und depressiv macht, und dass es deshalb viel Mut braucht, wenn wir ein ganz normales Leben führen« (Maskos 2015: o.S.).

Ableismus zeigt sich einerseits, wenn wir als kompetentes Subjekt auf Augenhöhe gar nicht vorkommen, wenn wir unsichtbar scheinen, wenn über unseren Kopf hinweg über uns entschieden wird. Ableistisch ist andererseits die Anerkennung, die es gibt, wenn beispielsweise Taube Menschen in Zeiten der pandemiebedingten Maskenpflicht »trotzdem einkaufen gehen« oder tanzen können, »obwohl du die Musik nicht hörst«[6].

5 Solche und andere Beispiele finden sich im #WasAbledsSagen.

6 Hier beschreibt die Verfasserin eigene Erfahrungen, die sie als Taube Frau gemacht hat. Für Taube Menschen hat sich die Maskenpflicht während der Pandemie als eine zusätzliche Erschwernis herausgestellt, da jegliche alltägliche Kommunikationssi-

Ableismus und andere diskriminierende oder vermeintlich wohlmeinende Verhaltensmuster laufen darauf hinaus, dass Personen mit Behinderungen und Beeinträchtigungen die Fähigkeit aberkannt wird, Verantwortung übernehmen zu können. Dadurch nimmt die nicht behinderte Person gegenüber der behinderten Person intuitiv eine übergeordnete Position ein, wodurch ein Machtgefälle entsteht, das potenziellen Täter*innen in die Hände spielt. Wenn soziale Systeme und ihre kulturellen Regeln so konstruiert sind, dass sie Menschen von der Ausübung ihrer Bedürfnisse ausschließen oder ihnen die Teilhabe z.B. am Gesundheits- oder Bildungssystem verwehrt wird, entsteht ein menschengemachtes soziales Problem (vgl. Staub-Bernasconi 2012: 371). Ausbeutung, Diskriminierung, repressive Kontrolle und strukturelle Gewalt sind Beispiele für solche Erfahrungen, die zudem oftmals gemeinsam auftreten, wodurch sie sich noch verstärken.

Nach Staub-Bernasconi nutzen Menschen ihre Machtquellen, um ihre persönlichen Interessen und Wünsche zu verfolgen; insofern sind Bedürfnisse auch immer Gegenstand sozialer Verhandlungen und gekoppelt an machtmissbrauchende Prozesse (vgl. ebd.: 372). Insbesondere in Abhängigkeitsverhältnissen, in denen sich Menschen mit Behinderungen häufig befinden, werden die Machtverhältnisse nicht explizit als solche bezeichnet oder als unauflösbare Dilemmata beschrieben und damit teilweise auch ignoriert oder einseitig aufgelöst (vgl. Sagebiel/Pankofer 2015: 118).

Geschlechtsidentität

Das Absprechen von Individualität und die Reduzierung auf Behinderungen und Beeinträchtigungen haben häufig zur Folge, dass die Kategorie *Geschlecht* hinter das Merkmal der Beeinträchtigung tritt. Je sichtbarer die Beeinträchtigung, desto geschlechtsloser werden Frauen* mit Behinderungen wahrgenommen (Balzer 2021). Das hat weitreichende Konsequenzen. Das Frauen*bild unserer Gesellschaft ist nach wie vor nachhaltig von der Annahme körperlicher Unversehrtheit, Gesundheit, Leistungsfähigkeit und einem angenehmen äußerlichen Erscheinungsbild geprägt. Dafür reicht oft schon ein einfacher Blick in die alltäglich genutzten Medien. Eine Frau* mit Behinderung wird selten als liebende Partnerin*, berufs-

tuation durch das Masketragen des Gegenübers eine zusätzliche Barriere darstellte (vgl. Petri 2020).

tätige Mutter* oder aktive Karrierefrau* wahrgenommen. Die Frage nach der Mutterschaft wird selbst heutzutage oft immer noch nicht als Wunsch der eigenen Lebensplanung akzeptiert. Nach Artikel 23 UN-BRK haben Menschen mit Behinderungen dasselbe Recht, über ihre Familiengründung und -planung sowie Elternschaft zu entscheiden wie andere auch. In den Absätzen a bis c sind die Rechte auf Partnerschaft, Familiengründung und damit zusammenhängende Aspekte wie der Erhalt der Fertilität festgelegt. Insbesondere Frauen*, die in Einrichtungen leben, erhalten häufig die sogenannte 3-Monats-Spritze, die starke Nebenwirkungen haben kann und deshalb von Frauen* ohne Behinderungen so gut wie gar nicht mehr genutzt wird (Zinsmeister 2012). Ob Abtreibung und Sterilisation tatsächlich selbst gewählt durchgeführt werden, liegt völlig im Dunkeln (Wienholz/Jonas 2010). Berichte aus der Praxis zeigen, dass anders als bei nicht behinderten Menschen, die Schwangerschaft – und nicht der Schwangerschaftsabbruch – für Menschen mit Behinderungen gesellschaftlich problematisiert wird (Mertens 2016: 315 ff.). Hierbei wird Frauen* mit Behinderungen schnell unterstellt, keine Verantwortung für die Erziehung eines Kindes übernehmen zu können oder aber durch den Kinderwunsch das Risiko in Kauf zu nehmen, gegebenenfalls ein Kind mit Behinderung in die Welt zu setzen (ebd.: 316; vgl. auch Hermes 2004: 40; Rischer/Blochberger 2001: 13).

Diese Form der Nichtanerkennung ihrer Geschlechtsidentität, die die Sozialisation vieler Frauen* mit Behinderungen prägt, treibt die Frauen* in der Konsequenz dazu an, mehr Leistung als andere zu erbringen, um später möglichst selbstständig leben zu können: »Da ihnen häufig keine Familienkarrieren zugestanden werden, findet eine stärkere Orientierung auf die Ausbildung und den Arbeitsmarkteinstieg statt« (Paierl 2009: 12; vgl. Schröttle et al. 2013: 60 f.). Auf dem Arbeitsmarkt sind gender- und behinderungsspezifische Aspekte in besonderer Weise wirkmächtig. So ergibt sich die spezifische Problemlage von Frauen* mit Behinderungen und Beeinträchtigungen aus der Verstärkung traditioneller Geschlechterrollen und -stereotypen, die sich ihrerseits für die Arbeitsmarktintegration dieser Frauen* als besonders hinderlich erweisen. Bereits die bundesweite Studie zur Lebenssituation von Frauen* mit Behinderungen und Beeinträchtigungen konnte aufzeigen, dass diese Frauen* seltener als andere Frauen* die Möglichkeit haben, unbeeinflusst eine schulische und berufliche Ausbildung zu durchlaufen, und es ihnen wesentlich stärker erschwert wird, ein formal hohes Bildungsniveau zu erlangen (Schröttle et al. 2013: 58). Die aktuelle repräsentative SINUS-Studie zur Situation von Frauen* mit Schwerbehinderungen am Arbeitsmarkt (2021) zeigt auf, dass Frauen* mit Behinderungen in Bezug auf das Nettoeinkommen sowie den Zugang zu Vollzeit- und Führungspositionen nach wie vor das Schlusslicht bilden. Hier sorgt die Wechselwirkung von *Gender-Pay-Gap* und Behinderung für enorme Einkommensnachteile, wobei der Faktor ›Frau*‹ noch stärker ins Gewicht fällt: Männer mit Schwerbehinderung verdienen im Schnitt immer noch mehr als Frauen* ohne Schwerbehinderungen (ebd.: 31)! Arbeitgeber*innen bzw. Vorgesetzte in den Unternehmen oder auf den Büroetagen legen den Fokus nach wie vor auf mögliche Probleme statt auf individuelle Stärken und Qualifikationen, die die Bewerberin* trotz ihres Frau*seins und trotz der Beeinträchtigung mitbringt. Nach wie vor wird vom »Merkmal Schwerbehinderung auf die Gesamtverfasstheit einer Person geschlossen« (ebd.: 76), wobei sich hier vor allem geschlechtsabhängige Abweichungen bei Art und Umfang der Erwerbstätigkeit aufzeigen lassen (ebd.: 23).

Die Geschlechtsidentität spielt im Leben von Frauen* mit Behinderungen eine wichtige Rolle. Der gesellschaftliche Alltag ist noch immer von stereotypen Zuschreibungen gegenüber Frauen* und Männern* mit Behinderungen bestimmt, die ihre Interaktionen mit anderen Menschen und Institutionen prägen, aber auch ihre Chancen und Möglichkeiten zur Teilhabe bestimmen. Geschlecht und Behinderung sind nach wie vor zwei Strukturkategorien, mit denen Dimensionen gesellschaftlicher Ungleichheit und damit auch eine erhöhte Vulnerabilität für Diskriminierungs- und Gewalterleben verbunden sind (Schröttle et al. 2013: 238, 395; vgl. auch Köbsell 2020: 133; Walgenbach et al. 2007: 30; Thiessen 2011).

Körperliche und sexuelle Selbstbestimmung

Der Anspruch, den vorgegebenen gesellschaftlichen Normen Rechnung zu tragen, Anpassungsdruck und der dadurch verstärkte Wunsch, die eigenen Defizite auszugleichen, lehren Frauen* mit Behinderungen schon von Kindheit an, ihre eigentlichen Bedürfnisse und Fähigkeiten zu verdrängen. Der eigene Körper wird, beginnend in früher Kindheit, als defizitär, unvollkommen und reparaturbedürftig erlebt. Dies hat nachhaltige Auswirkungen auf die körperliche und sexuelle Selbstbestimmung von

Frauen* und Mädchen* mit Behinderungen (Schröttle et al. 2013: 201, 382; Fries 2020: 137).

Von klein auf steht diese Personengruppe Situationen wie ärztlichen Untersuchungen, familiärer Fremdbestimmung, pädagogischen Maßnahmen oder institutioneller Betreuung mehr oder weniger schutzlos gegenüber. Nicht selten werden solche Maßnahmen von anderen, ohne Mitspracherecht der Betroffenen, organisiert. Schon früh erleben sie ihren Körper daher als fremdbestimmt und außerhalb ihres Einflussbereichs. Auch die Entwicklung eines eigenen, positiven Körpergefühls leidet hierunter. Besteht eine Einschränkung oder Behinderung von Geburt an, taucht sie bereits in den Früherkennungsuntersuchungen auf. Als weitere Dimension kommt hinzu, dass solche Settings nicht selten auch ein erhöhtes Gewaltrisiko, beispielsweise in Form von ungewollten Berührungen, mit sich bringen (ebd.).

Dass die eigene körperliche Einschränkung durchaus als Zustand eines vollständigen körperlichen, geistigen und sozialen Wohlbefindens aufgefasst und gelebt werden kann, gehört hingegen zu der ›neuen Norm‹ einer aufgeklärten Behindertenbewegung.[7] So haben beispielsweise Taube, gebärdensprachorientierte Menschen an Stärke und Selbstbewusstsein gewonnen und sind zunehmend stolz darauf, Taub zu sein. Und dennoch soll und darf nicht ausgeblendet werden, dass es daneben auch noch eine »eingeschränkte Leiblichkeit« (Fries 2012: 328f.) gibt, die das Leben in einer anders genormten Gesellschaft und die Bewältigung von alltäglichen Herausforderungen häufig erschweren und Diskriminierungserfahrungen sowie eine erhöhte Gewaltvulnerabilität nach wie vor die Regel und keine Ausnahme sind.

Resümee

Die Betrachtung der Wechselbeziehungen zwischen *Sozialisationsbedingungen*, *Geschlechtsidentität* sowie *körperlicher und sexueller Selbstbestimmung* lässt deutlich werden, dass Frauen* mit Behinderungen in mehrfacher

7 Unter https://dieneuenorm.de/ erscheint seit einigen Jahren in regelmäßigen Abständen ein Online-Magazin für Vielfalt, Gleichberechtigung und Disability Mainstreaming. Die Macher*innen (*Sozialheld*Innen e.V.*) haben sich zum Ziel gesetzt, das Thema Behinderung in einen neuen Kontext zu setzen, »raus aus der Charity- und Wohlfahrtsecke, rein in den Mainstream, in die Mitte der Gesellschaft«.

Hinsicht benachteiligt sind. Darüber hinaus sind sie in besonderem Maße gefährdet, Gewalt und Diskriminierung zu erfahren, da bei ihnen mehrere zu einer Diskriminierung und/oder Gewalt führende Merkmale intersektional zusammenwirken und sich wechselseitig beeinflussen. Lange Zeit spielte in der Intersektionalitätsforschung der Aspekt der Behinderung keine Rolle. Die Intersektionalitätstheorie in der Frauen*- und Geschlechterforschung (Crenshaw 1989; Wansing/Westphal 2012) kreiste vielmehr um die Triade geschlechtsbezogene Diskriminierung, Diskriminierung aufgrund der Hautfarbe sowie Diskriminierung aufgrund von ethnischer und nationaler Herkunft. Erst in neueren Forschungsarbeiten und Veröffentlichungen wird die Genealogie von Intersektionalität pluralisiert und auf andere gesellschaftliche Kontexte ausgeweitet (vgl. z.B. Chebout 2011; Baldin 2014: 49; Fries 2020; s.a. Raab 2007).

Gewalt und Diskriminierung gegen Frauen* mit Behinderungen haben komplexe und weitreichende Folgen, die die Lebensqualität dieser Frauen* mindern. Aus dieser Perspektive heraus greift der wirkungsmächtige Gesundheitsbegriff der WHO in seiner Fokussierung auf pathogenetische Aspekte und Maßnahmen zu kurz, »nicht zuletzt aufgrund der Tatsache, dass er zu wenig differenziert zwischen Gesundheit auf der einen und Wohlbefinden (›well being‹) auf der anderen Seite« (Hornberg 2016: 64). Demgegenüber wird die eigene Behinderung im Kontext von Empowerment und Selbstbestimmungsansätzen zunehmend als ein positives Merkmal persönlicher Identität verstanden (vgl. z.B. *Die neue Norm*, s.o.). Im Zentrum steht die Formulierung eines salutogenetischen Selbstverständnisses von Menschen mit Behinderungen mit dem Ziel der Nutzung von Ressourcen und der Stärkung von Resilienz in Abgrenzung zu einem traditionellen, medizinisch und karitativ geprägten Behinderungsparadigma. Spätestens seit der Ottawa-Charta der Weltgesundheitsorganisation (WHO 1986) lässt sich Gesundheit nicht mehr auf das Freisein von Krankheit und Gebrechen reduzieren, sondern wird als Zustand des vollständigen körperlichen, geistigen und sozialen Wohlbefindens angesehen. Das Gesundheitssystem nimmt deshalb eine Schlüsselrolle für die Prävention, Weitervermittlung und Intervention bei Gewalt gegen Frauen* mit Behinderungen ein. Nach wie vor darf davon ausgegangen werden, dass eine pathogenetische Sichtweise auf Menschen mit Behinderungen, die auf pädagogische, vor allem aber auch medizinische Interventionen setzt, gesellschaftlich und institutionell einflussreich und wirkmächtig ist. Orientiert man sich an den klassischen

Unterscheidungen der Weltgesundheitsorganisation (vgl. DIMDI 2005), geht es bei den verschiedenen Behinderungsarten vor allem um physische Schädigungen, denen möglicherweise mit Mitteln medizinisch-technischer Interventionen zu begegnen ist (RKI 2006; 2012); es geht ferner um Fähigkeitsstörungen, die körperliche Funktionen betreffen und die primär durch medizinische und rehabilitative Maßnahmen auszugleichen sind. Es werden jedoch zunehmend auch im medizinischen Handlungsfeld Stimmen laut, die »Mut und Querdenken[8]« (Hornberg/Pauli/Wrede 2016: 9) fordern, wenn es darum geht, qualitätssichernde Maßnahmen umzusetzen.

Ausblick: Wege zur Gewaltprävention

Die Studie *Lebenssituation und Belastungen von Frauen mit Behinderungen und Beeinträchtigungen in Deutschland* (Schröttle et al. 2013) hat erheblich dazu beigetragen, auf die hohe Gewaltprävalenz von Frauen* und Mädchen* mit Behinderungen aufmerksam zu machen. In den nächsten Jahren wird sich zeigen müssen, wie Politik und soziale Einrichtungen auf diese Einsichten reagieren und inwieweit zielgruppenorientierte Angebote und präventive Maßnahmen, wie sie beispielsweise von Interessenvertretungen gefordert werden (vgl. z.B. Weibernetz 2022), verstärkt und wirkungsvoll auf den Weg gebracht werden können. Dazu gehört unter anderem der Ausbau einer ressortübergreifenden Gewaltschutzstrategie sowie eine gut aufgestellte Koordinierungsstelle zur Umsetzung der Istanbul-Konvention[9] und die einheitliche Finanzierung der Frauen*häuser und Beratungsstellen.

Auch die angestrebten Ziele der UN-BRK nach einem gleich großen Angebot, nach gleicher Qualität und gleichen Standards der gesundheitlichen Versorgung für Frauen* mit Behinderungen können noch lange nicht als erfüllt angesehen werden. In Artikel 17 Absatz 2 der Konvention werden die dafür geeigneten Maßnahmen konkretisiert. So sollen die

8 Zur Zeit der Veröffentlichung 2016 war ›Querdenken‹ noch kein belasteter Begriff.

9 Die 2011 verabschiedete Europaratskonvention ›Council of Europe Convention on Preventing and Combating Violence against Women and Domestic Violence‹ (›Übereinkommen des Europarats zur Verhütung und Bekämpfung von Gewalt gegen Frauen und häuslicher Gewalt‹) (Council of Europe 2011 a und b), auch Istanbul-Konvention genannt, stellt eine zentrale Basis für staatliche Maßnahmen zur Gewaltprävention, zum Schutz gewaltbetroffener Frauen* und zur Intervention dar.

Staaten, die die Konvention ratifiziert haben, geeignete Formen von Hilfe und Unterstützung für Menschen mit Behinderungen, ihre Familien und Betreuungspersonen gewährleisten. Dies schließt auch die Bereitstellung von Information und Aufklärung darüber ein, wie Fälle von Ausbeutung, Gewalt und Missbrauch verhindert, erkannt und angezeigt werden können. Letztlich geht es hier auch darum, den Rahmen des Gewaltschutzgesetzes auszuschöpfen. Das bereits 2002 in Kraft getretene Gewaltschutzgesetz (Gesetz zum zivilrechtlichen Schutz vor Gewalttaten und Nachstellungen) (Bundesamt für Justiz 2001) bildet einen wichtigen Meilenstein in Bezug auf die rechtliche Intervention und Schutzmaßnahmen bei häuslicher Gewalt. Durch das Gewaltschutzgesetz wurde eine eindeutige Rechtsgrundlage für Schutzanordnungen bei häuslicher Gewalt und Stalking (Kontakt-, Annäherungs- und Belästigungsverbot) bereitgestellt und die vorübergehende Überlassung einer gemeinsamen Wohnung geregelt. Auch Sonderzuständigkeiten bei Polizei und Staatsanwaltschaften für häusliche und/oder sexuelle Gewalt konnten eine Verbesserung bei Intervention, Schutz und Strafverfolgung einleiten. Vielerorts stehen für die Umsetzung des Gewaltschutzgesetzes jedoch keine ausreichenden finanziellen Mittel zur Verfügung, sodass längerfristige Beratungen und Therapien sowie niedrigschwellige Angebote nach wie vor nicht in ausreichendem Maße zur Verfügung gestellt werden können (Schröttle et al. 2013: 133 ff.).

Weiterhin sollte ungeachtet des sicherlich notwendigen Ausbaus spezieller Präventions- und Unterstützungsmaßnahmen dort angesetzt werden, wo die Gewaltproblematik in den meisten Fällen ihren Ursprung hat: Bei den Täter*innen selbst. Die alleinige Fokussierung auf Schutzmaßnahmen für von Gewalt betroffene Frauen* mit Behinderungen schafft lediglich Möglichkeiten zur Schadensvermeidung oder Schadensbegrenzung. Eine frühe Aufklärung breiter Bevölkerungsschichten, die zum respektvollen Umgang mit Frauen* mit Behinderungen anhält, Empathiefähigkeit und emotionale Steuerung fördert und den Erwerb sozialer Kompetenzen stärkt, könnte langfristig einen wesentlichen Beitrag dazu leisten, Gewaltsituationen zu reduzieren.

Nicht zuletzt muss sich in der Gesellschaft ein Wandel weg von Ignoranz, Missverständnissen oder sogar Unterdrückung hin zu Wissen, Akzeptanz und Respekt vollziehen. Das gilt vor allem für pädagogisches Personal, das mit der Erziehung und Bildung dieser Zielgruppe zu tun hat, aber auch für Personal in Ämtern und Behörden. Insgesamt gesehen stellen Aufklärung und Sensibilisierung aller professionellen Kräfte im Gesundheitssektor eine zentrale Voraussetzung für eine wirksame Gewaltprävention dar.

Abschließend lässt sich festhalten, dass die Gewaltproblematik von Frauen* mit Behinderungen immer auch ein Spiegelbild der Entwertung ist, die diese Frauen* als Folge struktureller Bedingungen und fehlenden Wissens erfahren. Um die Gewaltprävalenz nachhaltig zu reduzieren, muss sich das stark medizinisch geprägte Verständnis von Behinderung ändern. Gewaltprävention muss mit dem Überdenken weitverbreiteter Vorstellungen und dem Abbau negativer Bilder von Behinderung beginnen.

Literatur

Ashcroft, John / Daniels, Deborah / Hart, Sarah (2004): Violence against women: Identifying risks factors. Washington: National Institute of Justice.

Baldin, Dominik (2014): Behinderung – eine neue Kategorie für die Intersektionalitätsforschung? In: Gudrun Wansing / Manuela Westphal (Hg.): Behinderung und Migration. Wiesbaden: Springer VS 2014. S. 49–71.

Balzer, Vladimir (2021): Leben mit Behinderungen. Wie weit sind wir mit Inklusion und Barrierefreiheit? https://www.deutschlandfunkkultur.de/leben-mit-behinderungen-wie-weit-sind-wir-mit-inklusion-und-barrierefreiheit-dlf-kultur-c30ee850-100.html (8.6.2022).

Bundesamt für Justiz (BfJ) (2001): Gewaltschutzgesetz. Gesetz zum zivilrechtlichen Schutz vor Gewalttaten und Nachstellungen. https://www.gesetze-im-internet.de/gewschg/BJNR351310001.html (08.06.2022).

Bundesministerium für Arbeit und Soziales (BMAS) (2021): Dritter Teilhabebericht der Bundesregierung über die Lebenslagen von Menschen mit Beeinträchtigungen. Teilhabe – Beeinträchtigung – Behinderung. Bonn.

Chebout, Lucy N. (2011): Wo ist Intersectionality in bundesdeutschen Intersektionalitätsdiskursen? – Exzerpte aus dem Reisetagebuch der Travelling Theory. In: Sandra Smykalla / Dagmar Vinz (Hg.): Intersektionalität zwischen Gender und Diversity. Theorien, Methoden und Politiken der Chancengleichheit. Münster: Westfälisches Dampfboot 2011. S. 43–57.

Chouinard, Vera (1997): Making Space for Disabling Difference: Challenges Ableist Geographies. In: Environment and Planning D: Society and Space 1997/15. S. 379–387.

Council of Europe (2011a): Council of Europe Convention on preventing and combating violence against women and domestic violence (Istanbul Convention). http://www.conventions.coe.int/Treaty/EN/Treaties/Html/210.htm (30.7.2022).

Council of Europe (2011b): Explanatory Report to the Council of Europe Convention on preventing and combating violence against women and domestic violence (Istanbul Convention). https://rm.coe.int/

CoERMPublicCommonSearchServices/DisplayDCTMContent?documentId=09000016800d383a (30.07.2021).

Crenshaw, Kimberle (1989): Demarginalizing the Intersection of Race and Sex: A Black Feminist Critique of Antidiscrimination Doctrine. Feminist Theory and Antiracist Politics. In: University of Chicago Legal Forum 1989/1. S. 139–168.

Dannenbeck, Clemens (2022). Von der notwendigen Praxis der Kritik in den Disability Studies. In: Britta Konz / Anne Schröter (Hg.): DisAbility in der Migrationsgesellschaft. Betrachtungen an der Intersektion von Behinderung, Kultur und Religion in Bildungskontexten. Bad Heilbrunn: Klinkhardt 2022. S. 80–91.

Die Neue Norm (o.J.): Das Magazin für Vielfalt, Gleichberechtigung und Disability Mainstreaming. Wir denken Inklusion weiter. https://dieneuenorm.de/ (30.7.2022).

Deutsches Institut für Medizinische Dokumentation und Information (DIMDI) (2005): Internationale Klassifikation der Funktionsfähigkeit, Behinderung und Gesundheit. Genf.

Eiermann, Nicole / Häußler-Sczepan, Monika / Helfferich, Cornelia (2000): Live. Leben und Interessen vertreten – Frauen mit Behinderung: Lebenssituation, Bedarfslagen und Interessenvertretung von Frauen mit Körper- und Sinnesbehinderungen. Schriftenreihe des Bundesministeriums für Familie, Senioren, Frauen und Jugend. Bd. 183.

Fries, Sabine (2012): Deaf Studies und Theologie: Gehörlose Menschen als Teil des Leibes Christi. In: Das Zeichen. Zeitschrift für Sprache und Kultur Gehörloser 91. S. 324–332.

Fries, Sabine (2020): Gewalterfahrungen gehörloser Frauen: Risikofaktoren, Ressourcen und gesundheitliche Folgen. Berlin: Springer Nature.

Fries, Sabine / Schröttle, Monika (2015): Diskriminierungs- und Gewalterfahrungen im Leben gehörloser Frauen. Ursachen, Risikofaktoren und Prävention. Hrsg. vom Bundesministerium für Familie, Senioren, Frauen und Jugend (BMFSFJ). Berlin.

Glammeier, Sandra (2019): Gewalt gegen Menschen mit Behinderungen. In: Public Health Forum 27/1. S. 84–86.

Godenzi, Alberto (1996): Gewalt im sozialen Nahraum. 3. erw. Neuaufl. Basel/Frankfurt am Main: Helbing und Lichtenhahn.

Hermes, Gisela (2004): Behinderung und Elternschaft leben – Kein Widerspruch. Eine Studie zum Unterstützungsbedarf körper- und sinnesbehinderter Eltern in Deutschland. Neu Ulm: AG SPAK Bücher.

Hornberg, Claudia (2016): Gesundheit und Wohlbefinden. In: Ulrich Gebhard / Thomas Kistemann (Hg.): Landschaft, Identität und Gesundheit: Zum Konzept der Therapeutischen Landschaften. Wiesbaden: Springer VS 2016. S. 63–69.

Hornberg, Claudia et al. (2008): Gesundheitliche Folgen von Gewalt unter besonderer Berücksichtigung von häuslicher Gewalt gegen Frauen. Gesundheitsberichterstattung des Bundes. Berlin: Robert Koch-Institut (RKI).

Hornberg, Claudia / Pauli, Andrea / Wrede, Birgitta (2016): Medizin – Gesundheit – Geschlecht: Gesundheitswissenschaftliche und gendermedizinische Perspektiven. In: Claudia Hornberg / Andrea Pauli / Birgitta Wrede (Hg.): Medizin – Gesundheit – Geschlecht: Eine gesundheitswissenschaftliche Perspektive. Wiesbaden: Springer VS 2016. S. 1–21.

Köbsell, Swantje (2020): Intersektionalität für Anfänger*innen – erklärt am Beispiel Behinderung und Geschlecht. In: Cordula Nolte (Hg.): Dis/ability History Goes Public. Praktiken und Perspektiven der Wissensvermittlung. Bielefeld: transcript 2020. S. 115–152.

Köbsell, Swantje (2015): Ableism. Neue Qualität oder »alter Wein« in neuen Schläuchen? In: Iman Attia / Swantje Köbsell / Nivedita Prasad (Hg.): Dominanzkultur reloaded. Neue Texte zu gesellschaftlichen Machtverhältnissen und ihren Wechselwirkungen. Bielefeld: transcript 2015. S. 21–35.

Maskos, Rebecca (2015): Ableism und das Ideal des autonomen Fähig-Seins in der kapitalistischen Gesellschaft. In: Zeitschrift für Inklusion 2015/2. https://www.inklusion-online.net/index.php/inklusion-online/article/view/277 (30.07.2022).

Mertens, Alina (2016). Behinderung und reproduktive Selbstbestimmung. In: Michaela Katzer / Heinz-Jürgen Voß (Hg.): Geschlechtliche, sexuelle und reproduktive Selbstbestimmung: Praxisorientierte Zugänge. Gießen: Psychosozial-Verlag 2016. S. 315–332.

Michel, Marion / Wienholz Sabine / Jonas, Anja (2010): Die medizinische und soziale Betreuung behinderter Mütter im Freistaat Sachsen – eine medizinsoziologische Begleitstudie zum Aufbau eines Kompetenzzentrums für behinderte Mütter. http://www.kompetenz-behinderte-eltern.de/veroeffentlichungen_eigen.htm. (30.7.2022).

Müller, Ursula / Schröttle, Monika (2004): Lebenssituation, Sicherheit und Gesundheit von Frauen in Deutschland. Eine repräsentative Untersuchung zu Gewalt gegen Frauen in Deutschland. Hrsg. vom Bundesministerium für Familie, Senioren, Frauen und Jugend (BMFSFJ). Berlin. https://www.bmfsfj.de/bmfsfj/studie-lebenssituation-sicherheit-und-gesundheit-von-frauen-in-deutschland-80694 (02.07.2022).

Paierl, Silvia (2009): Benachteiligungskonstellationen von Frauen mit Behinderung am Arbeitsmarkt. Hrsg. vom Bundessozialamt Landesstelle Steiermark. Graz.

Petri, Kerstin (2020): Maskenpflicht stellt gehörlose Menschen vor große Probleme. Landshuter Zeitung vom 4.5.2020. https://www.idowa.de/inhalt.landshut-maskenpflicht-stellt-gehoerlose-menschen-vor-grosse-probleme.55402618-15fe-4868-94be-c5db14cedf2a.html (30.7.2022).

Raab, Heike (2007): Intersektionalität in den Disability Studies. Zur Interdependenz von Behinderung, Heteronormativität und Geschlecht. In: Anne Waldschmidt / Werner Schneider (Hg.): Disability Studies, Kultursoziologie und Soziologie der Behinderung. Erkundungen in einem neuen Forschungsfeld. Bielefeld: transcript 2007. S. 127–148.

Rischer, Christiane / Blochberger, Kerstin (2001): Zur Situation behinderter und chronisch kranker Eltern. In: Bundesverband behinderter und chronisch kranker Eltern e.V. (Hg.): Assistenz bei der Familienarbeit für behinderte und chronisch kranke Eltern. Ratgeber für die Organisation von personellen Hilfen bei der Pflege und Erziehung der Kinder. Langenhagen: Schlütersche Verlagsgesellschaft 2001. S. 12–31.

Robert Koch-Institut (RKI) (2006): Hörstörungen und Tinnitus. Gesundheitsberichterstattung des Bundes. Berlin. http://www.gbe-bund.de/pdf/Heft29_und_Wertetabellen.pdf (08.06.2022).

Robert Koch-Institut (RKI) (2012): Hörbeeinträchtigungen. Faktenblatt Hörbeeinträchtigungen: Ergebnisse der Studie »Gesundheit in Deutschland aktuell 2012«. Berlin. https://www.rki.de/DE/Content/Gesundheitsmonitoring/Gesundheitsberichterstattung/GBEDownloadsF/Geda2012/Hoerbeeintraechtigungen.pdf?__blob=publicationFile (08.06.2022).

Robert Koch-Institut (RKI) (2020): Expertise für den Bericht zur Gesundheit von Frauen in Deutschland 2020. Berlin.

Sagebiel, Juliane / Pankofer, Sabine (2015): Soziale Arbeit und Machttheorien. Reflexionen und Handlungsansätze. Freiburg im Breisgau: Lambertus Verlag.

Schröttle, Monika (2017): Gewalt in Paarbeziehungen. Expertise für den Zweiten Gleichstellungsbericht der Bundesregierung. http://www.gleichstellungsbericht.de/de/article/51.expertisen.html (30.07.2022).

Schröttle, Monika et al. (2013): Lebenssituation und Belastungen von Frauen mit Behinderungen und Beeinträchtigungen in Deutschland. Hrsg. vom Bundesministerium für Familie, Senioren, Frauen und Jugend (BMFSFJ). Berlin.

Schröttle, Monika / Glammeier, Sandra (2014): Gewalt gegen Mädchen und Frauen im Kontext von Geschlecht, Behinderung und Migration. In: Gudrun Wansing / Manuela Westphal (Hg): Behinderung und Migration. Intersektionale Perspektiven. Wiesbaden: Springer VS 2014. S. 285–308.

SINUS (2021): Situation von Frauen mit Schwerbehinderung am Arbeitsmarkt: Studie zu geschlechtsspezifischen Unterschieden bei der Teilhabe am Erwerbsleben. Bonn.

Staub-Bernasconi, Silvia (2012): Soziale Arbeit und soziale Probleme. Eine disziplin- und professionsbezogene Bestimmung. In: Werner Thole (Hg.). Grundriss Soziale Arbeit. Ein einführendes Handbuch. 4. Aufl. Wiesbaden: Springer VS 2012. S. 268–282.

Thiessen, Barbara (2011): Verletzte Körper: Intersektionelle Anmerkungen zu Geschlecht und Behinderung. In: Zeitschrift für Inklusion 2011/1. https://www.inklusion-online.net/index.php/inklusion-online/article/view/107 (08.06.2021).

Walgenbach, Katharina et al. (Hg.) (2007): Gender als interdependente Kategorie. Neue Perspektiven auf Intersektionalität, Diversität und Heterogenität. Opladen: Budrich.

Wansing, Gudrun / Westphal, Manuela (2012): Teilhabeforschung, Disability Studies und Migrationsforschung verbinden. Orientierung 36/4. S. 12–15.

Weibernetz (2022): Weibernetz-Gespräch mit den Grünen: Empowerment und Menschenrechte stärken! https://www.weibernetz.de/n/weibernetz-gespraech-mit-den-gruenen-empowerment-und-menschenrechte-staerken.html (08.06.2021).

Wesselmann, Carla (2022): Konstruktionen von (Nicht-) Behinderung. In: Britta Konz / Anne Schröter (Hg.): DisAbility in der Migrationsgesellschaft. Betrachtungen an der Intersektion von Behinderung, Kultur und Religion in Bildungskontexten. Bad Heilbrunn: Klinkhardt 2022. S. 66–79.

World Health Organization (WHO) (1986): The Ottawa Charter for Health Promotion. http://www.who.int/healthpromotion/conferences/previous/ottawa/en/ (08.06.22).

Zinsmeister, Julia (2012): Zur Einflussnahme rechtlicher Betreuerinnen und Betreuer auf die Verhütung und Familienplanung der Betreuten. In: BtPrax – Betreuungsrechtliche Praxis 2012/6. S. 227–232.

Fabienne Mahwane

Ein sicherer Raum für wen? Rassismus im Hilfesystem gegen Gewalt an Frauen

»There is no thing as a single-issue struggle because we do not live single-issue lives.« – Audre Lorde (Lorde 2019: 134)

0. Bevor es losgeht…

Bevor ich zum eigentlichen Thema dieses Textes komme, halte ich es für sinnvoll, kurz meine eigene Positionierung zu erklären und ein wenig Hintergrund zu diesem Text zu geben.

Ich bin eine Schwarze[1] cis Frau, Volljuristin und habe als Referentin auf Verbandsebene im Hilfesystem gegen Gewalt an Frauen gearbeitet.

Die Bezeichnung Hilfesystem gegen Gewalt an Frauen umfasst Frauenhäuser, Frauenschutzhäuser sowie Fachberatungsstellen (Frauenhauskoordinierung 2014: 2). Die Spezifizierung auf Frauen ist dabei der Entstehungsgeschichte des Hilfesystems geschuldet. Die Frage, ob dies in Hinblick auf geschlechtliche Vielfalt und darauf, wer alles von patriarchaler Gewalt betroffen ist, noch angemessen ist, kann und sollte in einem eigenen Text erörtert werden. Ich habe die Spezifizierung für diesen Text jedoch bewusst beibehalten, da bestimmte Angebote und Strukturen noch immer so bezeichnet werden und in der Realität leider noch immer sehr stark auf cis Frauen ausgerichtet sind.

In Deutschland gibt es kaum Forschung und Statistiken, die Lebensbereiche wie den Arbeitsmarkt nach ›ethnischer Zugehörigkeit‹ oder Rassismuserfahrung aufschlüsselt und untersucht. Aus diesem Grund kann ich nur wenige Stellen dieses Textes mit anerkannten wissenschaftlichen Quellen unterlegen. Vielmehr werde ich mich auf sogenannte unterdrückte Wis-

1 Ich schreibe in diesem Text den Begriff Schwarz als Selbstbezeichnung groß, um deutlich zu machen, dass es sich dabei um eine politische Bezeichnung handelt und nicht um eine Farbbezeichnung. Der Gegenbegriff *weiß* wird klein und kursiv geschrieben.

sensarten beziehen; so beruhen die hier zusammengetragenen Erkenntnisse auf meinen Erfahrungen und denen anderer Personen (mit und ohne Rassismuserfahrung), die im Hilfesystem gegen Gewalt an Frauen tätig sind.[2] Ich möchte damit einen Einblick in den derzeitigen Umgang mit Rassismus innerhalb des Hilfesystems und einen Anstoß geben, diese Erfahrungen zukünftig durch entsprechende wissenschaftliche Studien zu unterlegen.

I. Warum schreibe ich diesen Text?

Das Hilfesystem ist für viele Menschen der letzte Ausweg aus einer gewaltvollen Situation. Gleichzeitig ist das Hilfesystem derzeit kein sicherer Raum für von Rassismus betroffene Personen. Das ist nicht nur ein Problem für die Personen, die die Angebote des Hilfesystems in Anspruch nehmen, sondern auch für von Rassismus betroffene Personen, die darin arbeiten.

Mit diesem Text möchte ich darauf aufmerksam machen, warum eine priorisierte Beschäftigung mit dem Thema Rassismus im Hilfesystem dringend notwendig ist und inwiefern der Umgang des Hilfesystems hierzu bisher unzureichend ist. Damit kann zukünftig auch von Rassismus betroffenen Personen ein besserer Schutz geboten werden.

II. Warum ist das Hilfesystem kein sicherer Raum für von Rassismus betroffene Personen?

Wie so viele Diskriminierungsformen, ist Rassismus ein strukturelles Problem. Als solches geschieht dieser nicht nur auf individueller Ebene, indem Personen offen rassistisch beleidigt oder angegriffen werden, sondern zeigt sich auch in etablierten Strukturen und Entscheidungsabläufen, durch die regelmäßig vor allem von Rassismus betroffenen Personen benachteiligt werden. Dies zeigt sich beispielsweise in Schulen, wenn in den Schulbüchern nur *weiß*-christliche Lebensrealitäten abgebildet werden, an Universitäten, wenn die Fälle im Jurastudium bestimmte rassistische Stereotype reproduzieren und nur Ideen von europäischen Philosoph*innen unterrichtet werden oder im Alltag bei *racial profiling* (Hasselmann 2020).

2 Zu der Frage, was gesellschaftlich als Wissen bzw. Wissenschaft anerkannt wird und was nicht, kann ich als Einstieg Emilia Roig: Why we Matter (aufbau) empfehlen und dort insbesondere das Kapitel ›4. In der Schule und an der Universität – Was ist Wissen‹ (S. 105–138).

Unsere gesamte Gesellschaft ist von Rassismus durchzogen und wir werden alle rassistisch sozialisiert (Ogette 2019: 53). Rassismus wirkt so auch in das Hilfesystem gegen Gewalt an Frauen hinein (Aktaş 1990: 30).

Während Misogynie beim Aufbau des Hilfesystems als strukturelle Gewaltform identifiziert wurde, war dies für Rassismus nicht der Fall. Seit seinem Aufbau in den 1970er-Jahren, hat sich das Hilfesystem auf misogyne Gewalt konzentriert und andere Unterdrückungssysteme wie vor allem auch Rassismus als Thema weitestgehend ignoriert. In einem Aufsatz aus dem Jahr 1990 berichtet die Aktivistin und Politologin Gülşen Aktaş vom bundesweiten Frauenhaustreffen 1989, dass das Thema Rassismus im Frauenhaus »bei keiner der deutschen Teilnehmerinnen Interesse [fand], so daß die ausländischen Teilnehmerinnen unter sich blieben« (Aktaş 1990: 29). Wenn man aber genauer betrachtet, wer das Hilfesystem in Anspruch nimmt, wird klar, dass das Thema Rassismus gerade in diesem Arbeitsbereich besonders wichtig ist.

Laut der Bewohner*innenstatistik, die jährlich von der Organisation *Frauenhauskoordinierung e.V.* (FHK) herausgegeben wird, waren im Jahr 2020 ca. zwei Drittel der in Frauenhäusern und Frauenschutzwohnungen aufgenommenen Bewohner*innen nicht in Deutschland geboren. Von diesen kamen 23 % aus anderen EU-Staaten, 25 % aus europäischen Nicht-EU-Staaten, 15 % aus afrikanischen Ländern, 34 % aus asiatischen Ländern und nur ein kleiner Anteil kam aus Nordamerika, Südamerika, Australien und Ozeanien. Die zehn häufigsten Herkunftsländer der Bewohner*innen waren dabei im Jahr 2020 Syrien, Türkei, Afghanistan, Russland, Irak, Kosovo, Polen, Marokko, Serbien, Rumänien und Iran (FHK 2021: 20).

Diese Zahlen sagen noch nichts darüber aus, wie viele Personen, die Schutz im Hilfesystem gegen Gewalt an Frauen suchen, auch Rassismus erfahren. So können unter diesen zwei Dritteln, die nicht in Deutschland geboren sind, durchaus *weiße* Personen sein, die nicht von Rassismus betroffen sind. Während wiederum Personen, die in Deutschland geboren sind, durchaus Rassismuserfahrungen machen können. Zum Beispiel wenn sie von der *weißen* Dominanzgesellschaft – aufgrund ihrer Hautfarbe, ihres sonstigen Erscheinungsbildes und bestimmter rassifizierender Marker – als migrantisch wahrgenommen werden.

Da das tatsächliche Erleben von Rassismus von der Bewohner*innenstatistik nicht erfasst wird, gibt es keine genauen Zahlen darüber, wie viele

Personen, die das Hilfesystem in Anspruch nehmen, von Rassismus betroffen sind. In Anbetracht der erfassten Daten scheint es jedoch angemessen, davon auszugehen, dass mindestens die Hälfte nicht *weiß* und damit von Rassismus betroffen ist.

Dass Rassismus auch in die Arbeit des Hilfesystems hineinwirkt, lässt sich nicht verhindern. Allerdings können die Auswirkungen, die er für den Großteil der Menschen hat, die im Hilfesystem Unterstützung suchen, minimiert werden, wenn sich mit diesem Rassismus auseinandergesetzt und aktiv gegen ihn vorgegangen wird. Das geschieht im Hilfesystem derzeit leider noch nicht.

III. Wie wird derzeit mit Rassismus umgegangen?

In der täglichen Arbeit im Hilfesystem findet das Thema Rassismus wenig Beachtung. Dies gilt sowohl für die Verbandsebene als auch für die Ebene der Fachpraxis. Im fachlichen Austausch wird Rassismus nicht als eigener Diskussionspunkt behandelt, sondern findet, wenn überhaupt, nur als Unterpunkt oder Fußnote Erwähnung. Dies ist fast ausschließlich der Fall, wenn es um Flucht oder aufenthaltsrechtliche Fragen geht.

In den Fällen, in denen ich erlebt habe, dass tatsächlich rassistische Vorfälle besprochen wurden, ging es stets um Rassismus innerhalb der Bewohner*innenschaft in Frauenhäusern. Es wurde über den Umgang mit Bewohner*innen verschiedener ›Kulturkreise‹ gesprochen und wie mit rassistischen Äußerungen in dem Verhältnis der Bewohner*innen untereinander umzugehen sei. Die meist *weißen* Mitarbeitenden sind dabei lediglich als schlichtende, vorgeblich neutrale Personen aufgetreten, die mit dem Rassismus Dritter umzugehen hatten. Als Personen, von denen der Rassismus ausgehen könnte, haben die Mitarbeitenden sich dabei jedoch nicht gesehen. Gleichzeitig war ich selbst anwesend, wenn in Gesprächen auf rassistische Stereotype zurückgegriffen wurde und auch von anderen von Rassismus betroffenen Mitarbeitenden wurde mir von rassistischen Äußerungen gegenüber Bewohner*innen und auch Kolleg*innen berichtet. Ich habe selbst miterlebt, wie darüber gesprochen wurde, dass gerade Geflüchteten beigebracht werden müsse, dass man Frauen ›bei uns‹ respektvoll behandelt, wodurch ein rassistisches Stereotyp reproduziert wurde, nach dem nicht-deutsche Personen eher gewalttätig gegenüber Frauen auftreten als (*weiße*) Deutsche.

Öffentlich bekennen sich die Trägerorganisationen und Dachverbände regelmäßig in Leitlinien und Positionspapieren gegen Rassismus und Rechtsextremismus (Frauenhauskoordinierung 2019; Paritätischer Gesamtverband 2018). Die *Zentrale Informationsstelle autonomer Frauenhäuser* (ZIF) betont in ihren Leitlinien aus dem Jahr 2017 immerhin auch, dass verschiedene Unterdrückungssysteme – wie unter anderem auch Rassismus – mit geschlechtsspezifischer Gewalt verschränkt sind und sich gegenseitig verstärken. In diesen Leitlinien wird ebenfalls darauf eingegangen, dass Rassismus gesamtgesellschaftlich tief verankert ist und dass daher auch die autonomen Frauenhäuser nicht frei von Rassismus und Diskriminierung sind, diese jedoch »seit vielen Jahren« daran arbeiten, »unterschiedliche Formen von Diskriminierung und Unterdrückung wahrzunehmen und kontinuierlich weiter abzubauen« (ZIF 2021: 4).

Eine konkrete Umsetzung innerhalb des Hilfesystems durch Workshops zu Anti-Rassismus oder *Critical Whiteness*, in denen sich mit Rassismus und dessen Auswirkungen auf betroffene Personen und die Arbeit befasst wird und eigene Privilegien offengelegt und hinterfragt werden, findet jedoch nur äußerst vereinzelt statt. Derartige Veranstaltungen verfügen dann auch nur über ein eher kleines finanzielles Budget, was sich wiederum auch in deren Qualität widerspiegelt.

Grundsätzlich wird dem Thema Rassismus innerhalb des Hilfesystems keine Priorität zugeschrieben. Personen, die dies ändern wollen, werden stattdessen mit dem Vorwurf konfrontiert, dass sie nicht anerkennen, wie viel Gutes das Hilfesystem unter prekärsten Voraussetzungen bereits leistet. Darüber hinaus sei das Problem auch noch nicht wichtig genug, da sich noch nicht genug Personen darüber beschwert hätten. Erst dann habe man die Möglichkeit, Ressourcen für das Thema Rassismus aufzubringen.

IV. Was ist an dem Umgang problematisch?

Generell zeugt der derzeitige Umgang mit Rassismus von einem fehlenden Verständnis von Rassismus. Dieser wird im Hilfesystem noch immer als ein individuelles statt als ein strukturelles Problem wahrgenommen. Anti-rassistische Arbeit heißt mehr als öffentlich Bekenntnisse abzugeben, sondern muss die Analyse eigener Machtverhältnisse und Strukturen beinhalten.

Eine solche Analyse würde zu der Einsicht führen, dass auch Personen, die sich sozial engagieren und gute, wichtige Arbeit leisten, rassistisch sozialisiert sind und durchaus rassistisch handeln können. Natürlich ist es wichtig, auf den Rassismus zwischen Bewohner*innen einzugehen, darüber darf aber nicht vergessen werden, dass auch Berater*innen bewusst oder unbewusst rassistisch handeln können. Gerade zwischen beratender und zu beratender Person herrscht ein großes Machtgefälle, das die Wirkung von Rassismus noch intensiviert. Ein rassistischer Vorfall in diesem Verhältnis hat im Zweifel wesentlich gravierendere Auswirkungen als ein rassistischer Vorfall unter Bewohner*innen.

Auch das Bewusstsein, dass Rassismus natürlich mit Flucht, Migration und Aufenthaltsfragen zu tun hat, aber nicht exklusiv im Zusammenhang mit diesen stattfindet, da er unabhängig von Herkunft oder Staatsbürgerschaft auftritt, würde aus einer solchen Analyse folgen.

Damit einhergehen würde außerdem, dass Betroffene von Rassismus als Expert*innen in diesem Bereich wahrgenommen würden. Personen, die im Hilfesystem tätig sind und auf Rassismus aufmerksam machen, wollen nicht die Leistungen des Hilfesystems schmälern, sondern es besser machen und dafür sorgen, dass mehr Menschen diskriminierungsfreien Schutz in diesem System finden. Natürlich ist das Hilfesystem chronisch unterfinanziert und unterbesetzt, dennoch ist es wichtig zu berücksichtigen, wie viele Personen, die dessen Angebote in Anspruch nehmen, von Rassismus betroffen sind. Wenn Rassismus also nicht zum Thema gemacht wird, wird das Hilfesystem den Bedarfen von circa der Hälfte seiner Adressat*innen nicht gerecht.

Darüber hinaus ist es wichtig, dass Arbeitsplätze sichere Orte für von Rassismus betroffene Personen sind. Wenn das Hilfesystem sich nicht mit dem eigenen Rassismus auseinandersetzt, gibt es auch für Mitarbeitende mit Rassismuserfahrungen regelmäßig gewaltvolle und traumatisierende Momente. Dabei ist auch zu beachten, dass Rassismus immer auf der Idee beruht, bestimmte Menschen aufgrund bestimmter rassistischer Marker zu hierarchisieren. In dieser Hierarchie stehen als *weiß* definierte Menschen über als nicht-*weiß* definierten Menschen. Ein rassistisches Verhalten gegenüber einer zu beratenden Person wirkt damit auch gegen Kolleg*innen, die von Rassismus betroffen sind.

Schließlich ist die Idee, dass Rassismus erst dann angegangen wird, wenn sich mehr Menschen über rassistische Situationen beschwert haben, der deutlichste Hinweis auf ein fehlendes Verständnis von Rassismus. Zum einen sollte präventiv gegen eine derart wirkmächtige Gewaltform wie Rassismus vorgegangen werden und nicht erst, wenn es zu spät ist und eine Verletzung und Traumatisierung bereits stattgefunden hat. Ansonsten verfehlt das Hilfesystem gänzlich seinen Zweck, gewaltbetroffenen Menschen Schutz und Unterstützung zu leisten. Zum anderen wird hier die Wirkungsweise von Rassismus sowie die Realität des Hilfesystems nicht mitbedacht. In nur wenigen Fällen ist Rassismus so offenkundig, dass er einfach benannt und für alle verständlich gemacht werden kann. Er findet oft subtil statt und von betroffenen Personen wird verlangt nachzuweisen, dass das Verhalten tatsächlich ausschließlich auf Rassismus zurückzuführen ist.[3] Insbesondere für eine Person, die sich in einer Krisensituation befindet und die auf Unterstützung angewiesen ist, ist es also sehr schwer, rassistisches Verhalten bei einer verantwortlichen Person anzuzeigen und sich dagegen zur Wehr zu setzen.

Erschwerend kommt hinzu, dass das Hilfesystem keine unabhängige Beschwerdestelle hat und ein Großteil der Menschen, die im Hilfesystem tätig sind, selbst nicht von Rassismus betroffen sind. Die betroffene Person müsste sich also nicht nur über eine Person beschweren, von deren Unterstützung sie in gewisser Weise abhängig ist, sondern auch noch bei einer Person, die mit der Person, über die sie sich beschwert, zusammenarbeitet und selbst diese Erfahrungen nicht nachempfinden kann und in den meisten Fällen auch keine Sensibilisierung dafür hat. Damit schließlich auch die Verbände und Dachorganisationen von einem Vorfall erfahren, muss die Beschwerde über mehrere Ebenen weitergegeben werden, bis sie auch den dort verantwortlichen Personen vorliegt. Im Ergebnis wird also nur eine sehr geringe Anzahl an Vorfällen überhaupt angesprochen und noch weniger gelangen den Personen in Verbänden und Dachorganisationen zur Kenntnis.

V. Diversität in den eigenen Reihen

Sowohl Grund als auch Folge des gerade Beschriebenen ist, dass verhältnismäßig wenige Menschen mit Rassismuserfahrungen im Hilfesystem gegen Gewalt an Frauen tätig sind und es mitgestalten. Schon Gülşen Aktaş hat in ihren Texten aus den frühen 1990er-Jahren für eine Quotierung bei der

3 Konkrete Beispiele finden sich in einschlägiger Literatur zu Rassismus. Empfehlen kann ich dabei insbesondere Alice Hasters: Was weiße Menschen nicht über Rassismus hören wollen, aber wissen sollten (Hanserblau) oder Noah Sow: Deutschland Schwarz weiß (C. Bertelsmann Verlag).

Besetzung der Mitarbeiter*innenstellen plädiert (Aktaş 1993: 59). Diese Forderung wurde jedoch, wenn überhaupt, nur in einzelnen Häusern umgesetzt und sollte nicht nur für die Frauenhäuser selbst, sondern auch für die entsprechenden Lobbyorganisationen und Dachverbände gelten.

Die sehr geringe Anzahl an Mitarbeitenden mit Rassismuserfahrungen, die noch dazu sehr vereinzelt über das Hilfesystem verteilt sind, führt dazu, dass ihre Stimmen in einem *weiß* dominierten Umfeld nicht genug Gewicht erhalten und zu wenig Druck bewirken, um Veränderungen anzustoßen. Die Hürde, überhaupt ein Problem anzusprechen, ist generell höher, wenn diese Person als einzige davon betroffen ist und das Problem darüber hinaus zumindest auch von den Kolleg*innen ausgeht.

Gleichzeitig führt das fehlende Verständnis von Rassismus auch dazu, dass das Hilfesystem nicht aktiv versucht, mehr marginalisierte Menschen anzuwerben und einzustellen. Je mehr Menschen, die von Rassismus betroffen sind, im Hilfesystem arbeiten, desto eher sind Personen da, die das Thema Rassismus auf die Tagesordnung setzen und dieses Thema zur Priorität machen. Schließlich würden sich auch die Menschen, die das Hilfesystem in Anspruch nehmen, mehr repräsentiert sehen.

VI. Fazit

Das Hilfesystem gegen Gewalt an Frauen hat ein Rassismusproblem. Gleiches gilt für unsere gesamte Gesellschaft, sodass dies allein ein unzureichendes Ergebnis für diesen Text ist. Daher möchte ich das Fazit in zwei Teile aufteilen.

Erstens: Das gesamte Hilfesystem und insbesondere die Personen ohne Rassismuserfahrung müssen sich intensiv mit Rassismus auseinandersetzen und aktiv anti-rassistische Arbeit leisten.

Das Hilfesystem ist kein sicherer Raum für von Rassismus betroffene Personen, da ein Verständnis für Rassismus und seine Wirkungsweisen bislang noch fehlt. Das Hilfesystem muss aufhören, misogyne Gewalt als ein von anderen Unterdrückungssystemen losgelöstes Problem zu betrachten. Mit Hilfe eines intersektionalen Ansatzes müssen die Wechselwirkungen verschiedener Unterdrückungssysteme – und dabei vor allem auch Rassismus – identifiziert und in die Arbeit integriert werden. Dabei reicht es auch nicht, sich generell gegen Rassismus zu positionieren, wenn damit keine aktive anti-rassistische Arbeit einhergeht. Anti-Rassismus heißt nicht nur, andere (gegebenenfalls sogar selbst betroffene Personen) auf rassistisches Verhalten hinzuweisen, sondern auch, sich mit dem eigenen Rassismus und mit eigenen Machtverhältnissen auseinanderzusetzen. Das Thema Rassismus muss zu einer Priorität im Hilfesystem werden, damit finanzielle und zeitliche Ressourcen aufgewendet werden um eine weitere Auseinandersetzung zu ermöglichen.

Und zweitens an alle Personen mit Rassismuserfahrung, die im Hilfesystem tätig sind: Bildet Banden!

Und damit meine ich, vernetzt euch. Bislang werden die Stimmen von Personen, die von Rassismus betroffen sind, entweder noch nicht gehört oder ignoriert. Dies ist nur möglich, weil ihr als Einzelne leichter ignoriert werden könnt. Wenn ihr jedoch eure Stimmen bündelt, ist es schwerer, sie unbeachtet abzutun. Eure Erfahrungen sind wichtig und das nicht nur, weil ihr ein Recht auf einen sicheren Arbeitsplatz habt, sondern vor allem, weil das Hilfesystem es hilfesuchenden Personen schuldig ist, sich mit (seinem eigenen) Rassismus auseinanderzusetzen. Darüber hinaus kann Vernetzung euch empowern und die Kraft geben, für euch einzustehen.

Literatur

Aktaş, Gülşen (1990): Rassismus und Ethnozentrismus im Frauenhaus. In: Frauen in der einen Welt. Zentrum für interkulturelle Frauenalltagsforschung und internationalen Austausch e.V.1990. S. 29–36.

Aktaş, Gülşen (1993): ›Türkische Frauen sind wie Schatten‹. Leben und Arbeiten im Frauenhaus. In: Ika Hügel et al. (Hg.): Entfernte Verbindungen: Rassismus, Antisemitismus, Klassenunterdrückung. Berlin: Orlanda Frauenverlag 1993. S. 49–60.

Der Paritätische Gesamtverband (2018): Positionierung des Paritätischen zu Rechtsextremismus und Politik der AfD. https://www.der-paritaetische.de/fileadmin/user_upload/Schwerpunkte/vielfalt-o-alternative/doc/180419_vr-beschluss_Position-zu-AfD.pdf (08.05.2022).

Frauenhauskoordinierung e.V. (2014): Qualitätsempfehlungen für Frauenhäuser und Fachberatungsstellen für gewaltbetroffene Frauen. https://www.frauenhauskoordinierung.de/fileadmin/redakteure/PDF/FHK_Qualitaetsempfehlungen_fuer_Frauenhaeuser_und_Fachberatungsstellen_2014_web.pdf (08.05.2022).

Frauenhauskoordinierung e.V. (2019): Positionierung der Frauenhauskoordinierung gegen Rechtspopulismus und Rechtsextremismus. https://www.frauenhauskoordinierung.de/fileadmin/redakteure/Publikationen/Stellungnahmen/2019-12-05_FHK_Haltungspapier_zu_Rechtspopulismus_final.pdf (08.05.2022).

Frauenhauskoordinierung e.V. (2021): Statistik - Frauenhäuser und ihre Bewohner_innen, 2020 Deutschland. https://www.frauenhauskoordinierung.de/fileadmin/redakteure/Publikationen/Statistik/2021-11-16_FHK_Frauenhausstatistik2020_Langfassung.pdf (08.05.2022).

Hasselmann, Donata (2020): Was ist struktureller Rassismus?. Mediendienst Integration. https://mediendienst-integration.de/artikel/was-ist-struktureller-rassismus.html (08.05.2022).

Lorde, Audre (2019): Sister Outsider. UK: Penguin Random House.

Ogette, Tupoka (2019): Exit Racism. 8. Aufl. Münster: Unrast.

Zentrale Informationsstelle für autonome Frauenhäuser (2019): Leitlinien. https://autonome-frauenhaeuser-zif.de/wp-content/uploads/2019/08/zif_leitlinien_autonomer_frauenhaeuser_flyer_0.pdf (08.05.2022).

Christine Kone · Katja von Auer

Schwesternschaft in rassistischen Verhältnissen – Intersektionale Perspektiven auf Gewalt gegen Sintizze* und Romnja*

In unserem Beitrag nähern wir uns unterschiedlichen Aspekten der Gewalt gegen Sintizze* und Romnja* anhand eines intersektionalen Gewaltbegriffs. Unser Verständnis von Gewalt fokussiert die interdependente Wirksamkeit rassistischer, sexistischer, klassistischer und bodyistischer Herrschaftsverhältnisse, in denen und durch die Gewalt ausgeübt und erfahren wird, und ermöglicht, diese in den Strukturen selbst und nicht individualisiert zu verorten. Dadurch erreichen wir eine Analyse der Bedingungen, welche bewirken und zulassen, dass bestimmte Menschen und Gruppen innerhalb dieser Strukturen nicht nur vulnerabler und gewaltbetroffener (gemacht) werden als andere, sondern gleichzeitig auch weniger Schutz erfahren. Wir beschäftigen uns mit dem Rassismus gegen Sintizze* und Romnja* und verwenden in bestimmten Kontexten den Begriff Antiziganismus, um das Machtverhältnis zu benennen. Isidora Randjelović beschreibt das Erleben und die Folgen des Erlebens von Rassismus als Gewalt:

> »Eine historisch gewachsene und transnational organisierte Gewalt, die auf die Psyche und die Körper von romani Subjekten transgenerationell einwirkt und Lebenserschwernisse, Verletzungen und Krankheiten, verkürzte Lebenserwartung bis hin zum Tod verursacht. Diese Gewalt schließt Rom*nja individuell und/oder kollektiv und in Verschränkung mit weiteren gesellschaftlichen Platzierungen wie Klasse, Gender, Sex, religiöser Zugehörigkeit von materiellen, finanziellen sowie symbolischen Ressourcen und von gesellschaftlicher Anerkennung und struktureller Teilhabe aus.« (Randjelović 2019: 21)

Wir folgen in unserem Verständnis von Gewalt ihrem intersektionalen Ansatz und schließen uns auch der Erweiterung des Gewaltbegriffs um symbolische und epistemische Gewalt (vgl. ebd.) an.

Deshalb stellen wir zunächst die Frage, ob es bereits eine Form der Gewalt darstellt, dass zwei Personen ohne romani Hintergrund das Thema bearbeiten: Der Kampf gegen Rassismus, der nicht die Betroffenen als »zentrale Wissensproduzent_innen« (Schmid 2014: 17, zit. nach Tudor 2011) anerkennt, reproduziert die hegemoniale Diskurshoheit, bringt epistemische Ungerechtigkeit (Fricker 2010) hervor und festigt sie. Dem Herrschaftsverhältnis Antiziganismus ist es inhärent, dass diese Gefahr unabhängig davon, ob der Aspekt der hegemonialen Deutungshoheit reflektiert und dekonstruktivistisch bearbeitet wird oder die Dominanzverhältnisse unkritisch übernommen werden, bestehen bleibt.

In unserem Beitrag legen wir den Fokus auf Überlegungen, wie im Sinne einer Schwesternschaft nach bell hooks Solidaritäten entstehen können, die frei sind von paternalistischer Übergriffigkeit, Vereinnahmung und Reifizierung:

> »Echte politische Solidarität bedeutet, dass man lernt, gegen Unterdrückung zu kämpfen, die man nicht selbst erleidet. [...] Wir können Schwestern sein, vereint durch gemeinsame Interessen und Überzeugungen, vereint in unserer Vielfalt, vereint in dem Kampf, den wir führen, um die [...] Unterdrückung zu beenden, vereint in politischer Solidarität« (hooks 1981, zit. nach Warta 2022: o.S.).

Dabei darf unseres Erachtens die Übernahme von spezifischen politischen und aktivistischen Zielen nicht zum Selbstzweck erfolgen und es darf dabei auch nicht um die sogenannte *empathische* Teilnahme am Leid anderer gehen, sondern um die Anerkennung und gegenseitige Unterstützung im Kampf um die Sichtbarmachung partieller Interessen. Der Ausgangspunkt für solidarisches Handeln soll eine reflektierte Selbstpositionierung innerhalb eines als rassistisch erkannten Gesellschaftssystems und die Überzeugung sein, dass eine echte Überwindung[1] benachteiligender Strukturen nur dann erfolgreich ist, wenn sie für alle erfolgt. Dies setzt eine Anerkennung der eigenen Involviertheit als partiell privilegiert oder partiell diskriminiert voraus.

> »Wer weiß ist, muss nicht rassistisch handeln oder denken, wohl aber anerkennen, dass er oder sie eine rassistische Dividende einfährt. Diese Dividende kann wiederum unterschiedlich ausfallen – je nach weiteren Positionierungen entlang

1 Eine bloße ›reflektierte Selbstpositionierung‹ und die Anerkennung unterschiedlicher gesellschaftlicher Positionierungen festigen Hierarchien und reproduzieren rassistische Ausschlüsse, da es dann um ein Einrichten in oder einen Umgang mit (ungerechten) Verhältnissen geht (siehe dazu auch Bönkost 2016: 14).

der Achsen etwa von Alter, körperlicher Disposition, Religion, Geschlecht, Sexualität, Bildung, Staatsbürgerschaft« (Hark/Villa 2017: 31).

Dabei plädieren wir mit Jule Bönkost nicht für eine Wertschätzung rassifizierter Identitäten im Sinne einer Anerkennung und Festschreibung von Vielfalt (an Rassismuserfahrungen und sozialen Positionierungen[2]), sondern für eine Berücksichtigung der kollektiven Ressourcen für Rassismuskritik, damit diese Positionen nicht als verschiedene ›Lebensweisen‹ oder ›Daseinsformen‹ anerkannt, sondern überwunden werden (vgl. Bönkost 2016: 14f., Hervorh. i.O.).

Anna Mirga-Kruszelnicka und Angéla Kóczé beschreiben in ihrem Beitrag *Das Schweigen brechen: Die Erfahrungen von Romnja in der Roma-Bürgerrechtsbewegung,* wie sich »im Falle der Romnja [...] verschiedene Kategorien – Geschlecht, [...] Ethnizität, Nationalität [...], Klasse, Alter und sexuelle Orientierung – dergestalt [überlagern und verstärken], dass es sich bei ihnen um eine besonders verletzliche soziale Gruppe handelt« (Mirga-Kruszelnicka/Kóczé 2015: o.S.). Dies sei aber nicht als Ausgangspunkt für eine Opferkonstruktion zu nehmen, sondern vielmehr als Ursprung von Ermächtigung und Widerstand. Dabei sehen sie im spezifischen Roma-Feminismus, der sich zunächst am Schwarzen Feminismus und subalternen Frauenbewegungen orientierte, die Chance, mangelnde Repräsentation im *weißen* Feminismus sichtbar zu machen und das »monolithische Konzept der ›Roma-Frau‹« (ebd.) zu dekonstruieren. So können die »Sensibilitäten, die von den überlappenden ethnifizierten Lebenserfahrungen der Romnja herrühren, [...] dazu beitragen, Probleme zu beleuchten und zum Ausdruck zu bringen, die sich weit über die Grenzen der spezifischen Anliegen der Roma-Rechte hinausbewegen« (ebd.). Im Anschluss daran gründet sich unser Verständnis von Schwesternschaft auf der Anerkennung und Überzeugung, dass sich der feministische Kampf aus spezifischen Gewalterfahrungen entwickelt und dabei universell wirksam wird, da er immer auf die Sichtbarmachung von Verletzbarkeiten und Ausschließungspraktiken (vgl. Hall 1989) sowie die Überwindung von Gewaltverhältnissen, die auf der Normalisierung patriarchaler, rassistischer, klassistischer, heteronormativer und bodyistischer Hierarchien gründen, abzielt. Verletzbarkeit

2 Es gilt zu berücksichtigen, dass die »sozial konstruierten rassifizierten Identitäten [...] Positionen mit unterschiedlichen Chancen der Teilhabe in der Gesellschaft und Ausdruck rassistischer Ungleichverhältnisse« (ebd.) sind.

verstehen wir im Weiteren mit Judith Butler (2017) als ein wesentliches Merkmal menschlichen Zusammenlebens. Verletzbarkeit stellt das verbindende Element zwischen allen Menschen dar und ist deshalb für uns die Grundlage für den Kampf gegen Rassismus.

In unserem Zweier-Team, in dem wir aus antirassistischer und contra_rassistischer[3] Position arbeiten, blicken wir mehrperspektivisch auf Rassismus, der uns als gesellschaftsstrukturierendes Herrschaftsverhältnis alle, wenn auch mit unterschiedlichen Auswirkungen, betrifft. Ebenso verhält es sich mit unserem Blick auf heteronormative und sexistische Strukturen, die aufgrund von Alter, finanzieller Ausstattung und familiären Kontexten, in verschiedener Weise wirksam werden. Die Überschneidungen und Unterschiede in den Wechselwirkungen der Kategorien *Rasse*[4] und Gender spiegeln sich dann sowohl in unseren unterschiedlichen Perspektiven auf den Rassismus gegen Sinti*zze und Rom*nja, als auch in der Selbstverortung in Bezug auf das Thema wider.

Ausgehend davon kommt unseres Erachtens der Schnittstelle von Rassismus und Sexismus in der Frage von Sicht- und Unsichtbarkeit im Antiziganismus eine besondere Bedeutung zu: Interpersonelle Diskriminierungen und/oder direktes physisches Gewalthandeln werden in der Regel durch Sichtbarkeit, also durch ein vermeintliches Erkennen und die daraufhin folgenden Zuschreibungen, möglich. Die Gewalt bezieht sich demnach auf sichtbare Körper. Der sozial verfasste und auf diese Weise sichtbare Körper bildet somit den Ausgangspunkt für Verwundbarkeit(en). Da wir nun alle einen Körper haben, sind wir im Sinne Butlers eben auch alle einer Gefährdung und Verwundbarkeit durch Gewalt ausgesetzt. Eine Gewalt, die unsere Verletzbarkeit und Abhängigkeit von und durch andere offenlegt. Eine Gewalt, die uns vor Augen führt, dass »es da draußen andere gibt, von denen mein Leben abhängt, Menschen, die ich nicht kenne und vielleicht

3 »Antirassistische Wissensproduktionen werden von durch Rassismus diskriminierten sozialen Positionierungen aus verfasst, wohingegen contra_rassistische Wissensproduktion von durch Rassismus privilegierten sozialen Positionierungen aus verfasst werden, die sich aber gegen Praktiken rassistischer Diskriminierungen positionieren.« (Schmid 2014: 17f.).

4 Auf der Grundlage von Susan Arndts Argumentation gegen die Verwendung des Begriffs ›race‹ als Ausweichterminus für *Rasse* wegen der damit einhergehenden Verleugnung der deutschen »Kontinuitätslinie im diskursiven und strukturellen Gebrauch des Konzepts ›Rasse‹« (Arndt 2015: 187) benutzen wir die kursiv gesetzte Schreibform *Rasse*.

niemals kennen werde« (Butler 2017: 7). Der verwundbare Körper zeigt, dass die berechtigte und notwendige Forderung nach Schutz(rechten), beispielsweise durch die Istanbul-Konvention, insbesondere für die Körper von *existenzieller* Bedeutung ist, die aufgrund sozialer Normen mehr als andere einer Gefährdung und Gewalt ausgesetzt sind.

Epistemische Ungerechtigkeit und Machtgefälle beruhen demgegenüber auf Unsichtbarkeit und entfalten sich eher auf der symbolischen Ebene, bevor sie sich strukturell materialisieren.

Beide Formen der antiziganistischen Gewalt betreffen Frauen* in besonderer Weise und werden in ihren Auswirkungen an sich sowie in hegemonialen Diskursen marginalisiert. Dabei stellt die erhöhte Vulnerabilität und die besondere Betroffenheit von Frauen* in der Geschichte des Rassismus gegen Sinti*zze und Rom*nja eine Kontinuität dar: Angefangen bei Sebastian Münster, der im Jahr 1544 besonders vor diesen Frauen warnte, über rassistische und sexistische Zuschreibungen in Kunst und Literatur, Zwangssterilisationen in der NS-Zeit und ausbleibende Entschädigungen für diese in den Folgejahren bis hin zu polizeilichen Übergriffen gegen Frauen* im Rahmen von *racial profiling* in den letzten Jahrzehnten sowie der rassifizierten und sexualisierten medialen Repräsentation und Darstellung von Frauen* (vgl. Eulberg 2009; Jonuz 2015; Förderverein Roma 2018; Winter 2019). Während im Nationalsozialismus Bildungsausschlüsse[5] und Deportationen als Praktiken sichtbar waren, schreibt sich die Kontinuität gegenwärtig subtiler fort, wenn im Kontext von Bildungsinstitutionen Diskriminierung und Nachteile erwartet werden, sobald eine romani Identität sichtbar (gemacht) wird.

Es ist anzunehmen, dass auch hier Frauen* und Mädchen* in höherem Maße betroffen sind, da im Schulsystem sexistische, klassistische und rassistische Differenzlinien intersektional wirksam werden, weil das Bildungssystem grundlegend auf Auslese[6] beruht.

---

5 »Das mehrgliedrige Schulsystem legt bereits frühzeitig die Weichen für die weiteren Bildungs- und Arbeitsmarktzugänge […]. Wer im deutschen Bildungssystem nicht auf familiäre Ressourcen, wie eine gute Ausbildung der Eltern, zurückgreifen kann, hat es statistisch nachgewiesenermaßen selbst schwerer, Bildungserfolge zu erzielen. « (Hammel/Kone/Rhein 2021: o.S.).

6 »Solange es verschiedene attraktive und erstrebenswerte Plätze in der Gesellschaft gibt, für deren Zugang die Platzverteiler Maßstäbe brauchen, gibt es Auslese. In der deutschen Tradition hat das Schulwesen diese Aufgabe […]. Da wir aber bisher keine Alternative zur schulischen Auslese gefunden haben, hilft uns nichts anderes

Unsichtbarkeit sowie Sichtbarkeit können also gleichzeitig Vulnerabilität erhöhen oder verringern. Wenn zum Beispiel »Kinder [...] ›recht früh‹, [begreifen], dass sie [...] öfter gehänselt werden oder andere Nachteile erfahren [...] [und] lernen, von da an ihre Herkunft zu verbergen« (Marina 2020: o.S.), bedeutet das, dass sie durch die Unsichtbarmachung in einer weniger angreifbaren Positionierung bleiben und sich damit (mehr) Möglichkeiten selbstbestimmter sozialer Teilhabe erhalten. Mit Holzkamp kann hier von einer restriktiven Handlungsfähigkeit (Holzkamp 1985) gesprochen werden, die es ermöglicht, sich akut vor Verletzung zu schützen. Gleichzeitig wird aber auch die Repräsentation einer heterogenen Schüler*innenschaft erschwert und es wird bewirkt, dass auch andere Aspekte wie zum Beispiel Bildungserfolge indifferent bleiben. Die Studentin Helene B. beschreibt in der Studie *(Un)sichtbare Erfolge. Bildungswege von Sintize und Romnja* von Elizabeta Jonuz und Jane Weiß aus dem Jahr 2020 den Vorteil, selbst über Sicht- und Unsichtbarkeit ihrer Zugehörigkeit *entscheiden* zu können, da ihre Haut und ihre Augen hell seien und sie »den deutschesten Namen« von ihrer Mutter bekommen habe (Jonuz/Weiß 2020: 257)[7]. Sie kündigt an, sie ließe »die Bombe« im Arbeitsumfeld erst dann »platzen« (Helene in ebd.: 261), wenn »sie über einen gesicherten gesellschaftlichen Status als Lehrerin verfüge« (ebd.: 260). Im Beitrag *Gewalt und In /Differenz* beschreibt Mai-Anh Boger das strategische Unsichtbarmachen einzelner Identitätsmerkmale am Beispiel der geschlechtsbezogenen Gewalt: »Nun bin ich also in eine Geschlechtslosigkeit eingetreten, aber diese ist weder freiwillig noch subversiv. Sie ist schlicht eine Überlebenstechnik. Ich zeige meine Weiblichkeit nicht mehr, wenn mir dies gefährlich werden kann. Und andersherum: Wenn ich mein Leben schützen kann, indem ich eine bestimmte weibliche Form zeige, werde ich es tun. Diese Weiblichkeit ist enteignet« (Boger in diesem Band).

als das Wissen, daß wir Kinder und Jugendliche auf verschiedene Berechtigungen hin verteilen und auslesen« (GEW, zit. nach Huisken 2001: 272).

7 Interessant ist hier der selbstverständliche Rekurs auf eine Norm, die scheinbar von allen Beteiligten ohne Erklärung verstanden wird. Diese mythische Norm (vgl. Lorde 2019) erlaubt, alle Merkmale, die ihr nicht entsprechen (*weiß*, männlich, cis-hetero, christlich (säkular) sozialisiert, körperlich unversehrt, jung, schlank und finanziell abgesichert), als Abweichung wahrzunehmen, während übereinstimmende Merkmale als unmarkierte Normalität konstruiert werden.

Es wird deutlich, dass die Unsichtbarmachung also keineswegs einen freiwilligen Akt, vielmehr einen Gewaltakt darstellt, und dass die Entscheidung zum Indifferentwerden eingebettet ist in Machtverhältnisse, deren Gewalt strukturell wirksam wird, sodass die Marginalisierten »die herrschende Normalität, deren diskriminierter und benachteiligter Teil sie sind, nicht nur [...] akzeptieren, sondern auch auf sich selbst« anwenden (Bratić 2011: o.S).[8] Damit schreiben sich strukturelle Gewaltverhältnisse in Körper ein und manifestieren sich im Alltagshandeln:

> »Empirische Rassismusanalysen zeigen, [...] dass rassistische Unterscheidungen als komplex zusammenwirkende, in unterschiedlichen Dimensionen des gesellschaftlichen Gefüges wirksame Unterscheidungen des Menschen ›auf den Leib‹ rücken und sich ihnen habituell einschreiben.« (Mecheril/Scherchel 2011: 53, Hervorh. i.O.)

Bratić bezeichnet die Akte der Selbstbeherrschung als gouvernementale Selbstführungen und argumentiert gegen eine Individualisierung, indem er sie im gesellschaftlichen System verortet, welches die Menschen dazu bringe, diese Form der Gewalt an sich selbst auszuüben (vgl. Bratić 2011: o.S.).

Eine weitere Dimension der Verwundbarkeit durch Sicht- oder Unsichtbarkeit ergibt sich aus der Tatsache, dass gerade die Instanzen, deren staatlicher Auftrag in Hilfe und Schutz für alle Mitglieder der Gesellschaft besteht, für rassifizierte Personen oder Gruppen und insbesondere für Minderheiten mit einer NS-Verfolgungsgeschichte, keineswegs immer Sicherheit bedeuten. Das betrifft *in der Tat* vor allem die Polizei, aber auch Behörden sowie Einrichtungen der Sozialen Arbeit und Gesetze. Folgende Beispiele verdeutlichen dies:

- Im Februar 2021 wurde ein 11-jähriger Junge mit Romani Hintergrund beim Spielen festgenommen, in Handschellen gelegt, mit der rassistischen Fremdbezeichnung beleidigt, auf der Polizeiwache eingesperrt und mit dem Tod bedroht (vgl. Verband dt. Sinti und Roma, Landesverband Baden-Württemberg 2021).

---

8 »Wenn ich mich im öffentlichen Raum befinde, überwache ich meine Redeweise und meine Gestik (in der U-Bahn, wenn ich abends auf die Straße gehe, auf Reisen...). Schwul zu sein (und das gleiche gilt für andere inferiorisierte ›Kategorien‹ (...)) bedeutet, jederzeit verwundbar, jederzeit Beleidigungen oder Aggressionen ausgesetzt zu sein. Mehr noch, es heißt, in seinem tiefsten Inneren von einer geradezu ›ontologischen Verletzbarkeit‹ bestimmt zu sein.« (Eribon 2017: 48, Hervorh. i.O.).

- Eine sozialwissenschaftliche Studie, die sich eigentlich mit dem Thema Obdachlosigkeit befasste und dabei den Antiziganismus in Frankfurter Ämtern und Behörden offenlegte (vgl. Voigts 2020: o.S.), wurde erst Jahre später und nur gekürzt veröffentlicht.
- Auch die unterschiedliche Behandlung (flüchtender) Ukrainer*innen offenbart den strukturellen Rassismus, da »diese besonders vulnerable Gruppe [ukrainische Rom*nja ohne Ausweisdokumente] [...] bisher überhaupt nicht in die Personengruppen einbezogen [ist], die in der aktuellen Situation in den Ländern der Europäischen Union offiziell Schutz erhalten können. Kämpfen dürfen oder müssen sie auch ohne Papiere, fliehen aber ist ein Problem.« (Thüringischer Flüchtlingsrat 2022: o.S.).[9]

Im Kontext behördlicher und gesetzlicher Strukturen entsteht also ein (lebens)bedrohliches Spannungsfeld zwischen Sicht- und Unsichtbarkeit, welches sich daraus ergibt, dass Sichtbarkeit physische Gewalt fördert, aber gleichzeitig dieselbe Sichtbarkeit aufgrund rassistischer und kulturalisierender Zuschreibungen den Schutz durch die entsprechenden Instanzen nicht nur verhindert, sondern, sogar durch ebendiese Gewalt ausgeübt wird. Die Unsichtbarkeit im hegemonialen Diskurs verhindert zudem eine Benennung der Gewalt und erschwert und/oder verunmöglicht so die Wahrnehmung einer erhöhten Verwundbarkeit und Schutzbedürftigkeit. Ethnisierung und Kulturalisierung von Gewalt wirken in dem Sinne, dass insbesondere die Gewalt gegenüber Frauen* nicht in den gesamtgesellschaftlichen Strukturen und als Folge von bestehenden rassistischen und patriarchalen Herrschaftsverhältnissen verortet, sondern »vermeintlich kulturellen Tradierungen zugeordnet [wird]. Geschlechterrollen und -ordnungen erscheinen damit rein innerhalb einer vermeintlichen Minderheitenkultur geprägt, unabhängig von allgemeinen gesellschaftlichen Tradierungen, Entwicklungen und Geschlechterverhältnissen« (Jonuz/Weiß 2020: 43). Dadurch werden zum einen vor allem die *sichtbaren* Frauen* als weniger schutzwürdig konstruiert, ihre Gewalterfahrungen mittels eines

9 Wir weisen an dieser Stelle darauf hin, dass die Fälle rassistisch motivierter Übergriffe fast ausschließlich von den Selbstorganisationen gesammelt, dokumentiert und skandalisiert werden. Eine Tatsache, die wir im Antiziganismus verorten, indem die sogenannte Mehrheitsgesellschaft diese Aufgabe nicht in ihrer Verantwortlichkeit sieht.

Otherings durch die Mehrheitsgesellschaft verleugnet, und zum anderen werden die gewaltvollen Verhältnisse, die die Dominanzkultur charakterisieren, unsichtbar gemacht. Dabei können die Aussagen von Jonuz und Weiß über das Versagen der öffentlichen Sozial- und Bildungssysteme (vgl. ebd.) auf den institutionellen Schutz übertragen werden, indem die Ursachen einer vermeintlich geringen Schutzwürdigkeit »pauschal auf die Gruppe selbst zurückgeworfen [werden] oder wie Annita Kalpaka feststellt, dass ›Reden über Kultur‹ […] oftmals die Funktion des ›Schweigen[s] über die Struktur‹‹ (vgl. Kalpaka 2006: 396)« innehat (Jonuz/Weiß 2020: 43).

Rahmenbedingungen der Besprechbarkeit in der Hochschullehre

Das Phänomen, über Kultur(en) sprechen zu wollen, statt Strukturen und die eigene Involviertheit zu thematisieren, ist eine Form der Abwehr und begegnet uns auch immer wieder in Seminaren zu Antiziganismus und Rassismus gegen Sinti*zze und Rom*nja im Studium der Sozialen Arbeit. Unseres Erachtens liegt dies unter anderem im modularen und nach Effizienz ausgerichteten Hochschulsystem begründet. Der explizit geforderte Praxisbezug und ein auf Konkurrenz beruhendes Bewertungssystem zwingt Studierende ebenso wie Lehrende, theoretische Inhalte auf das minimal erforderliche zu reduzieren oder möglichst *unterhaltsam* zu verpacken, um sie innerhalb der begrenzten zur Verfügung stehenden Zeit abzuarbeiten. Demirović beschreibt in seinem Buch *Wissenschaft oder Dummheit*, dass »die Berufung auf Praxis zu einer gegen Theorie und Wissenschaft gerichteten Zensurinstanz« werden kann« (Demirović 2015: 21 f.).[10] Das Postulat des Praxisbezugs zeigt sich dann in der Haltung und in der Forderung der Studierenden, theoretische Herausforderungen, etwa durch anspruchsvolle Texte, mit dem Argument des fehlenden praktischen Bezugs zu delegitimieren. Wenn Studierende beispielsweise im ersten Semester dazu aufgefordert sind, praktische Bildungsprojekte zu hochkomplexen Themen als Prüfungsleistung zu konzipieren, entspricht das einer Zurichtung, in der das eigene Denken, die theoretische Auseinandersetzung, eine Reflexion der Profession ausfallen und die herrschenden Marktlogiken unhinterfragt und

10 »Zum Beispiel würde bereits in Orientierungsveranstaltungen »den Studierenden nahegelegt, ihr Studium möglichst mit Blick auf ihr Berufsfeld und praktische Fragen zu verfolgen.« (ebd.: 21 f.).

kritiklos übernommen werden (müssen). Wir bezeichnen diese Strukturen des Lernens und Lehrens als Gewalt am Thema.

> »Die Gewalt hingegen treibt uns fort und weiter, sie tötet die Reflexion, [...] gibt uns mitunter sogar das Gefühl, es sei unangebracht oder moralisch fragwürdig, in Ruhe zu denken, müsste man doch schließlich handeln — und zwar sofort; nein, besser noch wäre es gewesen, jemand hätte vorgestern schon gehandelt. Gewalt, Angst und Eile gehen in der Nichtung des besonnenen Denkens eine intime Verbindung ein.« (Boger in diesem Band).

Das Ergebnis ist »eine bestimmte Form von Professionalität, ein bestimmtes Verständnis von Sozialer Arbeit als gesellschaftsblinder Handlungswissenschaft, das Fachkräfte daran hindert, rassistische Verhältnisse und das eigene Involviertsein in diesen zu erkennen« (Stender 2016: 330). Mit Blick auf die tatsächlichen Arbeitsbedingungen in der Sozialen Arbeit, die unter dem Zeichen von Ökonomisierung, Technisierung und Effizienz stehen, folgt diese Art der Professionalisierung einer Logik, in welcher durchaus nachvollziehbar wird, weshalb viele Studierende »es so genau nicht wissen [wollen], weil sie ahnen, dass das kritische Wissen ihrer Berufsorientierung und Bereitschaft zum Konformismus in die Quere kommt« (Demirović 215: 22). Zuviel Wissen macht also unter den Bedingungen, unter welchen Soziale Arbeit derzeit organisiert ist, *praktisch* handlungsunfähig. Damit bleibt festzuhalten, dass die neoliberale Ausrichtung von Studienplänen und Inhalten einer auf Effizienz und Konkurrenz abzielenden Hochschule rassistische, sexistische und klassistische Verhältnisse reproduziert und damit das Dilemma von Sicht- und Unsichtbarkeiten marginalisierter Gruppen eher verschärft, als dass diskriminierende Strukturen überwunden werden können. Eine Widersetzung gegen neoliberale Marktlogiken bedeutet für Lehrende neben einem Rechtfertigungsdruck ebenso die Gefahr, als zu anspruchsvoll, zu theoretisch und abstrakt markiert zu werden, was in der Folge bewirkt, dass Studierende *einfachere* Module belegen oder sich schlicht nicht am Seminargeschehen beteiligen. Studierende, die sich ernsthaft und mit Interesse auf eine theoriebasierte Lehre einlassen, sehen sich in der Konkurrenz mit Kommiliton*innen benachteiligt, da sie auf das zügige Erlernen *effizienter* sozialarbeiterischer Werkzeuge verzichten müssen.

Dabei sind Erkenntnisse über die eigene Involviertheit, die der Sozialen Arbeit und ein Wissen über gesellschaftsstrukturierende Herrschaftsverhältnisse grundlegend und notwendig, denn »die Gesellschaften, in denen wir leben, sind diejenigen, die dazu beitragen, dass es überhaupt eine diskriminierte Gruppe namens ›Roma‹ gibt, und falls wir behaupten, an der Emanzipation von Roma zu arbeiten, dann geht es vor allem darum, die gesellschaftliche Struktur, so wie sie bis heute existiert, zu verändern« (Bratić 2011: o.S.).

Literatur

Arndt, Susan (2015): Racial Turn. In: Susan Arndt / Nadja Ofuatey Alazard (Hg.): Wie Rassismus aus Wörtern spricht. (K)Erben des Kolonialismus im Wissensarchiv deutsche Sprache. Ein kritisches Nachschlagewerk. 2. Aufl. Münster: Unrast 2015. S. 185–189.

Bönkost, Jule (2016): *Weiße* Emotionen – Wenn Hochschullehre Rassismus thematisiert. Institut für diskriminierungsfreie Bildung. IDB Paper 1. Berlin. https://diskriminierungsfreie-bildung.de/wp-content/uploads/2016/07/IDB-Paper-No-1_Wei%C3%9Fe-Emotionen.pdf (1.10.2022).

Bratić, Ljubomir (2011): Subordination und Selbstorganisation. Realitäten und Möglichkeiten für Romapolitiken in Europa. Europäisches Institut für progressive Kulturpolitik. https://eipcp.net/policies/bratic/de.html (12.10.2022).

Butler, Judith (2017): Gefährdetes Leben. Politische Essays. 5. Aufl. Frankfurt am Main: Suhrkamp.

Demirović, Alex (2015): Wissenschaft oder Dummheit? Über die Zerstörung der Rationalität in den Bildungsinstitutionen. Hamburg: VSA Verlag. https://www.rosalux.de/fileadmin/rls_uploads/pdfs/sonst_publikationen/VSA_Demirovic_Wissenschaft_Dummheit.pdf (01.10.2022).

Eribon, Didier (2017): Gesellschaft als Urteil: Klassen, Identitäten, Wege. Berlin: Suhrkamp.

Eulberg, Rafaela (2009): Doing Gender and Doing Gypsy. Zum Verhältnis der Konstruktion von Geschlecht und Ethnie. In: Markus End / Kathrin Herold / Yvonne Robel (Hg.): Antiziganistische Zustände. Zur Kritik eines allgegenwärtigen Ressentiments. Münster: Unrast 2009. S. 41–66.

Flüchtlingsrat Thüringen (2022): Bewegungsfreiheit und Schutz für Roma aus der Ukraine! https://www.fluechtlingsrat-thr.de/aktuelles/news/bewegungsfreiheit-und-schutz-f%C3%BCr-roma-aus-der-ukraine (1.10.2022).

Förderverein Roma e.V. (2018): Ordnungsamt Frankfurt am Main stempelt rechtswidrigen und diskriminierenden und Vermerk in Pass von Roma aus Rumänien. http://www.foerdervereinroma.de/archiv/2018/20180213.htm (10.09.2022).

Fricker, Miranda (2010): Epistemic injustice. Power and the ethics of knowing. Oxford: Oxford University Press.

Hall, Stewart (1989): Rassismus als ideologischer Diskurs. In: Das Argument 178. S. 913–92.

Hammel, Ina / Kone, Christine / Rhen, Katharina (2021): Recht auf Bildung. Recht auf Partizipation. (Historische) Bildungsausschlüsse von Sinti und Roma. https://www.makista.de/blogpost/recht-auf-bildung-recht-auf-partizipation-historische-bildungsausschluesse-von-sinti-und-roma/ (10.10.2022).

Hark, Sabine / Villa, Paula-Irene (2018): Unterscheiden und Herrschen. Ein Essay zu den ambivalenten Verflechtungen von Rassismus, Sexismus und Feminismus in der Gegenwart. 2. Aufl. Bielefeld: transcript.

Holzkamp, Klaus (1985): Grundlegung der Psychologie. Frankfurt am Main/New York: Campus.

hooks, bell (1982): Ain't I a woman. Black Women and Feminism. London: Pluto Press.

Huisken, Freerk (2001): Erziehung im Kapitalismus. Von den Grundlügen der Pädagogik und dem unbestreitbaren Nutzen der bürgerlichen Lehranstalten. Hamburg: VSA-Verlag.

Jonuz, Elizabeta (1996): Romnja – »rassig« und »rassisch minderwertig«? Anmerkungen zu Geschichte und Realität von Romafrauen. In: Brigitte Fuchs (Hg.): Rassismen und Feminismen: Differenzen, Machtverhältnisse und Solidarität zwischen Frauen. Wien: Promedia 1996. S. 171–179.

Jonuz, Elizabeta / Weiß, Jane (2020): (Un)sichtbare Erfolge. Bildungswege von Romnja und Sintize in Deutschland. Wiesbaden/Heidelberg: Springer VS.

Kalpaka, Annita (2006): Pädagogische Professionalität in der Kulturalisierungsfalle. Über den Umgang mit ›Kultur‹ in Verhältnissen von Differenz und Dominanz. In: Rudolf Leiprecht / Anne Kerber (Hg.): Schule in der Einwanderungsgesellschaft. Ein Handbuch. Schwalbach a. T.: Wochenschau 2006. S. 397–405.

Kóczé, Angéla / Mirga-Kruszelnicka, Anna (2015): Das Schweigen brechen: Die Erfahrungen von Romnja in der Roma-Bürgerrechtsbewegung. https://blog.romarchive.eu/deutsch-2/blogarchiv-de/das-schweigen-brechen-die-erfahrungen-von-roma-frauen-in-der-roma-burgerrechtsbewegung/ (15.09.2022).

Lorde, Audre (2019): Alter, Race, Klasse und Gender: Frauen* definieren ihre Unterschiede neu. In: Natasha A. Kelly (Hg.): Schwarzer Feminismus. Grundlagentexte. Münster: Unrast 2019. S. 107–119.

Marina, Cristina (2020): Vorbilder für junge Mädchen sein: Feministischer Verein will Vorurteile gegen Sinti und Roma abbauen. Der feministische Verein »RomaniPhen« will Wissen über Klischees vermitteln. Das Schubladendenken betrifft häufig Frauen. In: Tagesspiegel vom 20.12.2020. https://www.tagesspiegel.de/berlin/ein-feministischer-verein-will-vorurteile-gegen-sinti-und-roma-abbauen-4216561.html (12.8.2022).

Mecheril, Paul / Scherchel, Kathrin (2011): Rassismus und »Rasse«. In: Claus Melten / Paul Mecheril (Hg.): Rassismuskritik. Rassismustheorie und -forschung. 2. Aufl. Schwalbach Ts: Wochenschauverlag 2011. S. 39–59.

Randjelović, Isidora (2019): Rassismus gegen Rom*nja und Sinti*zze. IDA Vielfalt Mediathek. https://www.romnja-power.de/wp-content/uploads/2019/07/expertise_randjelovic_rassismus_gegen_rom_nja_vielfalt_mediathek_1.pdf (10.10.2022).

Schmid, Gloria (2014): Sprache Macht Soziale Arbeit. Saarbrücken: Akademikerverlag.

Stender, Wolfram (2016): Über die Schwierigkeit Sozialer Arbeit, nicht antiziganistisch zu sein: In: Wolfram Stender (Hg.): Konstellationen des Antiziganismus. Theoretische Grundlagen, empirische Forschung und Vorschläge für die Praxis. Wiesbaden: Springer VS 2016. S. 329–348.

Tudor, Alyosxa (2011): feminismus w_orten lernen. Praktiken kritischer Ver_Ortung in feministischen Wissensproduktionen. In: AK Feministische Sprachpraxis (Hg.): Feminismus schreiben lernen. Frankfurt am Main: Brandes & Apsel 2011. S. 180–189.

Voigts, Hanning (2020): Das sind die Ergebnisse der geheimen Obdachlosen-Studie in Frankfurt. In: Frankfurter Rundschau vom 11.03.2020. https://www.fr.de/frankfurt/frankfurt-sind-ergebnisse-geheimen-obdachlosen-studie-13590944.html (1.10.2022).

Warta, Constanze (2022): Feminismus / Antipatriarchat: bell hooks. https://forumcivique.org/artikel/feminismus-antipatriarchat-bell-hooks/ (15.09.2022).

Winter, Sebastian (2019): ›Femme fatale‹ und ›Zwangsprostituierte‹. Über den Wandel antiziganistischer Weiblichkeitsbilder. In: Katharina Peters / Stefan Vennmann (Hg.): Nichts gelernt?! Konstruktion und Kontinuität des Antiziganismus. Duisburg: Situationspresse Loeven & Gorny 2019. S. 121–136.

Ursula Probst

Gewalt in der Sexarbeit: Zur Notwendigkeit intersektionaler Perspektiven auf ein umkämpftes Themenfeld

Wenige Themen polarisieren feministische Bewegungen so stark wie Sexarbeit. Die explizite Kommodifizierung sexueller Handlungen zum Zweck der Einkommensgenerierung berührt feministische Kernthemen wie sexuelle Selbstbestimmung, Geschlechterverhältnisse, ökonomische Ungleichverhältnisse und sexuelle Gewalt. Es handelt sich bei Sexarbeit also um ein wichtiges Thema feministischer Auseinandersetzungen. Dass verschiedene Menschen unterschiedliche Erfahrungen in der Sexarbeit machen, stellt gleichzeitig eine Herausforderung für die feministische Theorienbildung dar. Erschwert wird diese Auseinandersetzung durch die moralischen Bewertungen der Tätigkeit, die sich auch in aktivistischen und politischen Debatten niederschlägt. Die moralpolitische Aufladung (Amesberger 2017; Sauer 2019; Zimmermann-Schwartz 2018) führt dazu, dass Sexarbeit oft entlang pauschalisierender Stereotype diskutiert wird, was einer differenzierten Auseinandersetzung im Weg steht.

Ein anschauliches Beispiel dafür stellen die Debatten um Sexarbeit und Gewalt dar: Während einige sexarbeits- und prostitutionskritische Akteur*innen Sexarbeit mit Gewalt gleichsetzen (Farley 2004; Gräff 2019), propagieren andere eine deutliche Trennung zwischen Sexarbeit und gewaltvollen Formen kommerzialisierter Sexualität (Schrupp 2018) und/oder verorten Gewalt gegen sexarbeitende Personen vor allem in der Stigmatisierung und rechtlichen Regulierung des Gewerbes (Dziuban 2015). Oft werden diese Ansätze als scheinbar unvereinbare Gegenpole diskutiert, wodurch eine differenzierte Analyse von Gewalt in der Sexarbeit in den Hintergrund rückt.

Verstärkt wird dieses Problem dadurch, dass in diesen diskursiv prominenten Ansätzen der Begriff Gewalt oft nur oberflächlich definiert wird. Wie ich im folgenden Beitrag aufzeige, ergeben sich daraus verkürzte Perspektiven, die weder den komplexen Gewaltverhältnissen in der Sexarbeit gerecht werden, noch die Stärkung der Handlungsoptionen von betroffenen Personen in den Blick nehmen. Dem entgegen diskutiere ich die Potenziale eines intersektionalen Gewaltbegriffs (Sauer 2011) als theoretische Grundlage für die Betrachtung von Gewalt in der Sexarbeit (Amesberger 2017; Künkel/Schrader 2020). Ein intersektionales Verständnis von Gewalt ermöglicht es, sexarbeitsspezifische Gewalt zu benennen, ohne diese dabei als pauschales Merkmal von Sexarbeit zu begreifen. Vielmehr lassen sich damit die vielfältigen Verflechtungen von Gewalt(-erfahrungen) in der Sexarbeit mit Geschlechterverhältnissen, Rassifizierung, sozioökonomischen Ungleichheiten und anderen gesellschaftlichen Differenzierungs- und Hierarchisierungsmechanismen sichtbar machen.

Gleichsetzungen von Sexarbeit und Gewalt als Ausdruck von Moralpolitik

»Prostitution ist Gewalt« postulieren insbesondere sexarbeits- bzw. prostitutionskritische Aktivist*innen und leiten daraus eine Legitimationsgrundlage für Forderungen nach einem Sexarbeits- oder Sexkaufverbot ab (Gräff 2019). Auch einige Forscher*innen wie z.B. Farley (2004) vertreten diesen Standpunkt, der jedoch in der wissenschaftlichen Community umstritten ist (Weitzer 2005). Eine a priori Gleichsetzung von Sexarbeit mit Gewalt führt zu einer eingeschränkten, mitunter voreingenommenen Betrachtung des Themenfeldes. Denn mit dieser Herangehensweise lässt sich alles in der Sexarbeit als Gewalt interpretieren, ohne dabei definieren zu müssen, was Gewalt ist und wie gewalttätige Handlungen zustande kommen. So verschwimmen dabei unterschiedliche Ausdrucksformen physischer, psychischer und/oder struktureller Gewalt und ihrer Ursachen zugunsten eines essenzialisierenden Gewaltverständnisses. Das verschleiert die Einbettung von Gewaltereignissen in der Sexarbeit in Ungleichverhältnisse, aber auch die Frage nach den Handlungsoptionen sexarbeitender Menschen.

Prostitutionskritische (radikal-)feministische Analysen benennen in der Gleichsetzung von Sexarbeit und Gewalt zwar patriarchale Gewalt als grundlegende Gewaltform, erklären Sexarbeit dabei aber generell zu einem Ausdruck dieser. Dadurch bleibt abermals vage, wie sich patriarchale Gewalt in der Sexarbeit zeigt (Amesberger 2017: 30). Es ist anzuerkennen, dass Sexarbeit in patriarchale Strukturen eingebettet ist. Ohne differenzierte Analyse verliert diese Feststellung jedoch an Aussagekraft, da sie auf abstrakter Ebene auch auf alle anderen Lebensbereiche zutrifft.

In der Einschränkung von Gewaltstrukturen auf cisheteronormative Geschlechterverhältnisse lässt sich zudem ein Individualisierungsdiskurs beobachten, »der strukturelle Ursachen von Gewalt […] ausblendet und entnennt« und »der Komplexität des Gewalthandelns […] nicht gerecht« wird (Sauer 2011: 51). So werden häufig Kunden bzw. Männer allgemein als Urheber von Gewalt benannt, denen Frauen generell als Opfer gegenübergestellt werden. Diese binäre Opfer-Täter-Darstellung verschleiert weitere (strukturelle) Ursachen von Gewalt und befördert eine moralpolitische Emotionalisierung. Grafische Darstellungen direkter physischer und psychischer Gewalthandlungen gegen sexarbeitende Frauen dienen dabei der Untermauerung des Standpunktes, dass Sexarbeit abgeschafft werden muss (Sauer 2019). Anstatt einer fundierten Analyse von Gewaltursachen tritt jedoch die Aushandlung moralischer Positionierungen, z.B. als »Retter*innen«, in den Vordergrund (Agustín 2008). Dadurch werden nicht nur heterogene Erfahrungen und Handlungsspielräume von sexarbeitenden Personen negiert, sondern auch die Zusammenhänge zwischen Gewalt in der Sexarbeit und z.B. Prekarisierung sowie Armut. Diese und andere Formen struktureller Gewalt können für betroffene Personen auch in anderen Lebensbereichen direkte physische oder psychische Gewalterfahrungen bedingen – die durch ein potenzielles Verbot der Sexarbeit unverändert blieben.

Ambivalente Differenzierungen von Sexarbeit und Gewalt

Diese Gleichsetzung wird von Sexarbeiter*innen, Aktivist*innen und Politiker*innen aus verschiedenen Richtungen kritisiert. Wird dadurch die Debatte um einige Perspektiven zu Sexarbeit und Gewalt ergänzt, schreibt sich auch in dieser Kritik ein unklarer Gebrauch des Gewaltbegriffs fort. So wird dabei zwar versucht, zwischen Sexarbeit und Gewalt zu differenzieren, zugleich aber strukturelle Gewalt nicht selten relativiert und damit Gewalterfahrung wieder individualisiert. Dadurch werden zwar Heterogenitäten in der Sexarbeit anerkannt, die Zusammenhänge und Wechselwirkungen selbiger mit Gewalterfahrungen jedoch unzureichend theoretisiert, wie ich in Folge anhand von drei Argumentationssträngen veranschauliche.

Ein erster Argumentationsstrang basiert auf der These, dass sich Sexarbeit und Gewalt eindeutig trennen lassen. Diese These baut auf der Kritik an dem Postulat auf, dass bezahlter Sex keine konsensuelle Handlung darstellen kann (Heying/Hofstetter 2021). Die Betonung, dass Sex nicht nur aus Liebe praktiziert wird und dennoch konsensuell stattfinden kann, stellt eine wichtige Intervention gegen moralisierende Sexualitätsdiskurse dar, die negieren, dass insbesondere weibliche Sexualität auch außerhalb von romantischen Partnerschaften praktiziert werden kann und wird. Anhand dieser Kritik argumentieren Aktivist*innen jedoch auch, dass Sexarbeit sich somit eindeutig von (sexueller) Gewalt trennen lässt. Dies impliziert abermals ein individualisiertes Gewaltverständnis. Schließlich findet das Einverständnis zu sexuellen Handlungen – ob transaktionell oder nicht – niemals in einem gesellschaftlichen Vakuum statt (Künkel 2020) und kann von u.a. ökonomisch prekären Bedingungen, emotionalen Abhängigkeiten und soziokulturellen Erwartungshaltungen beeinflusst sein. Prekäre Lebensverhältnisse zugunsten einer bewusst getroffenen Entscheidung auszublenden, entnennt strukturelle Bedingungen und verunmöglicht eine Auseinandersetzung mit den Grauzonen zwischen bewusster Entscheidung und strukturell bedingten Einschränkungen.

Ein zweiter Argumentationsstrang rückt strukturelle Dimensionen von Gewalt hingegen in den Vordergrund. Ausgangspunkt ist dabei die Auseinandersetzung mit der Stigmatisierung von Sexarbeit und deren Auswirkungen auf die rechtliche Regulierung, Kontrolle und Diskriminierung von sexarbeitenden Personen (Dziuban 2015). Letztere werden als Ausdruck struktureller Gewalt begriffen, die wiederum Potenziale direkter physischer und psychischer Gewalt befördern. Dabei wird auf Überschneidungen zwischen der Stigmatisierung von Sexarbeit und z.B. Ausgrenzung von Migrant*innen aufmerksam gemacht, Sexarbeit und Migrationsstatus werden aber oft als starre Kategorien präsentiert. Somit fehlt dabei mitunter die Anerkennung verschiedener soziokultureller Positionierungen, denn z.B. nicht alle migrantischen Sexarbeiter*innen sind gleichermaßen von Gewalt betroffen und haben unterschiedliche Verhandlungsmacht.

Ein dritter Argumentationsstrang fokussiert die Heterogenitäten in der Sexarbeit, insbesondere die Zusammenhänge zwischen verschiedenen Arbeitsformen und unterschiedlichen Gewaltpotenzialen (Sanders 2016). Dieser Ansatz stellt eine wichtige Ergänzung zu den genannten Argumentationen dar. Denn darin werden Zusammenhänge zwischen z.B. der Regulierung verschiedener Räume, Zugangsmöglichkeiten und -hürden für verschiedene Gruppen, Arbeitsbedingungen und schließlich Gewaltpotenzialen aufgezeigt. Auch dieser Ansatz birgt allerdings die Gefahr einer

Generalisierung, wenn bestimmte Arbeitsfelder wie z.B. der Straßenstrich per se als »gefährlich« eingestuft werden. Damit wird auch unsichtbar gemacht, dass manche Sexarbeiter*innen die Arbeit am Straßenstrich aus Gründen wie z.B Unverbindlichkeit bevorzugen. Dies trägt insgesamt zu einer vereinfachten Wahrnehmung von Gewalt bei und führt dazu, dass Gewalt(-potenziale) in anderen Bereichen der Sexarbeit weniger Aufmerksamkeit erfahren.

Zwischen Gleichsetzung und Abgrenzung: Gibt es sexarbeitsspezifische Gewalt?

Die Leerstellen der genannten Ansätze führen dazu, dass die heterogenen Gewalterfahrungen in der Sexarbeit nicht umfänglich erfasst werden. Dass politische und aktivistische Debatten diese Einschränkungen oftmals nicht überwinden, hängt mit der moralpolitischen Aufladung des Themas zusammen. Wie weiter oben beschrieben, setzt sich die Moralisierung durchaus in manchen wissenschaftlichen Arbeiten fort. Gleichzeitig zeigen gesellschaftskritische Forschungsarbeiten auf, dass sich nicht nur Gewalterfahrungen und Vulnerabilitäten, sondern auch Handlungsfähigkeiten und -potentiale von sexarbeitenden Personen vielfältig gestalten und vor dem Hintergrund heterogener soziokultureller Positionierungen betrachtet werden müssen (Künkel/Schrader 2020; Probst 2020). Dies verdeutlicht die Notwendigkeit einer intersektionalen Perspektive auf Gewalt, die Sauer (2011) folgendermaßen definiert:

> »Ein intersektioneller Gewaltbegriff umfasst drei Aspekte: 1. das Zusammenspiel von Gewaltstrukturen und -diskursen, also eine strukturelle und interpretative Komponente, 2. die Interaktion von Ungleichheitsstrukturen in Minderheitengruppen und Mehrheitsgesellschaft. Diese beiden Aspekte konstituieren 3. die Überschneidung von Ungleichheits- und Gewaltstrukturen aufgrund von Geschlecht, Klasse, Ethnizität/Nationalität und Religion.« (ebd.: 54)

Übertragen auf Sexarbeit lassen sich damit einige der genannten Probleme umgehen. Die Betonung des Zusammenspiels von Gewaltstrukturen und -diskursen ermöglicht erstens eine Perspektive, die stigmatisierende Diskurse um Sexarbeit und gewaltvolle Ungleichverhältnisse als miteinander verwoben begreift. Somit wird einerseits anerkannt, dass sexarbeitende Personen als ›Prostituierte‹ oder ›Sexarbeiter*innen‹ gesellschaftliche Abwertung erfahren. Andererseits wird eine Analyse ermöglicht, die nicht alle als gleichermaßen davon betroffen erkennt, sondern die Wechselwirkungen zwischen verschiedenen Ungleichverhältnissen erfasst.

Zweitens sind auch die »Interaktionen von Ungleichheitsstrukturen in Minderheitengruppen und der Mehrheitsgesellschaft« (ebd.) zentral für das Verständnis von Gewalterfahrungen in der Sexarbeit. Die Ausgrenzung von sexarbeitenden Personen konstituiert diese als eine von der Mehrheitsgesellschaft abgegrenzten Gruppe. Diese Ausgrenzung ist dabei Teil und Legitimationsgrundlage für Gewalt gegenüber sexarbeitenden Personen. Außerdem trägt diese Ausgrenzung dazu bei, dass Machtverhältnisse innerhalb der Sexarbeit von der Mehrheitsgesellschaft kaum wahrgenommen werden. Damit gemeint sind nicht nur mögliche Abhängigkeitsverhältnisse zwischen sexarbeitenden Personen und Kund*innen, sondern auch Hierarchisierungen sexarbeitender Personen untereinander, z.B. entlang ethnisch-rassifizierter Strukturen. Denn Rassismus, Sexismus und andere gewaltvolle Strukturen wirken sich nicht nur auf die Sexarbeit, sondern auch innerhalb der Sexarbeit aus. Diese ›sexarbeitsinternen‹ Mechanismen müssen in der Betrachtung von Gewalt berücksichtigt werden. Gleichzeitig ist anzuerkennen, dass die Ausgrenzung von der Mehrheitsgesellschaft derartige ›interne‹ Gewaltverhältnisse bedingt und befördert.

Analysieren lassen sich diese Wechselwirkungen unter der drittens genannten Überschneidung verschiedener Ungleichheits- und Gewaltstrukturen. Neben den von Sauer (ebd.) benannten Kategorien ist im Kontext der Sexarbeit Sexualität explizit zu benennen. So zeigt sich gerade in der Sexarbeit, wie Sexualitätsvorstellungen nicht nur entlang von Geschlechterkategorien kodifiziert werden, sondern auch zu Differenzierungen innerhalb dieser und weiterer soziokultureller Kategorien führen. Dominante Sexualitätsdiskurse tragen dazu bei, dass insbesondere Frauen, die ihre Sexualität abseits normativer Vorstellungen einer an Liebe geknüpften ›weiblichen‹ Sexualität ausleben, gesellschaftliche Abwertung erfahren, die Gewalthandeln befördert. Verwoben sind diese Prozesse jedoch auch mit (u.a.) rassifizierten und ethnisierten, vergeschlechtlichten sowie klassistischen Sexualitätsstereotypen.

Mit der Grundlage eines intersektionalen Gewaltbegriffs lässt sich schließlich anerkennen, dass in der Sexarbeit Gewalt(-potenziale) vorhanden sind, die ›außerhalb‹ der Sexarbeit nicht (gleichermaßen) gegeben sind. Gleichzeitig wird aus intersektionaler Perspektive deutlich, dass diese

Gewalt(-potenziale) weder ein homogenes Bestimmungsmerkmal der Sexarbeit darstellen noch ausschließlich auf Sexarbeit zurückzuführen sind. Dadurch wird deutlich, dass bzw. wie Gewalt(-potenziale) in der Sexarbeit durch Wechselwirkungen verschiedener, interdependenter Ungleichheitsstrukturen (re-)produziert werden. Insofern ermöglicht ein intersektionaler Gewaltbegriff das Benennen und Analysieren von sexarbeitsspezifischer Gewalt, die sich jedoch aus spezifischen Konstellationen soziokultureller Hierarchien und Machtverhältnisse ergibt. Anders formuliert eröffnet ein intersektionales Gewaltverständnis eine Perspektive, die anerkennt, dass die Involvierung in Sexarbeit einen, aber nicht den einzigen Faktor darstellt, warum sexarbeitende Personen verschiedene Formen von Gewalt erfahren (können). Damit lassen sich z.B. verschiedene Sexarbeitsbereiche übergreifende Problemstellungen anerkennen, ohne damit einhergehende Differenzen zu übersehen. Dies eröffnet zudem eine Herangehensweise an Gewalt(-prävention), die unterschiedlichen Erfahrungen und Problemstellungen von sexarbeitenden Personen entlang ihrer verschiedenen gesellschaftlichen Positionierungen begreift und nicht nur Vulnerabilitäten, sondern auch Handlungsfähigkeiten berücksichtigt.

Fazit

Der Umstand, dass in der Sexarbeit Gewalt stattfindet, ist nicht zu bestreiten und muss gerade aus feministischer Perspektive benannt werden. Trotz der Streitpunkte in aktuellen Sexarbeitsdebatten lässt sich festhalten, dass die Akteur*innen dieser Debatten diese Feststellung nicht infrage stellen. Uneinigkeit herrscht allerdings darüber, was diese Gewalt in der Sexarbeit ist und wie sie sich zeigt. Während unterschiedliche Schwerpunktsetzungen Ansatzpunkte für eine differenzierte Auseinandersetzung mit Gewalt in der Sexarbeit bieten, trägt die Einbettung dieser Aushandlungen in einen moralisch aufgeladenen Diskurs zu einer Einschränkung der Perspektiven bei. Dies führt dazu, dass Gewalt zu einem Schlagwort moralpolitischer Verhandlungen wird und weniger eine definierte Analysekategorie darstellt. Das erschwert nicht nur die Auseinandersetzung mit, sondern auch die Prävention von Gewalt in der Sexarbeit.

Für eine differenzierte Auseinandersetzung mit Gewalt in der Sexarbeit ist vielmehr eine fundierte Gewaltdefinition notwendig, die den vielfältigen Lebensrealitäten in der Sexarbeit gerecht wird, mit der sexarbeitsspezifische

Gewalt benannt wird und Perspektiven von (gewaltbetroffenen) sexarbeitenden Personen wahr- und ernst genommen werden. Eine Möglichkeit dazu stellt ein intersektionaler Gewaltbegriff dar, der die Vielschichtigkeit von Gewalt in der Sexarbeit erfasst. Dieses Plädoyer für ein intersektionales Verständnis von Gewalt ist dabei jedoch nicht als Endpunkt der skizzierten Debatte zu verstehen, sondern als Anstoß für eine fundierte Auseinandersetzung mit sexarbeitsspezifischer Gewalt abseits von moralpolitischer Agitation.

Literatur

Agustín, Laura (2008): Sex at the margins: Migration, labour markets and the rescue industry. London: Zed Books.

Amesberger, Helga (2017): Sexarbeit: Arbeit – Ausbeutung – Gewalt gegen Frauen? Scheinbare Gewissheiten. In: Ethik und Gesellschaft 2017/1. S. 1–10.

Dziuban, Agata (2015): Structural Violence. Social and institutional oppression experienced by sex workers in Europe. Community Report. https://www.eswalliance.org/community_report_on_structural_violence (30.11.2021).

Farley, Melissa (2004): Prostitution is sexual violence. In: Psychiatric Times 21/12. S. 7–8.

Gräff, Friederike (2019): »Prostitution ist Gewalt«. Interview mit Heidemarie Grobe von Terre des Femmes. taz vom 9.12.2019. https://taz.de/Aktivistin-ueber-Sexkaufverbot/!5644525/ (30.11.2021).

Heying, Mareen / Hofstetter, Joana (2021): Solidarität statt Kriminalisierung. neues deutschland vom 17.12.2021. https://www.nd-aktuell.de/artikel/1159724.sexarbeit-solidaritaet-statt-kriminalisierung.html (18.12.2021).

Künkel, Jenny (2020): It's complicated – das Verhältnis von queerfeministischer Bewegung und Sexualität. In: Forschungsjournal Soziale Bewegungen 33/4. S. 878–883.

Künkel, Jenny / Schrader, Kathrin (2020): Prekarität und Vulnerabilität in der Sexarbeit – Kritische Anmerkungen zum Diskurs der »Armutsprostitution« aus intersektionaler Perspektive. In: Regina-Maria Dackweiler / Alexandra Rau / Reinhild Schäfer (Hg.): Frauen und Armut – Feministische Perspektiven. Berlin: Verlag Barbara Budrich 2020. S. 219–237.

Probst, Ursula (2020): Vielschichtige Lebenswelten, komplexe Vulnerabilitäten – zur Lebens- und Arbeitssituation der Frauen am Straßenstrich im Berliner Kurfürstenkiez. In: Zeitschrift für Sexualforschung 33/4. S. 193–203.

Sanders, Teela (2016): Inevitably violent? Dynamics of space, governance, and Stigma in understanding violence against sex workers. In: Studies in Law, Politics, and Society 71. S. 93–114.

Sauer, Birgit (2011): Migration, Geschlecht, Gewalt. Überlegungen zu einem intersektionellen Gewaltbegriff. In: GENDER – Zeitschrift für Geschlecht, Kultur und Gesellschaft 2011/2. S. 44–60.

Sauer, Birgit (2019): Mobilizing shame and disgust: abolitionist affective frames in Austrian and German anti-sex-work movements. In: Journal of Political Power 12/3. S. 318–338.

Schrupp, Antje (2018): Prostitution und Sexarbeit sind nicht dasselbe. Zeit Online vom 30.05.2018. https://www.zeit.de/kultur/2018-05/feminismus-prostitution-sexarbeit-unterscheidung-streit (30.11.2021).

Weitzer, Ron (2005): Flawed theory and method in studies of prostitution. In: Violence Against Women 11/7. S. 934–949.

Zimmermann-Schwartz, Claudia (2018): Schädliche Moralpolitik – das neue Prostituiertenschutzgesetz. In: Zeitschrift für Sexualforschung 31/1. S. 57–67.

POLITIK,
INSTITUTIONEN
und RECHT

Sarah Elsuni

Gewaltschutz und Recht gegen Gewalt im Lichte der Intersektionalität

Gewalt, Schutz und Intersektionalität

Die Situation von Personen, die geschlechtsbezogener häuslicher Gewalt ausgesetzt sind, kann sich durch das Hinzukommen von weiteren Faktoren zu der Gewalterfahrung deutlich verschärfen; dies gilt vor allem dann, wenn es um die Inanspruchnahme von Maßnahmen und Instrumenten des Hilfesystems bei geschlechtsbezogener häuslicher Gewalt geht. Der Beitrag möchte den Fokus auf jene Herausforderungen im Zugang zum Hilfesystem richten, die sich für Personen stellen können, die intersektionale Vulnerabilitäten erfahren.

Der Begriff der ›geschlechtsbezogenen Gewalt‹ bezieht sich auf Gewalt, die an die Geschlechtlichkeit einer Person anknüpft. Richtet sie sich gegen Frauen, so stellt sie Angriffe dar, die die Betroffenen gerade aufgrund ihres (zugeschriebenen) Frauseins erfahren, sei es, weil die Gewalt gegen sie als Frau gerichtet ist oder weil Frauen unverhältnismäßig stark von ihr betroffen sind (Elsuni 2014: 218; auch Art. 3 lit. d) Istanbul-Konvention). Jenseits eines binären Geschlechterverständnisses erfasst der Begriff der geschlechtsbezogenen Gewalt zudem jene Gewalt, die sich neben der Anknüpfung an ein vermeintlich biologisches Geschlecht bzw. binäre Geschlechterrollen, gegen die Nichtkonformität sexueller und geschlechtlicher Lebensweisen richtet, sodass hiermit auch Gewalt adressiert wird, die sich gegen lesbische, schwule, bi-, trans- und/oder intersexuelle, trans*gender und queere (LGBTIQ*-)Personen richtet (Elsuni 2014: 218 f.). Der Begriff der ›häuslichen Gewalt‹ wird entsprechend der Definition der Istanbul-Konvention verwendet, wonach alle Handlungen körperlicher, sexueller, psychischer oder wirtschaftlicher Gewalt umfasst sind, die innerhalb einer Familie, innerhalb eines Haushalts oder zwischen früheren oder derzeitigen Eheleuten oder Partner*innen vorkommen, wobei ein gleicher Wohnsitz von Gewalttäter*in und -opfer nicht vorliegen muss (Art. 3 lit. b) Istanbul-Konvention).

Geschlechtsbezogene Gewalt ist immer intersektional zu analysieren. Das Konzept der Intersektionalität dient der Verdeutlichung, dass sich (gesellschaftliche, aber auch rechtliche) Strukturen, die die Anerkennung von Individuen und die Verteilung von Ressourcen wesentlich mitbestimmen, in privilegierender, aber vor allem auch benachteiligender Hinsicht verstärken können, wenn es um die Zuweisung von Positionierungen, Handlungsmöglichkeiten und Teilhabezugängen geht (Lembke/Liebscher 2014: 262 f.). Insofern ist Geschlecht nicht die einzige Kategorie, die für das Erleben und Ausüben von geschlechtsbezogener Gewalt bedeutsam ist; Intersektionen mit (rechtlich anerkannten) Antidiskriminierungskategorien wie Behinderung, Hautfarbe oder ethnischer Herkunft bedingen oft eine Modifizierung oder gar eine Verschärfung von Gewalt sowie einen erschwerten Zugang zum Hilfesystem (Elsuni 2014: 219 f.). Ein intersektionales Hinzukommen solcher Kategorien ebenso wie von weiteren Faktoren kann zu einer zunehmenden Verletzbarkeit bei erlebter geschlechtsbezogener Gewalt führen. Eine intersektionale Vulnerabilität im Sinne des Beitrags besteht dann, wenn Personen sich neben der Erfahrung der geschlechtsbezogenen häuslichen Gewalt durch weitere Faktoren in stärker belastenden oder unsicheren Situationen befinden und dies zu einer Erhöhung der Verletzlichkeit führt. So können Faktoren wie etwa eine (gemeinsame) Sorgeverpflichtung, das Vorliegen einer Behinderung oder aufenthaltsrechtliche Besonderheiten dazu führen, dass sich für Personen besondere Schwierigkeiten stellen, bestehende Angebote des Schutzsystems bei geschlechtsbezogener häuslicher Gewalt in Anspruch zu nehmen, weil – auf jeweils unterschiedliche Weisen – Zugänge zum Hilfesystem erschwert oder gar verschlossen sind.

Im Rahmen dieses Beitrags können nicht alle Intersektionen gleichermaßen berücksichtigt und in gleicher Intensität untersucht werden. Als Ausgangspunkt wurde daher der am 07. Oktober 2022 veröffentlichte *Erste Evaluierungsbericht des Expert*innenausschusses (GREVIO) zur Umsetzung der Istanbul-Konvention* (GREVIO 2022) in Antwort auf den von Deutschland zuvor eingereichten Staatenbericht gewählt. Dieser wurde auf seine intersektionalen Bezugnahmen analysiert und zwei der behandelten Bereiche ausgewählt, um exemplarisch herauszuarbeiten, welche Besonderheiten, Möglichkeiten und Herausforderungen, welche Lücken und Bedarfe beim Schutz vor sowie der Hilfe bei geschlechtsbezogener häuslicher Gewalt im Lichte der Intersektionalität bestehen.

Kontext Istanbul-Konvention: Gewaltschutzrecht im politischen Mehrebenensystem

Die Istanbul-Konvention, 2011 (und nach Ratifizierung in Deutschland im Jahr 2018) in Kraft getreten, macht schon in ihrem Titel klar, worauf sich ihr menschenrechtlicher Gehalt konkret bezieht: die Verhütung und Bekämpfung von Gewalt gegen Frauen und häuslicher Gewalt. Als internationaler Menschenrechtsvertrag (und damit als Bestandteil des Völkerrechts) übernimmt sie eine besondere Funktion im System des Gewaltschutzrechts im politischen Mehrebenensystem.[1]

Internationale Menschenrechtsverträge verpflichten ausschließlich die Vertragsstaaten zur Einhaltung der vertraglichen Gewährleistungen. Das bedeutet, dass die durch die Verträge kodifizierten Menschenrechte nur durch staatliches Handeln verletzt werden können; das Verhalten von Einzelpersonen kann keine Menschenrechtsverletzung im engeren Sinne begründen. Geschlechtsbezogene Gewalt zeichnet sich nun dadurch aus, dass sie in den meisten Fällen nicht durch staatliche Akteur*innen begangen wird, sondern – und das gilt vor allem für den Bereich der häuslichen Gewalt – im Handeln von Individuen begründet liegt. Dennoch ist geschlechtsbezogene Gewalt eine Verletzung von Menschenrechten. Denn sie ist nicht als das ausschließliche Phänomen häufig auftretender Einzeltaten zu verstehen, sondern als systematisch und global auftretendes Phänomen; jeder von Individuen ausgeübte Einzelakt geschlechtsbezogener Gewalt lässt sich nur im Zusammenhang mit (gesellschaftlichen, rechtlichen, ökonomischen ...) Strukturen sowie im Kontext von Machtverhältnissen denken (Hagemann-White 2002: 29) und ist daher immer auch öffentlich, politisch, systematisch und strukturell (Elsuni 2014: 219). Hierdurch gerät auch nichtstaatlich ausgeübte geschlechtsbezogene Gewalt in den Anwendungsbereich internationaler Menschenrechte. Denn eine Verletzung der

1 Für den Bereich der geschlechtsbezogenen Gewalt stellt das Inkrafttreten der Istanbul-Konvention einen Meilenstein in der Bekämpfung von geschlechtsbezogener Gewalt im regionalen Menschenrechtssystem des Europarats dar, da sie den ersten explizit geschlechtsbezogene Gewalt adressierenden Menschenrechtsvertrag darstellt. Die Anerkennung von geschlechtsbezogener Gewalt als Menschenrechtsverletzung hat sich darüber hinaus auch im Rahmen anderer Verträge im Menschenrechtskanon der Vereinten Nationen etabliert, allen voran durch die Arbeit des *Ausschusses zum Übereinkommen zur Beseitigung jeder Form von Diskriminierung der Frau* (CEDAW) (vgl. hierzu Elsuni 2014).

kodifizierten Rechte durch den Vertragsstaat ist nicht nur durch aktives staatliches Handeln gegeben, sondern kann auch dann vorliegen, wenn der Staat bei systematischen Verletzungshandlungen durch Individuen untätig bleibt. Sofern z.B. keine effektiven Schutzmaßnahmen vor oder adäquate Ahndungsmöglichkeiten von geschlechtsbezogener Gewalt durch staatliches Recht vorgesehen und durch staatliche Verfahren effektiv verankert sind, kann eine staatliche Menschenrechtsverletzung durch Unterlassen bzw. die Nichtumsetzung des erforderlichen, durch die Menschenrechte zu gewährleistenden Schutzes entstehen, wenn dadurch eine verletzungsbegünstigende oder -ermöglichende Struktur begründet oder aufrechterhalten wird (Elsuni 2011: 264 ff.).

Die internationalen Menschenrechte – und somit auch die Istanbul-Konvention – dienen als klare Rahmenstruktur für das staatliche Handeln. Die konkrete Umsetzung der als Mindeststandards zu verstehenden Menschenrechtsgehalte in das nationale Recht oder in nationale Politiken obliegt den Staaten im Rahmen ihrer Staatensouveränität. Als direkte rechtliche Interventionsmöglichkeit bei erlebter geschlechtsbezogener Gewalt kommt vor allem dem nationalen Recht Geltung zu. In Deutschland stellt das Gewaltschutzrecht, das ineinandergreifende Normen im Öffentlichen, Zivil- und Strafrecht vorsieht, den rechtlichen Handlungsrahmen bei erlebter geschlechtsbezogener Gewalt dar.

Intersektionale Verstärkung von Vulnerabilitäten als Herausforderungen im Gewaltschutz

Gewalterfahrung und Sorgeverpflichtung

Das Risiko, dass Ausmaß und Auswirkungen von Gewalt bei der Thematisierung eines Trennungswunsches und insbesondere auch nach einer Trennung anhalten oder sich gar bis hin zu Tötungen verschärfen, ist für Frauen deutlich erhöht. Die Tatsache, gemeinsame Kinder zu haben, und daraus resultierende Konflikte über den Umgang stellen einen Hochrisikofaktor für die Eskalation von Partnergewalt dar (Thiara/Harrison 2016: 6). Darüber hinaus erschwert das Hinzukommen von Sorgeverpflichtungen die Schwierigkeit, Maßnahmen zum Gewaltschutz effektiv in Anspruch nehmen zu können.

Generell ist in Deutschland die zeitnahe Aufnahme und Hilfe im Frauenhaus, einem zentralen Bestandteil des Hilfesystems bei häuslicher Gewalt, aufgrund von Kapazitätsengpässen nicht für alle Schutz suchenden, von häuslicher Gewalt betroffenen Frauen möglich.[2] Der Zugang zum Frauenhaus kann sich jedoch gerade für intersektional vulnerable Gruppen wie Frauen mit psychischen Beeinträchtigungen oder Suchterkrankungen, Frauen mit Behinderung, geflüchtete oder wohnungslose Frauen deutlich erschweren (Frauenhauskoordinierung 2022: 12). Dies gilt auch für gewaltbetroffene Frauen mit Sorgeverpflichtung. In vielen Frauenhäusern ist die gemeinsame Aufnahme von Frauen mit minderjährigen Kindern begrenzt kapazitiv zwar möglich; um den Gedanken des *safe space* für Frauen bei geschlechtsbezogener Gewalt umzusetzen, ist in einigen Frauenhäusern die Aufnahme von männlichen Kindern nur bis zu einem gewissen Alter des Kindes möglich, sodass sich für Frauen, die einen gemeinsamen Zufluchtsort mit Söhnen im Teenageralter suchen, die Chance auf einen Frauenhausplatz deutlich verringern kann.

Auch der nach der Trennung fortgesetzte Umgang des*der gewalttätigen Partner*in mit den gemeinsamen Kindern kann sich verschärfend auswirken, wenn er als Anknüpfungspunkt dient, den Kontakt zur*zum ehemaligen Partner*in weiterhin zu erhalten bzw. zu erzwingen und die Gewalt hierüber fortzusetzen (Thiara/Harrison 2016: 14; GREVIO 2022: 72). Menschenrechtlich fordert Art. 31 der Istanbul-Konvention die Vertragsstaaten auf sicherzustellen, dass in (familien)gerichtlichen Entscheidungen über Umgangs- und Sorgerecht gewalttätige Vorfälle im Sinne der Konvention – häusliche Gewalt – Berücksichtigung finden (Abs. 1). Ebenso ist durch den Staat sicherzustellen, dass die Ausübung des Umgangs- oder Sorgerechts nicht die Rechte und die Sicherheit der gewaltbetroffenen Person oder der Kinder gefährdet (Abs. 2). Im nationalen Recht sieht § 26 FamFG vor, dass das Familiengericht von Amts wegen die zur Feststellung der entscheidungserheblichen Tatsachen erforderlichen Ermittlungen durchzuführen hat, sodass die Berücksichtigung vorherig erfolgter häuslicher Gewalt in diesen Verfahren grundsätzlich erfolgen müsste. Die Umsetzung in der gerichtlichen Praxis bei Gewaltschutzverfahren scheint hier aber nicht immer nachzukommen: So wirken sich der in den Verfahren

2 Der GREVIO-Bericht verweist darauf, dass es in vielen Teilen Deutschlands an Schutzeinrichtungen für häusliche Gewalt mangelt und es große Hindernisse für deren Aufnahme gibt, und stellt einen dringenden staatlichen Handlungsbedarf fest, um die Zahl der verfügbaren Notunterkünfte zu erhöhen und eine angemessene geografische Verteilung über das ganze Land zu gewährleisten (GREVIO 2022: 7).

vorkommende richterliche Verzicht auf getrennte Anhörung oder das gerichtliche Hinwirken auf eine vergleichsweise Lösung oft zum Nachteil der gewaltbetroffenen Person aus (Deutscher Juristinnenbund 2020a: 1). GREVIO weist zudem auf Berichte von Frauenrechtsgruppen und Anwält*innen hin, nach denen Vorfälle von Gewalt gegen die Mutter von den zuständigen Gerichten nicht berücksichtigt wurden, da sie als nicht relevant für das Recht des misshandelnden Vaters auf Umgang mit dem Kind angesehen wurden (GREVIO 2022: 73). Der GREVIO-Bericht stellt für Deutschland eine Praxis des umgangsfreundlichen Ansatzes auch von (partner)gewalttätigen Elternteilen fest. Die Grundlage hierfür stellt § 1626 Abs. 3 Satz 1 BGB, der den Umgang mit beiden Elternteilen als regelmäßigen Bestandteil des Kindeswohls definiert; für Fälle häuslicher Gewalt wird daher die Abschaffung der Regelvermutung der Kindeswohldienlichkeit durch den Umgang mit beiden Elternteilen gefordert sowie ein regelhafter vorläufiger Umgangsausschluss bis zur Sachaufklärung durch das Gericht, sobald davon auszugehen ist, dass es vor, während und/oder nach der Trennung zu häuslicher Gewalt gekommen ist (Meysen/Lohse 2020: 39 f.).

Der GREVIO-Bericht bemängelt zudem, dass es an einer expliziten Regelung fehlt, die bei der Festlegung des Umgangs- und Sorgerechts zur Berücksichtigung von Gewalttaten in der Partnerschaft verpflichtet (der oben genannte § 26 FamFG adressiert Gewalt nicht explizit), sowie mit Blick auf die Praxis in gerichtlichen Umgangs- und Sorgerechtsverfahren, dass häusliche Gewalt zu wenig berücksichtigt werde und damit die erforderte sorgfältige Abwägung der verschiedenen auf dem Spiel stehenden Interessen nicht vorgenommen werde (GREVIO 2022: 71 f.).

Neben der prozessualen Ebene liegen Gefährdungslagen in der Ausübung eines (gerichtlich festgestellten) Umgangs- oder Sorgerechts der gewaltausübenden Person begründet, da diese in der Regel bedeutet, dass Kinder und/oder gewaltbetroffenes Elternteil dem gewaltausübenden Elternteil persönlich begegnen müssen und so sich einer Weiterführung und Eskalation von Gewalt und Kontrolle nicht entziehen können. Art. 31 der Istanbul-Konvention stellt klar, dass auch die Ausübung von Umgangs- oder Sorgerecht nach häuslicher Gewalt nicht die Rechte und die Sicherheit der gewaltbetroffenen Frau oder ihrer Kinder gefährden darf. Der GREVIO-Bericht fordert insofern, dass alle an den Entscheidungen sowie ihrem Vollzug mitwirkenden Expert*innen (etwa (Familien)Richter*innen oder Mitarbeitende in der Kinder- und Jugendhilfe) im Rahmen einer Risikobewertung mögliche negative Auswirkungen von Partnergewalt auf Kinder, die Zeug*innen von Misshandlungen eines Elternteils werden, ebenso wie Auswirkungen auf den gewaltbetroffenen Elternteil stärker berücksichtigen und sicherstellen, mit dem Ziel, die Sicherheit der betroffenen Personen nicht zu gefährden. Als eine Möglichkeit wird das begleitete Umgangsrecht angesprochen, das aber vor allem bei Gewalt gegen das Kind und selten bei Gewalt gegen das andere Elternteil angeordnet werde (GREVIO 2022: 73). Und auch hier ist erforderlich, dass die begleitenden Fachkräfte entsprechend geschult sind, um ein potenzielles, bestehendes (Partner) Gewaltrisiko erkennen zu können, das in den meisten Fällen nicht während des begleitenden Umgangs realisiert werden dürfte, und so befähigt sind dagegen zu wirken, sodass der begleitete Umgang nicht als Instrument zur Gewaltausübung genutzt werden kann.

Zudem hebt der Bericht die Möglichkeit hervor, dass Familiengerichte die Organisation der Übergabe des Kindes mit der Bedingung anordnen können, dass das Gewaltopfer dem*der Täter*in nicht begegnen muss und dass die aktuelle Adresse der gewaltbetroffenen Person geheim gehalten wird (GREVIO 2022: 72; ausführlich zum Thema Geheimhaltung der Anschrift Heinke/Wildvang/Meysen 2020: 111 f.). Ob sich diese gerichtliche Anordnung, die ein ›Untertauchen‹ der gewaltbetroffenen Person – z.B. in einem Frauenhaus, aber auch an anderer Stelle – ermöglichen soll, in der Praxis auch immer bewährt, kann insofern bezweifelt werden, als ein Kontakt mit dem Kind immer auch die Möglichkeit bieten kann, den Heimweg zu verfolgen und somit den neuen Aufenthalts- oder Wohnort herauszufinden.

Aus dem zuvor Beschriebenen lässt sich erkennen, dass zumindest in der Praxis die Logik des Gewaltschutzrechts, das die Interessen der von Gewalt betroffenen Person in den Fokus nimmt und eine Abwägung mit den Interessen der Gewalt ausübenden Person erst an späterer Stelle zulässt (so finden z.B. bei einer Wohnungswegweisung auch die berechtigten Interessen der gewaltausübenden Person Beachtung), mit der Logik des Sorge- und Umgangsrechts zu kollidieren scheint (Heinke 2013: 20 f.). Denn bei Letzterem können zu einem frühen Zeitpunkt auch die Interessen der gewaltausübenden Person juristisch geltend gemacht werden, etwa dann, wenn ein Partnergewalt ausübender Vater auf sein Umgangs- oder Sorgerecht besteht und dieses einklagt. Solange sich Sorge- und Umgangsrechtsverfahren primär nach einem Verständnis von Kindeswohl richten, das den Umgang mit beiden Elternteilen selbst bei zuvor ausgeübter Partnergewalt als wesentlich voraussetzt und das Erleben des Kindes dieser Gewalt nicht selbst als kindeswohlgefährdend erkennt, werden widerstreitende Interessen von gewalttätigem und gewaltbetroffenem Elternteil in Verfahren um Sorge- und Umgangsrecht wohl immer auch in Widerspruch zum Gewaltschutzrecht entschieden werden.

Gewalt- und Migrationserfahrung: Persönliche Herausforderungen und ungesicherter eigener Aufenthalt

Im zweiten Beispielbereich soll auf die Intersektion von Gewalt- und Migrationserfahrung eingegangen werden. Erfahrungen aufgrund erlebter Migration sind vielfältig und bedeuten nicht immer eine Verstärkung von Vulnerabilität. Sofern bestimmte Erfahrungen der Migration Menschen in marginalisierte Positionen oder prekäre Lebenslagen führen, ist die Gefahr gegeben, dass sie auch die Verletzungsgefahr bei geschlechtsbezogener Gewalt verstärken können.

Sprachliche Schwierigkeiten können einen Hinderungsgrund darstellen, sich Hilfe bei Partnergewalt zu holen, etwa wenn der Zugang zu Informationen – und damit der Zugang zum Wissen um Hilfen, Anlaufstellen und Ansprüche – durch mangelnde Sprachkenntnisse versperrt ist. In der Datenerhebung der Frauenhauskoordinierung für das Jahr 2020 wird hierzu ausgeführt, dass zwei Drittel der Bewohner*innen von Frauenhäusern in Deutschland eine Vielzahl unterschiedlicher (Mutter-)Sprachen sprechen, es hierdurch einen großen Bedarf an Dolmetschung gebe und es gleichzeitig oft an Ressourcen für professionelle Sprachmittlung fehle (Frauenhauskoordinierung 2021: 4), weswegen im Alltag oft (nicht als Übersetzer*innen ausgebildete) Verwandte und Bekannte die Aufgabe der sprachlichen Übersetzung übernehmen.

Ebenso kann die Migration bedeuten, dass die gewaltbetroffenen Personen ihr familiäres und soziales Unterstützungsnetz zurückgelassen und ein solches in Deutschland (noch) nicht aufgebaut haben. Dem Schutz durch Frauenhäuser kommt dann ein besonderer Stellenwert zu, wenn Frauen aufgrund von Migration nicht über den Zugang zu familiären und sozialen Netzwerken als Zufluchtsorte verfügen oder keine entsprechenden Ressourcen für alternative Schutzorte haben (Frauenhauskoordinierung 2022: 26). Sie sind der größeren Gefahr ausgesetzt, in Wohnungslosigkeit zu geraten (DaMigra 2020: 13). Die Vulnerabilität spitzt sich für diese Personen bei Gewaltbetroffenheit zu, wenn sie in Deutschland völlig isoliert vom familiären und sozialen Umfeld leben, ggf. nicht über das Wissen verfügen, dass häusliche Gewalt auch staatlich geächtet wird und sprachliche Schwierigkeiten ihre Suche nach Information und Hilfe behindern. Zudem kann durch negative Erfahrungen in den Herkunftsländern, aber auch durch die Erfahrung diskriminierenden Handelns der deutschen Behörden, das Vertrauen zu Polizei und Gerichten fehlen.

Das Recht selbst kann auch als die intersektionale Vulnerabilität verstärkender Rahmen fungieren. So verunmöglicht etwa die Wohnsitzauflage, die Personen mit bestimmten humanitären Aufenthaltserlaubnissen auferlegt werden kann und das Gebot enthält, an einem bestimmten Ort oder in einer bestimmten Unterkunft zu wohnen, die effektive Trennung der geflüchteten, von Gewalt betroffenen Person von dem*der gewaltausübenden Partner*in. Die Erlaubnis zum Umzug sowie die Finanzierungszusage ist dabei abhängig von Ermessensentscheidungen der örtlichen Ausländer- und Sozialbehörden. Zur Verbesserung des Schutzes wird die Schaffung gesetzlich festgelegter Ausnahmen von der Residenzpflicht (§ 56 AsylG, § 61 Abs. 1 AufenthG) und den verschiedenen Wohnsitzauflagen gefordert, die nicht nur für Asylsuchende, sondern auch für Frauen mit anerkanntem Schutzstatus oder einer Duldung bestehen (Frings/Pertsch 2018: 215).

Auch in Fällen, in denen der eigene Aufenthalt der gewaltbetroffenen Person nicht gesichert ist, sowie bereits bei der rein subjektiven Befürchtung, der Aufenthalt könne durch eine Trennung gefährdet werden, kann dies ein Hindernis im Zugang (bzw. bei der Suche) zum Hilfesystem darstellen. Dies gilt umso mehr in Verbindung mit einem begrenzten Zugang zu Informationen zur Klärung und/oder der Verwendung des angedrohten Verlusts des Aufenthaltsrechts als Druckmittel durch die*den gewalttätige*n Partner*in. Als Folge verbleiben Personen mit abgeleitetem Aufenthaltsstatus nur aus Angst vor dessen Verlust in gewalttätigen Beziehungen.

Dabei kennt das Recht durchaus das Problem und enthält diesbezügliche Regelungen. Der menschenrechtlichen Vorgabe des Art. 59 Abs. 1 der Istanbul-Konvention, wonach ein Opfer von Gewalt mit abhängigem Aufenthaltsstatus im Fall der Auflösung der Ehe bei Vorliegen besonders schwieriger Umstände auf Antrag einen eigenständigen Aufenthaltstitel unabhängig von der Dauer der Ehe oder Beziehung erhält, kommt im nationalen Recht § 31 AufenthG nach: In Absatz 2 Satz 2 ist geregelt, dass einer von Partnergewalt betroffenen Person ein eigenständiges, vom Zweck des Familiennachzugs unabhängiges Aufenthaltsrecht in Härtefällen – und hierunter fällt häusliche Gewalt – unabhängig von der in Absatz 1 vorgesehenen dreijährigen Mindestbestandszeit der Ehe erteilt werden kann (GREVIO 2022: 67). Ein Blick in die Praxis verdeutlicht jedoch Herausforderungen in der Anwendung. Um bei Ausländerbehörden und vor Gericht den Anspruch auf ein eigenes Aufenthaltsrecht durchsetzen zu können, muss die Gewalt in der Ehe nachweisbar sein. Hierzu gehört eine glaubwürdige Dokumentation, weshalb ratsam ist, zu diesem Zweck jede Form der Gewalt bei der Polizei zur Anzeige zu bringen. Werden Gewalttaten nicht oder erst viele Monate später angezeigt, so kommt es häufig zu Zweifeln der zuständigen Behörden an den Geschehnissen. Als Hindernis stellt sich für Betroffene allerdings häufig dar, dass die Dokumentation oder gar eine Anzeige aus Scham oder aus Unwissenheit über die eigenen Rechte nicht vorgenommen wird. Dies ist Anknüpfungspunkt für die Kritik an einer nicht hinreichenden Umsetzung der Vorgaben aus Art. 59 Abs. 1 Istanbul-Konvention, begründet u.a. durch überzogene Beweisanforderungen im Verfahren, das häufige Anzweifeln von erlebter Gewalt durch die Ausländerbehörden sowie eine hiermit einhergehende pauschale Unterstellung, Antragssteller*innen würden den Antrag missbräuchlich stellen (Deutscher Juristinnenbund 2020b: 3).

Noch deutlicher fällt die Kritik an den von Deutschland angebrachten Vorbehalten zu Art. 59 Abs. 2 und 3 Istanbul-Konvention aus (umfassend hierzu Bündnis Istanbul-Konvention 2021: 174 ff.). Gemäß Art. 59 Abs. 2 verpflichten sich die Vertragsstaaten sicherzustellen, dass Ausweisungsverfahren einer von Partnergewalt betroffenen Person, die über einen vom*von der Partner*in abhängigen Aufenthaltsstatus verfügt, ausgesetzt werden können, um die Beantragung eines eigenständigen Aufenthaltstitels zu ermöglichen. Absatz 3 verpflichtet dazu, dem gewaltbetroffenen Opfer einen verlängerbaren Aufenthaltstitel zu erteilen, wenn die zuständige Behörde entweder der Auffassung ist, dass der Aufenthalt des Opfers aufgrund der persönlichen Lage erforderlich ist oder dass der Aufenthalt des Opfers für seine Zusammenarbeit mit den zuständigen Behörden bei den Ermittlungen oder beim Strafverfahren erforderlich ist. Durch die Erklärung eines Vorbehalts hat die entsprechende Verpflichtung aus dem Menschenrechtsvertrag keine Wirkung für den Vertragsstaat, sodass die menschenrechtlichen Gehalte des Art. 59 Abs. 2 und 3 der Istanbul-Konvention in Deutschland nicht anwendbar sind.

Das Fehlen einer Regelung für ein eigenständiges Aufenthaltsrecht in Fällen der häuslichen Gewalt kann insofern eine intersektionale Vulnerabilität bedeuten, als dass gewaltbetroffenen Personen bei einer Trennung eine eigenständige Aufenthalts- und Arbeitserlaubnis verwehrt werden und die Ausweisung drohen kann, wenn sie zum Zeitpunkt der Stellung des Antrags auf eigenständigen Aufenthalt nicht im Besitz einer Aufenthaltserlaubnis, sondern nur eines Einreisevisums zum Zweck der Familienzusammenführung waren. Mit dem Auszug aus der mit dem*der gewalttätigen Partner*in gemeinsamen Wohnung wird der Zweck der (familiennachzugs-)abhängigen Aufenthaltserlaubnis (Familienzusammenführung) nicht mehr erfüllt. § 31 AufenthG sieht den Anspruch auf befristete Verlängerung einer bereits bestehenden Aufenthaltserlaubnis als *selbstständige Aufenthaltserlaubnis vor.* Da das Visum keine Aufenthaltserlaubnis ist, kann kein Antrag nach § 31 Abs. 2 AufenthG gestellt werden und eine Abschiebung droht. Das rechtliche zur Wehrsetzen gegen solche Entscheidungen erfordert finanzielle, soziale und zeitliche Ressourcen, aber auch Wissen um die eigenen Rechte und deren Zugänglichkeiten, über Informations- und Beratungsstellen, aber auch entsprechende Sprachkenntnisse oder Kraft zur Mobilisierung des eigenen Rechts bei immer noch präsenter Gewaltsituation und -erfahrung (vgl. DaMigras 2020: 13 f.).

Politisch zeichnet sich hier jedoch eine Entwicklung ab: Am 28.10.2022 erklärte die Bundesregierung, dass die eingelegten Vorbehalte gegen einzelne Artikel der Istanbul-Konvention nicht aufrechterhalten werden, sodass die Konvention von Februar 2023 an auch in Deutschland uneingeschränkte Geltung erlangt (Bundesregierung 2022). Als Grundlage zur Schaffung konventionskonformen Rechts kann der Vorschlag des Deutschen Juristinnenbundes für ein eigenständiges Aufenthaltsrecht dienen, § 25 Abs. 4a AufenthG als Vorlage zu nehmen oder entsprechend zu erweitern. Hiernach ist Opfern von Menschenhandel eine Aufenthaltserlaubnis zu erteilen, wenn seine Anwesenheit für die Durchführung eines Strafverfahrens wegen des Menschenhandels als sachgerecht erachtet wird, die Verbindung zu den beschuldigten Personen abgebrochen ist und die Bereitschaft besteht, in dem Strafverfahren als Zeug*in auszusagen (Deutscher Juristinnenbund 2020b: 2).

Fazit: Zur Notwendigkeit einer intersektionalen Betrachtung

Die Notwendigkeit einer intersektionalen Betrachtung auch von geschlechtsbezogener, häuslicher Gewalt liegt auf der Hand. Kimberlé Crenshaw, eine US-amerikanische Rechtswissenschaftlerin, die das Konzept der Intersektionalität prominent gesetzt und entwickelt hat, hat die Notwendigkeit im Jahre 2016 in einem TED-Talk verdeutlicht (Crenshaw 2016). Zu Beginn des Vortrags nennt sie Namen von Schwarzen Frauen, die durch die Polizei getötet wurden und erfragt, wer im Publikum die Namen kennt. Das Ergebnis war deutlich. Während die Namen von durch Polizeigewalt getöteten Schwarzen Männern einer größeren Zahl von Menschen bekannt sind, gilt das nicht für die Namen der getöteten Frauen. Crenshaw analysierte dies folgendermaßen: Die getöteten Schwarzen Frauen werden im öffentlichen Diskurs nicht genannt, weil es keinen Rahmen (*frame*) gibt, der sie erkennbar und verhandelbar werden lassen könnte. Mit Bezug auf kommunikationswissenschaftliche Ansätze führt sie weiter aus, dass es für Menschen schwierig ist, neue Fakten in ihrem Denken zu berücksichtigen, wenn die verhandelten Fakten nicht in vorhandene Rahmungen passen. Insofern ist die Existenz von Rahmungen (frames) erforderlich, um Dinge sehen, erkennen und begreifen zu können. Mit Crenshaw wird die Notwendigkeit einer intersektionalen Betrachtung offensichtlich: Wenn es keinen Rahmen gibt, um zu erkennen, dass soziale Probleme alle Mitglieder einer betroffenen Gruppe betreffen, bleiben bestimmte Personen, bestimmte Situationen und Fallkonstellationen unberücksichtigt und ignoriert. Sofern ein diskursives System nicht darauf angelegt ist, den Rahmen für eine bestimmte Situation, einen Fall oder eine bestimmte Erfahrung zu bieten, so kann es nicht als Problem erkannt werden. Intersektionalität fungiert insofern als ein Prisma, als ein Paradigma, um Phänomene sichtbar, benennbar und greifbar zu machen (Crenshaw 2016).

Dies gilt auch für geschlechtsbezogene, häusliche Gewalt. Nur eine intersektionale Annäherung an geschlechtsbezogene häusliche Gewalt ermöglicht das umfassende Verständnis im Einzelfall, um insbesondere Interventionen bedarfsgerecht zu gestalten. Die intersektionale Betrachtung muss dann natürlich über die in dem Beitrag behandelten Beispiele hinausgehen, um Besonderheiten und Bedarfe z.B. auch im Hinblick auf gewaltbetroffene Menschen mit Behinderungen, in Wohnungslosigkeit oder Personen in Einrichtungen adressieren und verstehen zu können.

Literatur

Bündnis Istanbul-Konvention (2021): Alternativbericht zur Umsetzung des Übereinkommens des Europarats zur Verhütung und Bekämpfung von Gewalt gegen Frauen und häuslicher Gewalt. https://www.damigra.de/wp-content/uploads/Alternativbericht-BIK-2021.pdf (29.10.2022).

Bundesregierung (2022): Pressemitteilung vom 28.10.2022 »Istanbul-Konvention: Bundesregierung zieht Vorbehalte zurück«. https://www.bmi.bund.de/SharedDocs/pressemitteilungen/DE/2022/10/istanbul-konvention.html (01.11.2022).

Crenshaw, Kimberlé (2016): The urgency of intersectionality (TED-Talk). Video abrufbar unter: https://www.ted.com/talks/kimberle_crenshaw_the_urgency_of_intersectionality (29.10.2022).

DaMigra (2020): GREVIO-Schattenbericht zur Umsetzung der Istanbul-Konvention in Deutschland vom Dachverband der Migrantinnenorganisationen e.V. https://www.damigra.de/wp-content/uploads/DaMigra_GREVIO-Schattenbericht_2021.pdf (29.10.2022).

Deutscher Juristinnenbund (2020a): Berücksichtigung vorheriger Gewalt in Sorge- und Umgangsverfahren (Artikel 31 IK). Themenpapier: 20-07. https://www.djb.de/fileadmin/user_upload/presse/stellungnahmen/st20-07_IK9_SorgeUmgang.pdf (29.10.2022).

Deutscher Juristinnenbund (2020b): Rücknahme des Vorbehalts zu Artikel 59 der Konvention. Themenpapier: 20-12. https://www.djb.de/fileadmin/user_upload/presse/stellungnahmen/st20-12_IK14_Artikel-59.pdf (29.10.2022).

Elsuni, Sarah (2011): Geschlechtsbezogene Gewalt und Menschenrechte. Eine geschlechtertheoretische Untersuchung der Konzepte Geschlecht, Gleichheit und Diskriminierung im Menschenrechtssystems der Vereinten Nationen. Baden-Baden: Nomos Verlag.

Elsuni, Sarah (2014): Geschlechtsbezogene Gewalt als Menschenrechtsverletzung. In: Ulrike Lembke (Hg.): Menschenrechte und Geschlecht. Baden-Baden: Nomos Verlag 2014. S. 218–244.

Frauenhauskoordinierung e.V. (2022): Bundesweite Frauenhaus-Statistik 2021. Deutschland. https://www.frauenhauskoordinierung.de/fileadmin/redakteure/Publikationen/Statistik/2022-11-01_Langfassung_Frauenhaus-Statistik_2021_FHK.pdf (29.10.2022).

Frauenhauskoordinierung e.V. (2021): Zentrale Ergebnisse der Statistik Frauenhäuser und ihre Bewohner_innen 2020. Deutschland. https://www.frauenhauskoordinierung.de/fileadmin/redakteure/Publikationen/Statistik/2021-11-15_FHK-Kurzfassung-Statistik_final.pdf (29.10.2022).

GREVIO (2022): (Basis) Evaluierungsbericht über gesetzliche und weitere Maßnahmen zur Umsetzung des Übereinkommens des Europarates zur Verhütung und Bekämpfung von Gewalt gegen Frauen und häuslicher Gewalt (Istanbul-Konvention) – DEUTSCHLAND. https://www.bmfsfj.de/resource/blob/202

386/3699c9bad150e4c4ff78ef54665a85c2/grevio-evaluierungsbericht-istanbul-konvention-2022-data.pdf (29.10.2022).

Hagemann-White, Carol (2002): Gewalt im Geschlechterverhältnis als Gegenstand sozialwissenschaftlicher Forschung und Theoriebildung: Rückblick, gegenwärtiger Stand, Ausblick. In: Regina Dackweiler / Reinhild Schäfer (Hg.): Gewalt-Verhältnisse. Feministische Perspektiven auf Geschlecht und Gewalt. Frankfurt am Main: Campus 2002. S. 29–52.

Heinke, Sabine (2013): Häusliche Gewalt – und was ist mit den Kindern? In: Zeitschrift des Deutschen Juristinnenbundes (djbZ) 2013/1. S. 19-22. https://www.nomos-elibrary.de/10.5771/1866-377X-2013-1-19.pdf?download_full_pdf=1 (29.10.2022).

Heinke, Sabine / Wildvang, Wiebke / Meysen, Thomas (2020): Kindschaftssachen nach häuslicher Gewalt: Praxishinweise für die Verfahrensführung und Mitwirkung. In: Thomas Meysen / International Centre for Socio-Legal Studies (SOCLES) (Hg.): Kindschaftssachen und häusliche Gewalt. Umgang, elterliche Sorge, Kindeswohlgefährdung, Familienverfahrensrecht. S. 103–144. https://www.bmfsfj.de/resource/blob/185888/8061cc0422a8178cc976a968625e93ff/kindschaftssachen-und-haeusliche-gewalt-data.pdf (29.10.2022).

Frings, Dorothee / Pertsch, Anne (2018): Die Bedeutung der Istanbul-Konvention für geflüchtete Frauen. In: Zeitschrift des Deutschen Juristinnenbundes (djbZ) 2018/4. S. 213–216. https://www.institut-fuer-menschenrechte.de/fileadmin/Redaktion/PDF/Sonstiges/djbz_4_2018_Auszug_Die_Instanbul-Konvention.pdf (29.10.2022).

Lembke, Ulrike / Liebscher, Doris (2014): Postkategoriales Antidiskriminierungsrecht? – Oder: Wie kommen Konzepte der Intersektionalität in die Rechtsdogmatik. In: Simone Philipp et al. (Hg.): Intersektionelle Benachteiligung und Diskriminierung. Soziale Realitäten und Rechtspraxis. Baden-Baden: Nomos 2014. S. 261–289.

Meysen, Thomas / Lohse, Katharina (2020): Umgang in Fällen häuslicher Gewalt. In: Thomas Meysen / International Centre for Socio-Legal Studies (SOCLES) (Hg.): Kindschaftssachen und häusliche Gewalt. Umgang, elterliche Sorge, Kindeswohlgefährdung, Familienverfahrensrecht. S. 19–43. https://www.bmfsfj.de/resource/blob/185888/8061cc0422a8178cc976a968625e93ff/kindschaftssachen-und-haeusliche-gewalt-data.pdf (29.10.2022).

Thiara, Ravi / Harrison, Christine (2016): Safe not sorry. Supporting the campaign for safer child contact. Key issues raised by research on child contact and domestic violence. https://1q7dqy2unor827bqjls0c4rn-wpengine.netdna-ssl.com/wp-content/uploads/2016/01/FINAL-Safe-not-sorry-FOR-WEB-JAN-2016.pdf (29.10.2022).

Ulrike Lembke

Femi(ni)zide intersektional? Wie tödliche geschlechtsbezogene Gewalt in juristischen und rechtspolitischen Diskursen ignoriert, verharmlost oder rassifiziert wird

Seit einigen Jahren scheint auch in deutschen Diskursen der Begriff des Femi(ni)zids für tödliche geschlechtsspezifische Gewalt etabliert zu werden. Doch kann dies bislang nicht die Schlagkraft entfalten, die zu einem grundsätzlichen gesellschaftlichen und politischen Umdenken in Bezug auf geschlechtsbezogene Gewalt führt. Zum einen werden feministische Forderungen schnell auf Fragen von Strafverfolgung und Strafrecht reduziert. Zum anderen zeigt sich aber vor allem in den (spärlichen) juristischen und rechtspolitischen Diskursen das grundlegende Fehlen eines konzeptionellen Zugriffs auf geschlechtsbezogene Gewalt. Dies wird insbesondere im Rechtsdiskurs dadurch bewältigt, dass entweder der Begriff des Femi(ni)zids als rein politisch verworfen oder geschlechtsbezogene Tötungen als individuelles Versagen entkontextualisiert oder Femi(ni)zide rassifiziert werden, indem nur bestimmte Tötungsdelikte an Frauen wie ›Ehrenmorde‹ Aufmerksamkeit erhalten. Von intersektionalen Ansätzen ist ein solcher Zugriff, der schon geschlechtsbezogene Gewalt nicht verstehen mag, sehr weit entfernt. Im Folgenden soll der Diskussionsstand zu Femi(ni)ziden in juristischen und rechtspolitischen Diskursen kurz dargestellt und die Notwendigkeit gehaltvoller intersektionaler Konzepte angedeutet werden.

Femi(ni)zide – ein neuer Begriff in deutschen Diskursen

Der Begriff des Femizids oder Feminizids kam spät nach Deutschland. 1976 wurde der Begriff *femicide* von Diana Russell vor dem Internationalen Tribunal zu Gewalt gegen Frauen in Brüssel als Alternative zum geschlechtsneutralen *homicide* verwendet, um öffentliche Wahrnehmung und Politiken in Bezug auf tödliche geschlechtsbezogene Gewalt gegen Frauen zu verändern (vgl. Russell 1992: xiv). Anderthalb Jahrzehnte später stellten Russell und Jill Radford Femizide als »misogynous killings of women by men« in den Kontext der Diskussionen um Hasskriminalität (Radford/Russell 1992: 3). 2001 definierte Russell Femizide als »the killing of females by males because they are female« (Russell 2001: 3). Das Konzept, tödliche geschlechtsbezogene Gewalt gegen Frauen klar zu benennen und Maßnahmen der Prävention, Verfolgung und Sanktionierung zu fordern, verbreitete sich zunächst in Lateinamerika. Marcela Lagarde y de los Rios übersetzte *femicide* nicht mit *femicidio* als quasi weibliche Form von *homicidio*, sondern mit *feminicidio*, um neben dem Geschlecht des Opfers die Bedeutung hierarchischer Geschlechterverhältnisse als Grundlage von Feminiziden hervorzuheben (Lagarde 2010). Zusätzlich sah sie im Kontext der Morde in Ciudad Juárez die weitgehende Straflosigkeit als konstituierendes Merkmal von Feminiziden an, was zunächst zur Ablehnung des Begriffes in anderen Kontexten und zur heute häufig parallelen Verwendung von Femizid und Feminizid führte (hierzu Wischnewski 2018: 127). Entscheidend war für Lagarde wie auch für Russell, Wischnewski oder Haider (2022: 208 ff.), dass die Bezeichnung als Femi(ni)zid nicht kontextfrei auf das Geschlecht der Opfer abstellt, sondern tödliche Gewalt gegen Frauen und Mädchen als Erscheinungsform von geschlechtsbezogener Gewalt benennt, die Ausdruck hierarchischer Geschlechterverhältnisse und toxischer Männlichkeit, von Heteronormativität und Geschlechterrollenstereotypen ist.

Zwischen Politisierung ›privater‹ geschlechtsbezogener Gewalt und ›Ehrenmorden‹ als Rassifizierung von Femi(ni)ziden

Ohne den Kontext hierarchischer Geschlechterverhältnisse und ohne gehaltvolle Konzepte von geschlechtsbezogener Gewalt kann der Begriff des Femi(ni)zids weder gesellschaftlich noch politisch oder rechtlich fruchtbar gemacht werden. Die Voraussetzungen hierfür schienen in Deutschland zunächst durchaus günstig zu sein. Ab den 1970er-Jahren haben Aktivistinnen der bundesdeutschen Frauenbewegung[1] die weitver-

1 Für nichtstaatliche Frauengruppen in der DDR war es angesichts sozialistischer Überzeugungen von der verwirklichten Gleichberechtigung der Frau, drohender staatlicher Repressionen und fehlenden Zugangs zu Öffentlichkeiten noch schwieriger, geschlechtsbezogene Gewalt zu thematisieren (siehe Eßbach/Fünfstück 2001; Kenawi 1995; Schröttle 1999).

breitete geschlechtsbezogene Gewalt im Privaten skandalisiert und zu einer politischen Frage erklärt, was schließlich auch zu rechtlichen Paradigmenwechseln durch Sexualstrafrechtsreform und Gewaltschutzrecht führte (vgl. Lembke 2012: 235 ff.). Geschlechtsbezogene Gewalt im Privaten wurde als Strukturbedingung der europäischen Moderne dechiffriert, die Herrschaftsgewalt des *pater familias* über Ehefrau, Kinder und Hausgesinde war Kompensation für seinen Machtverlust im öffentlichen Raum durch Etablierung des staatlichen Gewaltmonopols (siehe Sauer 2009). Wesentliche Erkenntnisse zu geschlechtsbezogener Gewalt konnten in der Forschung (exemplarisch GiG-Net 2008) generiert und verbreitet werden, die institutionelle Absicherung blieb allerdings fragil. Politische Erfolge und rechtliche Änderungen wurden durch die in regionalen Bewegungen und Kämpfen wurzelnden internationalen Diskurse und Aktivitäten zu *Violence Against Women* unterstützt (vgl. Elsuni 2011: 149 ff.).

Doch ist spätestens seit den 1990er-Jahren in politischen, medialen und rechtlichen Diskursen in Deutschland eine Ethnisierung geschlechtsbezogener Gewalt zu beobachten. Zum Zeitpunkt der ›Deutschen Einheit‹ hatte die Bundesrepublik im europäischen Vergleich ein erhebliches Modernisierungsdefizit in Bezug auf die Geschlechterverhältnisse zu verzeichnen (Gerhard 2018: 293 ff.). Die Herausforderung durch ostdeutsche Gleichberechtigungserwartungen wurde bewältigt, indem die DDR-Gleichstellungspolitiken pauschal als Teil des Unrechtsstaates delegitimiert wurden (siehe Lembke 2021a: 196 ff.). Zugleich wurde die von internationaler Ebene und von deutschen Frauenbewegungen beharrlich skandalisierte geschlechtsbezogene Gewalt in West und Ost durch Rassifizierung diskursiv ausgelagert, indem ihre Thematisierung (fast) nur noch in den Formen von ›Ehrenmord‹, ›Zwangsheirat‹, ›Genitalverstümmelung‹ und ›Verschleierung‹ erfolgte (hierzu Dietze/Brunner/Wenzel 2009; Sauer/Strasser 2008; Strasser/Holzleithner 2010). Einen unübersehbaren Höhepunkt fand die rassistische Übernahme feministischer Politiken durch Rechtspopulismus, bürgerliche Mitte und femo-nationalistische Strömungen zum Zweck von Migrationsabwehr und Selbstkonstruktion als ›gleichberechtigte = moderne *weiße* deutsche Nation‹ in der Instrumentalisierung der Übergriffe in der Silvesternacht 2015/16 am Kölner Hauptbahnhof (zu ›Köln‹ und den Folgen: Dietze 2019; Hark/Villa 2017) und den nachfolgenden staatlichen Politiken (Lembke 2017: 38 ff.).

Spätestens seit ›Köln‹ ist eine (feministische) Befassung mit geschlechtsbezogener Gewalt nur rassismuskritisch möglich, wobei sich jede politische, wissenschaftliche, aktivistische oder rechtliche Konzeptionierung der Herausforderung eines seit drei Jahrzehnten erfolgreich praktizierten *Otherings* insbesondere in Formen antimuslimischen Rassismus gegenübersieht. Auch in Bezug auf geschlechtsbezogene Tötungsdelikte ist klar zu konstatieren, dass medialer, juristischer und (rechts-)politischer Diskurs an dieser Thematik zunächst kaum Interesse zeigten (löbliche Ausnahme: Oberlies 1995), was sich erst durch die selektive Rassifizierung bestimmter Tötungsdelikte an Frauen als ›Ehrenmorde‹ änderte (zum Rechtsdiskurs: Foljanty/Lembke 2014). Das Interesse an ›Ehrenmorden‹ in medialen und wissenschaftlichen Diskursen nahm ab 2004/2005 »explosionsartig« zu (Oberwittler/Kasselt 2011: 1 ff.). Der Begriff ›Femizide‹ wurde dagegen erst ab 2017 in medialen Debatten in Deutschland verwendet, und auch dies war nur der Arbeit politischer Aktivist*innen und zivilgesellschaftlicher Bündnisse zu verdanken (vgl. Wischnewski 2018; #Keinemehr). Damit konnte die Betrachtung tödlicher geschlechtsbezogener Gewalt auch ›Trennungstötungen‹ einbeziehen (zuvor schon Foljanty/Lembke 2014: 308 ff.).

Ignoranz und Verharmlosung tödlicher geschlechtsbezogener Gewalt in juristischen und rechtspolitischen Diskursen

Tötungsdelikte werden in neun von zehn Fällen von männlichen Tätern begangen (BKA 2019b: 40), aber 29 % der Opfer von Tötungsdelikten sind weiblich, bei vollendeten Tötungsdelikten sind es mit 47 % sogar fast die Hälfte der Opfer (BKA 2019a: 12). Femi(ni)zide finden in Deutschland weit überwiegend in Familien oder im sozialen Nahraum statt; vielfach geht ihnen bereits geschlechtsbezogene Gewalt, meist sogenannte Partnerschaftsgewalt, voraus (vgl. Lembke 2021b: 2). Von insgesamt 3.058 Tötungsdelikten im Jahr 2020 geschahen 460 und damit 15 % in Partnerschaften – während aber nur 6 % der Tötungsdelikte mit männlichen Opfern auf Partnerschaftsgewalt beruhten, gilt dies für 35 % der Tötungsdelikte mit weiblichen Opfern (BKA 2020: 5). Im Jahr 2020 wurden 359 Frauen Opfer einer versuchten oder vollendeten Tötung durch ihren (Ex-) Ehemann oder (Ex-)Partner (ebd.).

Häufigster Auslöser männlicher Tötungshandlungen in Beziehungen ist die Trennung oder Trennungsabsicht der Ehefrau oder (Ex-)Partnerin (siehe Fischer 2019: Rn. 28a; Grünewald 2019: 519; Schneider 2021: 183). In den deutlich selteneren Fällen, in denen Frauen ihren Partner töten, geschieht dies oft, um eine Misshandlungsbeziehung zu beenden; allerdings enden Misshandlungen weit häufiger mit dem Tod der misshandelten Partnerin als damit, dass sie zur Mörderin wird (Lembke 2009). ›Ehrenmorde‹ machen ungeachtet der ihnen gewidmeten medialen Aufmerksamkeit nur einen Bruchteil tödlicher geschlechtsbezogener Gewalt oder von Tötungsdelikten überhaupt aus (Oberwittler/Kasselt 2011). Trennungstötungen durch ›ausländische‹ Täter (mit den entsprechenden kulturalistischen Zuschreibungen) werden häufig als ›Ehrenmorde‹ wahrgenommen, was ihre Zahl zu erhöhen scheint (Kasselt 2020).

Rechtspolitische und juristische Akteur*innen reagieren auf den Befund, dass im Jahr 2020 in Deutschland statistisch jeden Tag eine Frau Opfer einer versuchten oder vollendeten Tötung durch ihren (Ex-)Intimpartner wurde, mit bemerkenswerter Gleichgültigkeit. In der juristischen Fachliteratur, insbesondere in den Großkommentaren, werden ›Trennungstötungen‹ trotz ihrer quantitativen Bedeutsamkeit kaum behandelt (vgl. Habermann 2021: 195 f.); zu Femi(ni)ziden gibt es nicht einmal eine Handvoll juristischer Aufsätze. Die ernsthafte Thematisierung oder gar vertiefte Auseinandersetzung bleibt individuellem wissenschaftlichem Interesse (Foljanty/Lembke 2014; Schuchmann/Steinl 2021) oder rechtspolitischen Interventionen (djb 2019; Die Linke 2021) überlassen. Auf Letztere reagiert der juristische Diskurs allerdings recht empfindlich, denn wenn es wirklich wichtig wäre, hätte man(n) ja schon dazu publiziert. Vor diesem Hintergrund der Irrelevanz geschlechtsbezogener Gewalt für den deutschen Rechtsdiskurs wird der Versuch von Forschung hierzu diskreditiert und behindert.[2] Es werden

2 Als Lena Foljanty und die Autorin dieses Beitrags im September 2012 auf Einladung der Veranstalter*innen beim Forum Justizgeschichte einen Vortrag zu ›Ehrenmorden‹ hielten und dort auch eine vergleichende Betrachtung der Rechtsprechung zu ›Ehrenmorden‹ und ›Trennungstötungen‹ vorstellten, wurde ihnen von kritischen Juristen lautstark mitgeteilt, ein solcher Vergleich verbiete sich von selbst und überdies wisse man, »wie es in den türkischen Familien aussieht«. Im Anschluss weigerten sich einschlägige juristische Fachzeitschriften, die wissenschaftlich aufbereitete Rechtsprechungsanalyse zu veröffentlichen, weil sie rassistische Diskurselemente in Entscheidungstexten deutscher Gerichte klar benannte. Bei der öffentlichen Anhörung zum Thema ›Femizide‹ im Deutschen Bundestag am 1. März 2021 fabulierte Bundesrichter a.D. Thomas Fischer (2021) von einer hervorragenden Datenlage zu

rechtswissenschaftliche Beiträge zu ›Femiziden‹ oder ›Ehrenmorden‹ veröffentlicht, welche auf wissenschaftliche Standards und Methoden weitgehend verzichten (so Habermann 2021) oder keine Konzeption geschlechtsbezogener Gewalt enthalten (so Schneider 2021), drängt sich diese bspw. wegen des engen Zusammenhangs mit sogenannter Partnerschaftsgewalt auf, wird auf den Dualismus von ›archaisch-tribaler‹ Unterdrückungsstruktur der ›Fremden‹ und individuellem Versagen wegen persönlicher Charaktermängel und Ressourcenschwäche der ›Eigenen‹ zurückgegriffen (so Kischkel 2022). Oder es wird selbst in Bundestagsanhörungen stolz verkündet, dass niemand wisse, was es mit diesen mysteriösen ›Femiziden‹ auf sich habe (so Fischer 2021).

Tödliche geschlechtsbezogene Gewalt ist kein Thema rechtswissenschaftlicher Diskurse. Sie wird weder genügend erforscht noch annähernd ernst genommen. Mangels brauchbarer Daten muss sie nicht einmal wahrgenommen werden, wofür dann vorgeblich defizitäre Definitionen und nicht etwa die viel kritisierte Datenerhebung zu ›Kriminalität‹ und/oder geschlechtsbezogener Gewalt verantwortlich gemacht werden (zu fehlenden Daten siehe Wischnewski 2018: 129 f.; für Österreich siehe Beclin 2022 versus Haider 2022). Tödliche geschlechtsbezogene Gewalt und die weitgehende Untätigkeit des Staates, diese zu verhindern und (potenzielle) Opfer zu schützen, ist Rechtsbruch in Permanenz, der jedoch vom deutschen Rechtsdiskurs ignoriert wird. Dabei wären Forschung, wissenschaftlicher Austausch und rechtspolitische Folgerungen zum gesellschaftlich bedeutsamen Phänomen ›Femi(ni)zide‹ nicht nur rechtlich geboten, sondern auch wissenschaftlich interessant, geht es doch zugleich um das Verhältnis von ›Rechtswirklichkeit‹ und normativen Ansprüchen, um Wissenstransfer und interdisziplinäre Rechtsforschung, Selbstreflexion und Vorstellungen von Objektivität.

In gerichtlichen Entscheidungen zeigen sich persistent bemerkenswerte Abwehrmechanismen dagegen, das Unrecht tödlicher geschlechtsbezogener Gewalt präzise und frei von Opferbeschuldigungen, Geschlech-

tödlicher geschlechtsbezogener Gewalt, setzte plakativ völlige Unkenntnis von der Materie als Forschungsmaßstab und diskreditierte ihm missliebige (und wohl auch unverstandene) Ergebnisse von Rechtsprechungsanalysen als »denunziativ aufgestellte Behauptung«, welche »mit rechtsstaatlichen Grundsätzen … unvereinbar« sei, wobei der Name »einer Sachverständigen«, also der Übeltäterin, offensichtlich dem von Lord Voldemort vergleichbar, nicht genannt werden durfte.

terstereotypen oder rassifizierenden Zuschreibungen zu erkennen, zu benennen und anzugehen. Rechtsprechungsanalysen legen offen, dass es an konzeptionellen Verständnissen geschlechtsbezogener Gewalt fehlt, was durch verharmlosende Individualisierung oder durch Ethnisierung ›ausgeglichen‹ wird (auch zum Folgenden: Foljanty/Lembke 2014; Lembke 2021b). Tötungsdelikte *weißer* deutscher Täter werden als individuelle Überforderung betrachtet, die Trennung(sabsicht) der Partnerin als Anlass problematisiert, eine Vielzahl von Geschlechterstereotypen zu weiblichem Wohlverhalten entfaltet und mit dem Topos der ›Nachvollziehbarkeit‹ ein regelmäßig opferbeschuldigendes Verständnis für den Täter entwickelt (Lembke 2021b; Schuchmann/Steinl 2021). Ganz anders verläuft die rechtliche Bewertung bei ›Ehrenmorden‹: Seit Mitte der 1990er-Jahre werden sie als Morde mit lebenslanger Freiheitsstrafe sanktioniert[3], wobei die Motivlage nicht-*weißer* Täter nicht als vulnerabler emotionaler Zustand verstanden, sondern als verachtenswertes ›Besitzdenken‹ und patriarchaler Herrschaftsanspruch verurteilt wird (Foljanty/Lembke 2014). Die Zahl der in der Rechtsprechung hierfür verwendeten kulturalistischen Stereotype und Diskursmuster ist nach entsprechender Kritik etwas zurückgegangen, ein Paradigmenwechsel ist darin jedoch ebenso wenig zu sehen wie im punktuellen Verzicht (LG Bielefeld 2010; BGH 2017) auf sexistische Opferbeschuldigungen.

In der Rechtswissenschaft, welche wesentlichen Einfluss auf die Rechtsprechung hat, werden ›Ehrenmorde‹ weiterhin mit allen kulturalistischen Implikationen als Sonderfall betrachtet (so Kischkel 2022). Anregungen zur rechtlichen Verarbeitung von ›Femiziden‹ fehlt es an Konzepten geschlechtsbezogener Gewalt (so Schneider 2021) oder sie basieren auf verkürzten Vorstellungen von Autonomie und Beziehungen im Lebensverlauf (so Schuchmann/Steinl 2021). Vor allem aber führt die Verwendung des Begriffs ›Femizid‹ gerade nicht dazu, dass *verschiedene* Formen tödlicher geschlechtsbezogener Gewalt in Relation gebracht und die Strukturen patriarchaler Gewalt erkannt werden. Es ist sehr problematisch, Analyse, Kritik und Alternativen auf die rechtliche Bewertung von ›Trennungs-

3 Seit der Entscheidung des Bundesgerichtshofes vom 7. Oktober 1994 (Az. 2 StR 319/94) konnte die besondere Verwerflichkeit der Tötung grundsätzlich nicht mehr wegen »fremdkultureller Prägung« verneint werden. Das beliebte Geraune vom »kulturellen Rabatt« sind Fake News. Irritierend ist auch, wenn der Eindruck erweckt wird, dies seien jüngste Rechtsentwicklungen (so Kischkel 2022: 840).

tötungen‹ zu beschränken (so Schneider 2021), und diese von anderen Femi(ni)ziden wie insbesondere ›Ehrenmorden‹ (siehe aber die Erläuterungen bei Schuchmann/Steinl 2021) zu trennen. Die exklusive Verortung geschlechtsspezifischer Gewalt außerhalb der ›deutschen Rechtsgemeinschaft‹ ist eine rassistische Praxis, die *zugleich* die Tödlichkeit patriarchaler Normen verschleiert (Lembke 2021c). Das Konzept des ›Femi(ni)zids‹ macht die Vergleichbarkeit verschiedener Erscheinungsformen tödlicher geschlechtsbezogener Gewalt sichtbar und tritt damit sowohl ihrer exklusiven Ethnisierung bzw. Rassifizierung als auch einer Verharmlosung durch Individualisierung ethnisch nicht markierter Delikte entgegen (siehe auch Wischnewski 2018: 130f.).

Ignoranz und Verweigerung in juristischen und rechtspolitischen Diskursen mit Blick auf Begriff und Konzept des Femi(ni)zids sind umso erstaunlicher, als geschlechtsbezogene Gewalt als Menschenrechtsverletzung seit Jahrzehnten diskutiert wird und auch Translationen für den deutschen Rechtsdiskurs erfolgt sind (insbesondere Elsuni 2011). Die mit der Ratifikation seit 1. Februar 2018 auch als Bundesrecht geltende Istanbul-Konvention definiert geschlechtsspezifische Gewalt gegen Frauen in Artikel 3(d) als Gewalt, die gegen eine Frau gerichtet ist weil sie eine Frau ist, oder die Frauen unverhältnismäßig stark betrifft. Damit ist ein positiver rechtlicher Anknüpfungspunkt gegeben. Allerdings ist das eine voraussetzungsvolle Definition, weil sie ohne Kenntnis von Geschlechtsdiskriminierung und geschlechtsbezogener Gewalt als Menschenrechtsverletzung kaum verständlich sein dürfte. Konsequent wird die »Tötung von Frauen aufgrund ihres Geschlechts« dahingehend missverstanden, dass damit nur die (in Deutschland seltenen) Tötungen aus »purer Frauenfeindlichkeit« gemeint seien (so Schneider 2021: 183). Sicherlich braucht es mehr Forschung, empirisch-quantitativ wie konzeptionell, doch wäre schon geholfen, wenn vorhandene Forschung zur Kenntnis genommen würde.[4]

4 Zutreffend ist, dass es an Forschung zu geschlechtsbezogener Gewalt in Deutschland schmerzlich fehlt. Aber vorhandene Erkenntnisse können auch kaum wahrgenommen werden, wenn soziologische Forschung auf reines Beschreiben oder Zählen reduziert oder bei Geschlechterbezug als »feministische Interpretation« missverstanden wird, so Kischkel (2022: 837f.), der sich insgesamt aber um eine multiperspektivische Betrachtung bemüht.

Femi(ni)zide als tödliche patriarchale Gewalt gegen Frauen und Mädchen, lesbische Frauen, Trans*-Frauen und Inter*-Personen

Geschlechtsbezogene Gewalt ist kontingent, was auch bedeutet, dass Femi(ni)zide zu verschiedenen Zeiten und an verschiedenen Orten sowie je nach Kontext verschiedene Formen annehmen können. Die *Vienna Declaration on Femicide* enthält eine nicht abschließende Aufzählung von Erscheinungsformen tödlicher geschlechtsbezogener Gewalt (= Femizide) in verschiedenen Regionen und Gesellschaftsformen, darunter: tödliche Partnerschaftsgewalt, Folter und Mord aus Frauenhass, Tötungsdelikte im Namen der ›Ehre‹, die gezielte Tötung von Frauen und Mädchen in bewaffneten Konflikten, Mitgift-Morde, die Tötung von Frauen und Mädchen aufgrund ihrer sexuellen Orientierung oder Geschlechtsidentität, Tötungsdelikte an indigenen Frauen und Mädchen, die Tötung von weiblichen Föten oder Neugeborenen wegen ihres Geschlechts, Todesfälle im Zusammenhang mit Genitalverstümmelung, Tötungen wegen Anschuldigungen der Hexerei, Femi(ni)zide im Zusammenhang mit organisierter Kriminalität (ESC 2013). Einige dieser Erscheinungsformen von Femi(ni)ziden kommen nur in bestimmten Weltregionen oder Kontexten vor, andere sind weltweit zu beobachten, aber in unterschiedlichem Ausmaß, einige Erscheinungsformen fehlen.

In Deutschland dürften ›Trennungstötungen‹ oder tödlich endende ›Partnerschaftsgewalt‹, ›Ehrenmorde‹ oder tödliche ›Hasskriminalität gegen Frauen‹ wesentliche Erscheinungsformen von Femi(ni)ziden beschreiben, allerdings nicht abschließend. Ein Femi(ni)zid liegt hier auch (vgl. Lembke 2021b: 4) vor, wenn: ein Mann seine Ehefrau oder Partnerin tötet, weil sie ihn verlassen will oder verlassen hat; oder ein Mann seine Tochter tötet, weil sie einen Ehepartner anderen Glaubens gewählt hat; oder die (überwiegend) männlichen Familienangehörigen beschließen, dass ein weibliches Familienmitglied sterben muss, weil es ein selbstbestimmtes Leben führen will; oder ein Mann seine Kinder, seine Ehefrau und sich selbst erschießt, weil sie alle nicht ohne ihn weiterleben dürfen; oder ein Mann eine Frau zu töten versucht, weil sie Feministin ist und er sie zum Schweigen bringen möchte; oder eine Frau ermordet wird, weil sie als Muslima mit Kopftuch öffentlich über Frauenrechte und über Rassismus spricht; oder ein Mann eine Frau tötet, weil sie seine sexuellen Wünsche nicht erfüllen will oder seine sexuelle Potenz nicht anerkennt oder weil sie den vereinbarten Lohn für eine sexuelle Dienstleistung verlangt; oder eine Person tödlicher Gewalt ausgesetzt ist, weil sie lesbisch oder eine Trans*-Frau ist; oder eine geflüchtete Person an den Folgen sexualisierter Gewalt stirbt, weil sie in Deutschland keine adäquate medizinische Behandlung erfährt; oder eine ungewollt schwangere Person stirbt, weil ihr der Zugang zu einem sicheren und legalen Schwangerschaftsabbruch vorenthalten wird.

Dabei kommt es für die Qualifikation als Femi(ni)zid nicht darauf an, ob der Täter *weiß* ist oder Migrationsgeschichte hat oder welchem Glauben er anhängt. Gewalt ist eine Jedermannsressource. Aber sie kann verschiedene Formen annehmen, die ggf. unterschiedlich zu adressieren sind. Für die Prävention von Femi(ni)ziden oder die erfolgreiche Bekämpfung geschlechtsbezogener Gewalt insgesamt ist die Kenntnis von Erscheinungsformen dieser Gewalt sowie den konkreten Kontexten, in denen Täter agieren, sehr wichtig. Dabei wird (auch aufgrund der Strukturen des Strafprozesses) häufig aus dem Blick verloren, dass es primär um die (potenziell) Betroffenen von geschlechtsbezogener Gewalt gehen muss, ihre Menschenrechte inklusive des Rechts auf ein Leben frei von Gewalt und ihre Teilhabe in allen Bereichen, welche Gewaltfreiheit voraussetzt.

Das defizitäre Wissen über geschlechtsbezogene Gewalt, die Verweigerung konzeptioneller Arbeit, sexistische Strukturen negierende Individualisierungen und die *weiße* Mehrheitsgesellschaft entlastende Rassifizierungen führen häufig dazu, dass Betroffene gar nicht gesehen, sondern stereotyp imaginiert werden. Hierfür spielt Rassifizierung ebenso eine Rolle wie sozio-ökonomischer Status und die Anpassung von Betroffenen an Geschlechterrollen und geschlechtliche Erwartungen (siehe Restrepo Lopez/Puchert 2021). Rassismus und Klassismus verbinden sich mit beschränkten Vorstellungen von Geschlechtsdiskriminierung, welche jedoch mehrdimensional (Lembke 2018: 218 f.) und intersektional ist. Nach stetiger Praxis des Ausschusses für die UN-Frauenrechtskonvention gilt deren Schutz nicht für binär-abstrakte Frauen und Mädchen, sondern explizit auch für »lesbian, bisexual and transgender women and intersex persons«, gerade in Bezug auf geschlechtsbezogene Gewalt (exemplarisch CEDAW 2018a: paras 12d, 24f; CEDAW 2018b: paras 13, 23a; 2017: paras 24, 46,

2016: para 24f).[5] ›Femi(ni)zide‹ erfassen tödliche Gewalt an Frauen mit unterschiedlicher sexueller Orientierung und Geschlechtsidentität sowie an Inter*-Personen. Dies müssen staatliche Maßnahmen der Prävention und Strafverfolgung, des Schutzes und der Unterstützung berücksichtigen, aber ebenso Barrieren für Zugang und Teilhabe abbauen oder vermeiden, die sich aus Intersektionen von Geschlechtsdiskriminierung mit anderen Diskriminierungen und Herrschaftsverhältnissen ergeben.

Femi(ni)zide intersektional – Staatsaufgaben jenseits des Strafrechts!

Patriarchale Verhältnisse führen nicht dazu, dass alle (unterdrückten) ›Frauen‹ (= Cis-Frauen und Mädchen, lesbische und bisexuelle Frauen, Trans*-Frauen und Inter*-Personen) gleich wären, schon weil hierarchische Geschlechterverhältnisse sich in verschiedenen Formen äußern können und überdies nicht die einzigen strukturellen Machtverhältnisse in unserer Gesellschaft sind, sondern von anderen gekreuzt werden (zu geschlechtsbezogener Gewalt und ökonomischer Situation siehe Wischnewski 2018: 128 f.). Prävention, Gewaltschutz, Unterstützung, Rechtszugang und Entschädigung sind daher auf intersektionale Erkenntnisse und Konzepte angewiesen.

Der Ausschuss für die UN-Frauenrechtskonvention fordert materiale und transformative Gleichheit, welche nur durch aktive staatliche Maßnahmen, gesellschaftliche Veränderungen, Umverteilung von Macht und Ressourcen sowie kulturellen Wandel zu erreichen ist (vgl. hierzu Lembke 2022 m.w.N.). Aktive staatliche Maßnahmen müssen ganz besonders die Rechte und Bedarfe von ›Frauen‹ einbeziehen, welche von multipler oder intersektionaler Diskriminierung betroffen sind, also u.a. Migrantinnen und geflüchtete ›Frauen‹, indigene ›Frauen‹, ›Frauen‹ mit Behinderungen, alte ›Frauen‹, alleinerziehende Mütter, weibliche Angehörige religiöser Minderheiten, ›Frauen‹, die zu ethnischen oder nationalen Minderheiten gehören, oder ›Frauen‹ auf dem Land (vgl. Lembke 2022

5 Die derzeit auch in Deutschland gern verbreitete Erzählung von Menschenrechten nur für ›biologische Frauen‹, welche sich explizit auf den UN-Ausschuss bezieht, ist also erweislich unwahr. Sie ist auch absolut kontraproduktiv, wenn es um den Kampf gegen Geschlechtsdiskriminierung geht.

m.w.N.). Fast von selbst versteht sich, dass hierfür statistische Erhebungen und Forschung notwendig sind, um Geschlechtsdiskriminierung in ihren intersektionalen Formen zu erkennen und wirksame Politiken entwickeln zu können, dass der faktische Zugang zu Bildung, Gesundheit, Arbeit, Gewaltschutz, Rechtssystem usw. für ganz verschiedene ›Frauen‹ zu garantieren ist und dass es intersektionaler Beteiligungsmodelle bedarf (vgl. Lembke 2022 m.w.N.).

Es ist nicht Aufgabe des Staates, Femi(ni)zide einfach nur zu zählen und zu bestrafen, sondern es geht weitaus mehr darum, tödliche geschlechtsbezogene Gewalt zu verhindern und Geschlechtsdiskriminierung zu beenden. Zwar wird richtig darauf hingewiesen, dass sich aus der Istanbul-Konvention klare rechtliche Pflichten zur strafrechtlichen Behandlung von Femi(ni)ziden ergeben, die noch der Umsetzung harren (hierzu djb 2019; Schuchmann/Steinl 2021: 323). Doch ist die Verengung auf strafrechtliche Maßnahmen gegen tödliche geschlechtsbezogene Gewalt nicht ratsam, auch wenn sie immer wieder zu funktionieren scheint: die Medien verstehen und begleiten sie, der Staat akzeptiert sie als kostengünstigste und zugleich öffentlichkeitswirksame Lösung und politische Aktivist*innen können sichtbare Erfolge verbuchen. Doch besteht nicht nur die Gefahr, sich an individualisierenden oder rassifizierenden Strafrechtsdiskursen oder populistischen Rechtspolitiken zu beteiligen, sich dem Vorwurf eines ›moralisierenden Straf-Feminismus‹ ausgesetzt zu sehen[6] oder sich in strafrechtsdogmatischen Fragen zu verkämpfen. Aus dem Blick gerät die Fülle der staatlichen Aufgaben ebenso wie die von Diskriminierungen und Privilegierungen geprägten Positionen von betroffenen ›Frauen‹.

6 Die Behauptung, es gehe Forschung und Aktivismus zu Femi(ni)ziden allein darum, schärfere Strafen für Trennungstötungen zu fordern (so Habermann 2021; Fischer 2021), wird gerne auch gegen den expliziten Wortlaut der kritisierten Texte aufgestellt, siehe bspw. Lembke (2021b: 4 f.): »Zu betonen ist zudem, dass es nicht primär um höhere Strafen geht, mit denen den Opfern recht selten geholfen sein dürfte, sondern darum, dass das Unrecht tödlicher geschlechtsspezifischer Gewalt gegen Frauen in rechtsstaatlichen Verfahren anerkannt und geahndet wird. Das schließt opferbeschuldigende Argumentationen ebenso aus wie Unterschiede auf Grund der (zugeschriebenen) Herkunft des Täters.« Vor allem aber werden feministische Jurist*innen zwar aus allen politischen Richtungen bedrängt, auf Strafrecht zu verzichten, doch wird weder begründet, warum dieses Mittel von ›Frauen‹ nicht genutzt werden darf, noch wird Kriminalisierung an sinnvollen Orten angesetzt (§ 218) noch wird bei dem Kampf um andere staatliche Maßnahmen und Ressourcen unterstützt.

Strafrecht hat eine starke Tendenz, die Betroffenen aus dem Blick zu verlieren oder Modelle staatlichen Schutzes zu generieren, der rassifizierten Frauen nur als Objekten angeboten wird und/oder von dem privilegierte Mitglieder der betroffenen Gruppe der ›Frauen‹ überdurchschnittlich profitieren. Vor allem sollen Gewaltschutzmaßnahmen möglichst kostenneutral sein und keinen transformativen Charakter haben. Dabei verlangt der Ausschuss für die UN-Frauenrechtskonvention nicht nur allgemeine Maßnahmen wie Gesetze gegen geschlechtsbezogene Gewalt, Hilfesysteme, Schutzunterkünfte, Entschädigungsregelungen und Maßnahmen der Bewusstseinsbildung, sondern statuiert die Pflicht aller staatlichen Akteur*innen, so zu agieren, dass konkrete Betroffene wirksamen Schutz erhalten und ihre Menschenrechte und Grundfreiheiten tatsächlich realisieren können (CEDAW 2007: para 12.1.2). Von existierenden Hilfesystemen wie konzertiertem staatlichen Handeln sind wir in Deutschland weit entfernt.

Der Vorteil des Begriffs ›Femi(ni)zid‹ ist seine Komplexität und Mehrdimensionalität (Haider 2022: 213 ff.), welche sich nicht auf ein statistisches Kriminalitätsphänomen oder einen spezifischen Straftatbestand verengen lassen müssen. Die Thematisierung von Femi(ni)ziden als juristischer, sozialwissenschaftlicher, statistischer, rechtspolitischer oder aktivistischer, als Geschlechtsdiskriminierung sichtbar machender, rassismuskritischer oder intersektionaler Begriff (ggf. mit den jeweiligen Bedeutungsverschiebungen, hierzu Haider 2022) kann dazu beitragen, tödliche patriarchale Gewalt zu bekämpfen und den Rechtsdiskurs zu professionalisieren. Im Strafrecht kann das Konzept von ›Femi(ni)ziden‹ der toxischen Doppelstruktur von Ethnisierung und Individualisierung geschlechtsbezogener Gewalt entgegenwirken und den Blick auf Geschlechtsdiskriminierung als Struktur öffnen. Doch Strafrecht ist weder das Einzige noch das Wichtigste, was Betroffene brauchen, und es kann in seiner Fokussierung auf Täter und Tat zu sekundären Viktimisierungen führen oder den völlig fehlsamen Eindruck erwecken, das eine Strafrecht sei allen Betroffenen zugänglich und entspreche ihren Bedürfnissen.

Das geltende Recht in Form der Istanbul-Konvention, der UN-Frauenrechtskonvention und der Grundrechte garantiert weitaus mehr, nämlich Systeme von Schutz und Unterstützung, effektiven Rechtszugang, informierte und zielgruppenspezifische Prävention, kulturellen Wandel durch Bekämpfung von Geschlechterstereotypen und schädigenden Praktiken usw. Dies bedeutet ein Umsteuern vom strafenden Staat zu sozialen Rechten, Umverteilung von Ressourcen und transformativer Gleichheit. Es bedeutet aber auch, nicht nur geschlechtsbezogene Gewalt als Form der Geschlechtsdiskriminierung ernst zu nehmen, sondern auch deren intersektionalen Charakter und die Folgen daraus für alle staatlichen, rechtlichen und gesellschaftlichen Maßnahmen.

Literatur

Beclin, Katharina (2022): »Femizid«? Ein Plädoyer für eine zielorientierte Begriffsdefinition. In: juridikum 2022/2. S. 219–225.

Dietze, Gabriele (2019): Sexueller Exzeptionalismus. Überlegenheitsnarrative in Migrationsabwehr und Rechtspopulismus. Bielefeld: transcript.

Dietze, Gabriele / Brunner, Claudia / Wenzel, Edith (Hg.) (2009): Kritik des Okzidentalismus. Transdisziplinäre Beiträge zu (Neo-)Orientalismus und Geschlecht. Bielefeld: transcript.

Elsuni, Sarah (2011): Geschlechtsbezogene Gewalt und Menschenrechte. Eine geschlechtertheoretische Untersuchung der Konzepte Geschlecht, Gleichheit und Diskriminierung im Menschenrechtssystem der Vereinten Nationen. Baden-Baden: Nomos.

Eßbach, Gabriele / Fünfstück, Vera (2001): »Deutsche Demokratische Männergewalt«. Gewalt gegen Frauen in der DDR. In: beiträge zur feministischen theorie und praxis 56/57. S. 31–39.

Fischer, Thomas (2019): § 211. In: Strafgesetzbuch. Kurz-Kommentar. 66. Auflage. München: C.H. Beck.

Fischer, Thomas (2021): Stellungnahme zum Antrag »Femizide in Deutschland untersuchen, benennen und verhindern« (BT-Drucksache 19/23999).

Foljanty, Lena / Lembke, Ulrike (2014): Die Konstruktion des Anderen in der »Ehrenmord«-Rechtsprechung. In: Kritische Justiz 2014/3. S. 298–315.

Forschungsnetz Gewalt im Geschlechterverhältnis GiG-Net (Hg.) (2008): Gewalt im Geschlechterverhältnis. Erkenntnisse und Konsequenzen für Politik, Wissenschaft und soziale Praxis. Opladen/Farmington Hills: Barbara Budrich.

Grünewald, Annette (2019): Praxiskommentar zu BGH vom 07.05.2019. In: Neue Zeitschrift für Strafrecht 2019/9. S. 519–520.

Habermann, Julia (2021): Möglichkeiten der Sanktionierung von Femiziden im deutschen Strafrecht – Ist ein Femizid-Straftatbestand notwendig? In: Neue Kriminalpolitik 33/2. S. 189–208.

Haider, Isabel (2022): Femizide – Begriff, Konzept und österreichischer Verwendungskontext. In: juridikum 2022/2. S. 208–225.

Hark, Sabine / Villa, Paula-Irene (2017): Unterscheiden und herrschen. Ein Essay zu den ambivalenten Verflechtungen von Rassismus, Sexismus und Feminismus in der Gegenwart. Bielefeld: transcript.

#Keinemehr. https://keinemehr.wordpress.com/. (11.10.2022).

Kenawi, Samirah (1995): Frauengruppen in der DDR der 80er Jahre. Berlin: GrauZone.

Kischkel, Thomas (2022): Femizid. In: Zeitschrift für das gesamte Familienrecht 2022/11. S. 837–844.

Lagarde y de los Rios, Marcela (2010): Preface: Feminist Keys for Understanding Feminicide. In: Rosa-Linda Fregoso / Cynthia Bejarano (Hg.): Terrorizing Women. Feminicide in the Américas. Durham and London: Duke University Press 2010. S. xi-xxv.

Lembke, Ulrike (2009): Das Recht des Stärkeren. Zur schwierigen dogmatischen Beziehung von Heimtückemord, Trennungstötung und Gewaltschutzgesetz. In: Neue Kriminalpolitik 21/3. S. 109–114.

Lembke, Ulrike (2012): Gewalt im Geschlechterverhältnis, Recht und Staat. In: Lena Foljanty / Ulrike Lembke (Hg.): Feministische Rechtswissenschaft. Ein Studienbuch. 2.Aufl. Baden-Baden: Nomos 2012. S. 235–258.

Lembke, Ulrike (2017): Weibliche Verletzbarkeit, orientalisierter Sexismus und die Egalität des Konsums: Gender–race–class als verschränkte Herrschaftsstrukturen in öffentlichen Räumen. In: ZtG (Hg.): Grenzziehungen von »öffentlich« und »privat« im neuen Blick auf die Geschlechterverhältnisse. Bulletin Texte 43. S. 30–57.

Lembke, Ulrike (2018): Alltägliche Praktiken zur Herstellung von Geschlechts-Körpern oder: Warum Unisex-Toiletten von Verfassungs wegen geboten sind. In: Zeitschrift für Rechtssoziologie 38/2. S. 208–243.

Lembke, Ulrike (2021a): Verpasste Modernisierung. Die Konsolidierung patriarchaler Staatlichkeit in juristischen Diskursen über die gesamtdeutsche Regulierung des Schwangerschaftsabbruchs 1990 bis 1993. In: Ariadne 77. S. 183–203.

Lembke, Ulrike (2021b): Schriftliche Stellungnahme zur Anhörung des Ausschusses für Familie, Senioren, Frauen und Jugend des Deutschen Bundestages am 1. März 2021 zum Antrag der Fraktion Die LINKE: »Femizide in Deutschland untersuchen, benennen und verhindern« (BT-Drucksache 19/23999).

Lembke, Ulrike (2021c): »Nennt sie Femizide!«. Zeit Online vom 26.02.2021. https://www.zeit.de/kultur/2021-02/mord-frauen-femizid-ehrenmord-justiz-rassismus-10nach8 (09.10.2022).

Lembke, Ulrike (2022): Article 4 CEDAW (Temporary Special Measures). In: Patricia Schulz et al. (Hg.): The UN Convention on the Elimination of All Forms of Discrimination Against Women and its Optional Protocol: A Commentary. Oxford University Press 2022.

Oberlies, Dagmar (1995): Tötungsdelikte zwischen Männern und Frauen. Eine Untersuchung geschlechtsspezifischer Unterschiede aus dem Blickwinkel gerichtlicher Rekonstruktionen. Pfaffenweiler: Centaurus.

Oberwittler, Dietrich / Kasselt, Julia (2011): Ehrenmorde in Deutschland 1996–2005. Eine Untersuchung auf der Basis von Prozessakten. Luchterhand.

Radford, Jill / Russell, Diana E. H. (1992): Femicide. The Politics of Woman Killing. New York: Twayne Publishers.

Restrepo Lopez, Veronica / Puchert, Insa (2021): Femi(ni)zide in juristischen und medialen Aushandlungsräumen. Zwei Beispiele aus Hamburg. In: Feministisches Geo-Rundmail Nr. 87. S. 12–18.

Russell, Diana E. H. (2001): Introduction. In: Diana E.H. Russell / Roberta A. Harmes (Hg.): Femicide in Global Perspective. New York: Teachers College Press 2001.

Sauer, Birgit (2009): Staatlichkeit und Geschlechtergewalt. In: Gundula Ludwig / Birgit Sauer / Stefanie Wöhl (Hg.): Staat und Geschlecht. Baden-Baden: Nomos 2009. S. 61–74.

Sauer, Birgit / Strasser, Sabine (Hg.) (2008): Zwangsfreiheiten. Multikulturalität und Feminismus. Wien: Promedia Verlag & Südwind.

Schneider, Hartmut (2021): Trennungstötungen als Mord. Eine Rechtsprechungsanalyse und eine Anregung an den Gesetzgeber. In: Zeitschrift für Rechtspolitik 54/6. S. 183–186.

Schröttle, Monika (1999): Politik und Gewalt im Geschlechterverhältnis: eine empirische Untersuchung über Ausmaß, Ursachen und Hintergründe von Gewalt gegen Frauen in ostdeutschen Paarbeziehungen vor und nach der deutsch-deutschen Vereinigung. Bielefeld: Kleine Verlag.

Schuchmann, Inga / Steinl, Leonie (2021): Femizide. Zur strafrechtlichen Bewertung von trennungsbedingten Tötungsdelikten an Intimpartnerinnen. In: Kritische Justiz 54/3. S. 312–327.

Strasser, Sabine / Holzleithner, Elisabeth (Hg.) (2009): Multikulturalismus queer gelesen. Zwangsheirat und gleichgeschlechtliche Ehe in pluralen Gesellschaften. Frankfurt am Main: Campus.

Wischnewski, Alex (2018): Femi(ni)zide in Deutschland – ein Perspektivwechsel. In: Femina Politica 2. S. 126–134.

Quellenverzeichnis

Ausschuss für die UN-Frauenrechtskonvention (CEDAW) (2018a): Concluding observations on the ninth periodic report of Mexico. Un-Doc. CEDAW/C/MEX/CO/9.

Ausschuss für die UN-Frauenrechtskonvention (CEDAW) (2018b): Concluding observations on the eighth periodic report of New Zealand. Un-Doc. CEDAW/C/NZL/CO/8.

Ausschuss für die UN-Frauenrechtskonvention (CEDAW) (2017): Concluding observations on the combined seventh and eighth periodic report of Germany. Un-Doc. CEDAW/C/DEU/CO/7-8.

Ausschuss für die UN-Frauenrechtskonvention (CEDAW) (2016): Concluding observations on the sixth periodic report of The Netherlands. Un-Doc. CEDAW/C/NLD/CO/6.

Ausschuss für die UN-Frauenrechtskonvention (CEDAW) (2007): Communication No. 6/2005. 1 October 2007. Un-Doc. CEDAW/C/39/D/6/2005.

Bundesgerichtshof (BGH) vom 22.03.2017, Az. 2 StR 656/13.

Bundeskriminalamt (BKA) (Hg.) (2020): Partnerschaftsgewalt. Kriminalstatistische Auswertung – Berichtsjahr 2020. Abrufbar unter https://www.bka.de.

Bundeskriminalamt (BKA) (Hg.) (2019a): Polizeiliche Kriminalstatistik. Jahrbuch. Band 2: Opfer. Abrufbar unter https://www.bka.de.

Bundeskriminalamt (BKA) (Hg.) (2019b): Polizeiliche Kriminalstatistik. Jahrbuch. Band 3: Tatverdächtige. Abrufbar unter https://www.bka.de.

Deutscher Juristinnenbund (djb) (2019): Femizide in Deutschland: Strafverfolgung und angemessene Bestrafung von sogenannten Trennungstötungen. Themenpapier 19-24. https://www.djb.de/presse/stellungnahmen/detail/st19-24 (03.10.2022).

Economic and Social Council (ESC) (2013): Vienna Declaration on Femicide. Un-Doc. E/CN.15/2013/NGO/1.

Julia Kasselt (2020): »Auch Deutsche töten ihre Frauen«. Interview von Fabian Goldmann. Tagesspiegel vom 07.02.2020. https://www.tagesspiegel.de/wissen/auch-deutsche-toten-ihre-frauen-4142419.html (02.10.2022).

Landgericht (LG) Bielefeld vom 23.04.2010, Az. 10 Ks 46 Js 370/09 1/10.

Die LINKE (2021): »Femizide in Deutschland untersuchen, benennen und verhindern«. Antrag. BT-Drucksache 19/23999.

Christina Clemm

Geschlechtsspezifische Gewalt und die Justiz

Aufgrund der Häufigkeit geschlechtsspezifischer Gewalt sind Ermittlungsbehörden und Gerichte, so möchte man meinen, oft mit dem Phänomen beschäftigt und besonders sensibilisiert. Bis heute aber wird dort geschlechtsspezifische Gewalt weder strukturell betrachtet noch benannt, geschweige denn dieser Gewalt angemessen begegnet. Auch fehlt es an verbindlichen Fortbildungen der in diesem Bereich tätigen Richter*innen, Staatsanwält*innen und Polizeibeamt*innen und somit an profunder Kenntnis von Täter*innen- und Opferverhalten. Hinzu kommt eine äußerst schlechte Ausstattung von Ermittlungsbehörden und Justiz, was nicht nur Verfahren extrem verlängert, sondern auch zu unzureichenden und falschen Ergebnissen führt. So werden etwa Aussagen von Zeug*innen im Laufe der Zeit aufgrund von Vergessensvorgängen weniger belastbar oder sind gar nicht mehr beschaffbar, etwa weil Zeug*innen nicht mehr erreichbar sind. Hinzu kommt, dass es oft sehr viel weniger aufwändig ist, Verfahren zügig einzustellen, als gründlich und aufwändig zu ermitteln, besonders wenn auch noch gilt, Umstände zu beachten, die nicht in unmittelbaren, sondern nur mittelbaren Zusammenhängen mit den fraglichen Taten stehen. Im Folgenden möchte ich anhand eines Beispielfalls, der fiktiv, aber alltäglichen Fällen aus meiner Praxis nachgebildet ist, ein paar der grundlegend bestehenden Probleme bei der justiziellen Aufarbeitung verdeutlichen.

Eine junge Frau wird von einem Freund ihres Bruders vergewaltigt, nachdem dieser erfahren hat, dass sie sich als lesbisch geoutet hat. Während der Tat beschimpft er sie und behauptet, wenn sie nur einmal einen richtigen Mann erlebt habe, würde ihr »ihre Homosexualität« schon vergehen. Er filmt die Tat.

Neben den psychischen Folgen trägt sie Würgemale und Hämatome durch die Tat davon. Sie wagt es nicht, sich in ein Krankenhaus zu begeben, da sie befürchtet, damit ein Ermittlungsverfahren auszulösen. Hierzu sieht sie sich zunächst nicht in der Lage. Sie fotografiert die Verletzungen mit ihrem Handy. Zwei Tage später schreibt ihr der Täter, ob es ihr auch gefallen habe, dass er sie mal »richtig hart drangenommen« habe. Sie macht einen Screenshot und blockiert ihn. Ihrer Freundin, die gerade für ein paar Wochen verreist ist, berichtet sie nicht von der Tat. Circa zehn Tage später erzählt sie ihrer Mutter von der Tat. Diese glaubt ihr nicht bzw. meint, dass sie wahrscheinlich doch auch selbst den Sex gewollt habe und es sich nur um ein Missverständnis handeln könne. Sie fragt ihre Tochter, ob sie nun doch Sex mit Männern ausübe und es ihr gefallen habe. Daraufhin bricht die Verletzte den Kontakt zu ihrer Familie ab.

Sechs Monate später trifft sie den Täter zufällig auf der Straße, als sie mit ihrer Freundin unterwegs ist. Sie sprechen nicht miteinander, er nickt ihr nur zu und macht eine eindeutig sexualisierte Geste. Frau S. bricht auf der Straße zusammen und berichtet erstmalig ihrer Freundin von der Vergewaltigung. Das Paar geht dann einige Tage später zusammen zur nächsten Polizeiwache und Frau S. erstattet eine Strafanzeige.

Einige Wochen später wird sie beim Sonderdezernat des Landeskriminalamtes intensiv befragt. Dabei geht es neben der Tatschilderung auch um ihr Sexualleben vor und nach der angezeigten Tat, um das Verhältnis zu ihrem Bruder, ihrer Freundin, der Familie und weshalb sie niemandem etwas von der Tat berichtet hat. Sie wird auch gefragt, ob sie oder ihre Freundin sich mit Themen wie Gewalt gegen Frauen und Vergewaltigung etc. auseinandergesetzt hätten und wie im Allgemeinen ihr Verhältnis zu Männern sei. Die Verletzte berichtet, dass sie ohne eine männliche Bezugsperson aufgewachsen sei, dass sie den Kontakt zu ihrer Familie nach der Tat abgebrochen und dass sie vor ca. zwei Jahren ihr Coming-Out gehabt habe. Sie erklärt auf der Wache, dass sie sich nach Möglichkeiten der Anzeigenerstattung im Internet über sexualisierte Gewalt informiert habe. Des Weiteren erzählt sie, dass der Beschuldigte ihr schon länger als frauenfeindlich und rechtsextrem aufgefallen sei. Sie überreicht auch Abzüge der Fotos ihrer Verletzungen. Weil sich die Verletzte nach der Vernehmung sicher ist, dass ihr nicht geglaubt wird, erleidet sie einen Nervenzusammenbruch.

Ihre Freundin wird ebenfalls befragt. Sie wird nicht nur gefragt, was sie von der Betroffenen gehört hat, sondern auch dazu, ob sie selbst bereits sexuelle Gewalt erlebt habe. Die Freundin berichtet von einem sexuellen Missbrauch in ihrer Kindheit, den sie aber nie angezeigt habe. Auf Nachfragen erzählt sie, dass sie eine Therapie absolviere und seit Jahren eine Selbsthilfegruppe besuche und dass sie sich intensiv mit den Themen sexuelle Gewalt etc. beschäftige und auch mit ihrer Freundin darüber spreche. Die Mutter und der Bruder der Betroffenen werden ebenfalls befragt. Beide stimmen darin überein, dass sie der Betroffenen nicht glaubten, sie habe vielmehr schon lange psychische Probleme, was sie u.a. auf ihre Homosexualität zurückführten.

Bei dem Beschuldigten erfolgt keine Hausdurchsuchung, da die Staatsanwaltschaft davon ausgeht, dass so viele Monate nach der Tat die angebliche Aufnahme sicherlich nicht mehr zu finden sei. Es erfolgen auch keine weiteren Ermittlungen im Umfeld des Beschuldigten, der sich zur Sache nicht äußert. In seinem Strafregisterauszug befinden sich folgende drei Eintragungen: Verurteilungen wegen gefährlicher Körperverletzung, Zeigen verfassungswidriger Kennzeichen und Volksverhetzung. Derzeit steht der Beschuldigte unter Bewährung.

Bei einer solchen Sachlage ist es so, dass das Ermittlungsverfahren eher nach § 170 Abs. 2 StPO eingestellt, als dass Anklage erhoben würde. Ein Einstellungsbescheid könnte etwa folgende Begründung enthalten: Da es sich um eine Aussage-gegen-Aussage-Konstellation handele und der Beschuldigte die Tat bestreite, müssten erhebliche Anhaltspunkte dafürsprechen, dass die Aussage der Verletzten zuträfe. Zwar könnten die Fotos die Angaben der Zeugen stützen, diese Verletzungen seien aber weder durch ein gerichtsmedizinisches Gutachten überprüft noch überprüfbar. Auch könnten sie bei einverständlichem Sexualkontakt entstanden sein und deshalb sei der Geschlechtsverkehr gegen den Willen der Zeugin nicht zu beweisen. Auch die von der Zeugin vorgebrachten psychischen Folgen seien durch einen einverständlichen, aber möglicherweise im Nachhinein als negativ betrachteten Geschlechtsverkehr erklärbar. Offensichtlich existierten auch andere Faktoren, wie etwa der Abbruch des Kontaktes zur Familie, die für die Zeugin schmerzhaft seien. Die Nachricht des Beschuldigten an die Verletzte lege zudem nahe, dass für diesen zumindest nicht erkennbar gewesen sei, dass die Verletzte den offensichtlich etwas ›härter‹ durchgeführten Sex nicht wolle, da er ansonsten sich nicht positiv darauf bezogen hätte. Gegen die Annahme eines Sexualdelikts sprächen auch die späte Anzeigenerstattung und das Verhalten der Verletzten nach der Tat. Auch die suggestive Beeinflussung durch die Freundin der Verletzten könne nicht ausgeschlossen werden, da sie selbst Opfer sexueller Gewalt geworden sei und möglicherweise ein grundsätzliches Problem mit Männern habe. Mutmaßlich habe die Verletzte auch aufgrund ihres eigenen Selbstverständnisses den Sexualkontakt im Nachhinein abgelehnt und für sich als nicht einverständlich definiert.

Selbstverständlich könnte ein solcher Fall auch anders entschieden werden und Anklage erhoben werden, wie bereits beschrieben ist dies aber eher unwahrscheinlich.

Was ich hier verdeutlichen möchte, auf wie vielen Ebenen mangelnde Fort- und Ausbildung, mangelndes Wissen über sexualisierte Gewalt und der Tatmotive zu Fehleinschätzungen führen und wie diese Fehleinschätzungen zu (Re-)Traumatisierungen von Verletzten führen können. Wichtige Ursachen für dieses Phänomen sind m. E. die fehlende Ausbildung und Sensibilisierung, aber auch die mangelnde personelle und sachliche Ausstattung der Ermittlungsbehörden. Es fehlen schlichtweg die Mittel, um Ermittlungen über das erforderliche Mindestmaß hinaus führen zu können. Beispielsweise werden soziale Medien schon wegen Personalmangels und/oder technischer Inkompetenz der ermittelnden Behörde nicht durchforstet, Hausdurchsuchungen aufgrund von Zeitmangel gar nicht erst beantragt, weitere Ermittlungen im Umfeld der Täter unterlassen, wenn sie nicht sofort unmittelbar mit einer Tat augenfällig sind.

Ich möchte nur einige wenige Punkte nennen, die bei besserer Fortbildung, mehr Wissen und besserer Ausstattung der Ermittlungsbehörden anders verlaufen würden:

Die Täter sexualisierter Gewalt filmen und fotografieren Taten oft, um später ›Trophäen‹ von den Taten zu besitzen. Sie sehen sie immer wieder an, häufig werden sie auch als Tauschware verwendet oder verkauft und auf bestimmten Plattformen hochgeladen. Es ist keineswegs unrealistisch, auch viele Monate nach einer Tat auf den digitalen Geräten der Beschuldigten entsprechende Materialien zu finden.

Sexualdelikte haben selten etwas mit Sexualität zu tun. Es handelt sich vornehmlich um Gewaltdelikte, die durchgeführt werden, um die Opfer besonders zu erniedrigen. Die hier beschriebene Tatausführung könnte nahelegen, dass es sich um eine LGBTIQ-feindliche Tat handelt. Die politische Haltung des Beschuldigten, die sich bereits aus den Vorverurteilungen vermuten lassen, könnte eine gewichtige Rolle spielen. Die Verknüpfung von Rechtsextremismus, Frauenhass und LGBTIQ-Feindlichkeit sind offensichtlich. Es wäre hier dringend erforderlich, die sozialen Interaktionen des Beschuldigten, seine politischen Aktivitäten im Internet sowie seine Social-Media-Profile genau zu analysieren.

Es gibt keine statistische Evidenz, dass Opfer sexualisierter Gewalt andere Personen dazu anhalten, sich selbst ebenfalls als Opfer sexualisierter Gewalt darzustellen, noch dass sie suggestiv auf andere Personen einwirken würden. Dennoch hält sich die Voorannahme hartnäckig.

Die Tat nicht sofort zur Anzeige zu bringen oder anderen davon zu berichten, begründet sich in der Beschämung oder mit der Angst der Opfer und spricht weder für noch gegen die Glaubhaftigkeit der Aussage. Die Angabe der Verletzten, dass sie sich nach der Tat nicht dazu in der Lage sah, ist nachvollziehbar, wie auch die weitere Entstehungsgeschichte der Anzeige aufgrund des zufälligen Treffens des Täters und der Öffnung gegenüber ihrer Freundin.

Selbst wenn in einem solchen Fall Anklage erhoben würde, wäre zu befürchten, dass die oben genannten oder andere Argumente in einer Hauptverhandlung von Richter*innen und Verteidiger*innen in der Hauptverhandlung angebracht und Gehör finden würden. Es ist leider forensischer Alltag, dass auch im Gerichtssaal der verletzten Person gegenüber mit misogynen oder LGBTIQ-feindlichen Stereotypen begegnet wird und sie in der Hauptverhandlung retraumatisiert wird. Sensibilitäten für Sexismus, Rassismus, Klassismus und Ableismus werden in der gesamten juristischen Ausbildung nicht gelehrt und auch im Gerichtsalltag nicht gelebt. Es gibt zwar immer wieder einzelne Richter*innen und Staatsanwält*innen, die sich privat mit der Thematik auseinandersetzen und entsprechend handeln, regelhaft ist dies aber nicht. Vielmehr werden geschlechtsspezifisch motivierte Taten, wie die Tötungen von Frauen, (Ex-)Partnerschaftsgewalt, LGBTIQ-feindlich motivierte Gewalt und sexualisierte Gewalt meist als plötzlich eintretende, ausschließlich individuell zu begründende Handlungen beschrieben. Wahlweise werden Eifersucht, unerfüllte Lust, Begehren, Verzweiflung, Verlassen von der Partnerin oder der Mutter als Gründe angeführt. Häufig wird selbst in Gerichtsverfahren Unverständnis ausgedrückt, wie der als so besonders liebend dargestellte Ehegatte, treue Partner oder fürsorgende Vater zu einer solchen Tat fähig sein könne. Und auch bei sogenannten Fremdtätern wird, jedenfalls wenn sie nicht schon wiederholt auffällig geworden sind, eine geradezu naive Überraschung gegenüber der Tat gezeigt.

Dabei ist bei richtiger und vor allem systematischer Betrachtung oft festzustellen, dass diese Taten meist auf einer stetigen Entwicklung des Täters beruhen, die keineswegs unversehens vonstatten geht und häufig neben individuellen Ereignissen auch von einem oft frauenverachtenden und sexistischen Umfeld genährt wird. Leider wird aber nur allzu selten bei geschlechtsspezifischer Gewalt überhaupt neben dem individuellen Verhalten des Täters der Hintergrund der Taten oder Täter*innen betrachtet oder ermittelt, noch seltener werden die Taten gar als ›politisch motiviert‹ angesehen. Nur in seltenen Fällen und meist ausschließlich auf Betreiben von Nebenklagevertretungen hin wird in den Verfahren überhaupt thematisiert, ob eine Tat zumindest auch frauenverachtend, LGBTIQ-feindlich oder/und rassistisch motiviert sein könnte. Menschenfeindliche und frauenverachtende Motive werden in den schriftlichen Urteilen überwiegend nicht benannt. Auch die Treffer bei der Suche nach Begriffen wie Misogynie, Frauenhass, geschlechtsspezifische Gewalt oder Frauenfeindlichkeit in den großen juristischen Entscheidungsdatenbanken sind äußerst rar. So ist in den schriftlichen Urteilsgründen gegen den Attentäter von Halle der Frauenhass des Täters nicht als Motiv zu finden, obwohl dieser selbst seinen Frauenhass als wichtigen Beweggrund seines Handelns schilderte. Der Attentäter hatte am 9. Oktober 2019 versucht, in Halle in eine Synagoge einzudringen und dort betende Menschen zu töten. Als ihm dies nicht gelang, erschoss er Jana Lange und kurz darauf Kevin Schwarze. Der Attentäter versuchte außerdem Aftax Ibrahim und Ismet Tekin zu töten (OLG Naumburg, 21.12.2020, 1 St 1/20). Auch im öffentlichen Diskurs findet dieser Aspekt kaum mehr Raum als eine kleine Randnotiz. Auffällig ist, dass Ermittlungsbehörden und Gerichte misogyne Motive nur dann erwähnen, wenn es sich um Täter mit Migrationsgeschichte oder um ›muslimische‹ Täter handelt. Dann werden frauenverachtende oder auch LQBTIQ-feindliche Motive durchaus erwogen oder auch ausgesprochen und entsprechend abgeurteilt (Dowrek 2021). Deutlich wird dies bei der Thematik der sogenannten Ehrenmorde, also den Tötungen aufgrund von angenommenen ›Ehrvorstellungen‹ der Täter, die bestimmten ›Kulturkreisen‹ verhaftet sein sollen. In diesen Verfahren, in denen es meist vor allem um die Frage geht, ob das Tatmotiv als niedrig im Sinn des Mordparagrafen nach § 211 StGB erfüllt ist, werden die Wertevorstellungen des ›fremden Kulturkreises‹ als strukturell frauenverachtend vorausgesetzt und das Tötungsmotiv als niedrig angesehen (Foljanty/Lembke 2014). Der Begriff der Frauenverachtung taucht auch im Zusammenhang mit einem Ausweisungsverfahren auf, in dem dort die Vergewaltigung, für die der Auszuweisende strafrechtlich verurteilt wurde, als Ausdruck seiner frauenverachtenden Einstellung benannt wurde. Durch die Ausweisung soll, so heißt es in dieser Entscheidung,

> »den ausländischen Mitgliedern dieser Gruppe verdeutlicht werden, dass der deutsche Staat präventive Maßnahmen zum Schutz der Frauen ergreift. Personen aus diesem Kreis, die eine frauenverachtende Einstellung haben, wird so aufgezeigt, dass Taten gegen die sexuelle Selbstbestimmung nicht nur straf-, sondern auch aufenthaltsrechtliche Konsequenzen haben.« (Oberverwaltungsgericht Rheinland-Pfalz, Beschluss vom 23. Oktober 2018 – 7 A 10866/18 –, Rn. 15, juris)

Auch hier geht es also wieder um die Annahme, dass es die ›Fremden‹ sind, die eine frauenverachtende Einstellung nach Deutschland bringen würden. Ein Beispiel dafür ist, dass sich ein deutsches Gericht im Jahr 2020 nicht dazu durchringen konnte, den Hass auf Frauen eines Deutschen ohne Migrationshintergrund als solchen zu bezeichnen. In diesem Fall hatte der Täter als Betreiber einer Internetzeitung in zahlreichen Veröffentlichungen seine Ansichten über Frauen verbreitet, wie etwa diese: »Männer sind Menschen erster Klasse. Und Weiber sind Menschen zweiter Klasse. Sie haben am Menschengeschlecht teil, reproduzieren es auch, aber repräsentieren es nicht.« (LG Bonn, Urteil vom 18. September 2020 – 51 Ns-555 Js 306/13-19/20 –, juris). Oder auch:

> »Die Doktrin der Gleichheit von Mann und Weib ist so wahnhaft wie die Doktrin der Gleichheit von Mensch und Tier. Alle Versuche der praktischen Gleichstellung sind auf Dauer zum Scheitern verurteilt. Alle Versuche, die Gleichstellung per Gesetz zu erzwingen, schaffen Unheil und Unfrieden. Besonders verheerend ist die staatlich verordnete Frühsexualisierung – Vertierung – unserer Kinder.« (ebd.)

Der Angeklagte wurde in diesem Verfahren verurteilt und die Berufungskammer hat entschieden, dass die Beiträge die Menschenwürde der Frauen als Teil der Bevölkerung dadurch angegriffen hätten, dass diese beschimpft, böswillig verächtlich gemacht oder verleumdet wurde.

Beachtenswert ist hier aber der Aspekt, dass das Berufungsgericht die Frage, ob der Angeklagte auch zum Hass i.S.d. §130 Abs. 2 Ziffer 1 a StGB aufgestachelt habe, abgelehnt hat:

> »Dabei ergibt sich nicht aus seinen Beiträgen, dass er das emotionale Gefühl des Hasses gegen Frauen empfindet oder zu seinem solchen anstiften will. Für ihn

> ist es vielmehr Teil seines Weltbildes, dass Frauen weniger wert sind als Männer und davon will er seine Leser überzeugen. Eine emotional gesteigerte feindselige Haltung gegenüber den Frauen, die aus seiner Sicht zur Erhaltung der Menschheit aufgrund ihrer Reproduktionsfähigkeit auch notwendig seien, wollte er damit nicht erreichen.« (LG Bonn, Urteil vom 18. September 2020 – 51 Ns-555 Js 306/13-19/20 –, Rn. 147, juris)

Immerhin findet sich in den juristischen Portalen der Begriff Frauenfeindlichkeit auch ein weiteres Mal in einer Entscheidung bzgl. der Frage der Entlassung eines Polizeianwärters, der in einer Whats-App-Gruppe nationalsozialistische, antisemitische, rassistische, gewaltverharmlosende und -verherrlichende sowie frauenverachtende Inhalte geteilt hat (VG Freiburg (Breisgau), Beschluss vom 19. Oktober 2020 – 3 K 2398/20 –, Rn. 52, juris). Auch gibt es eine (!) veröffentlichte Verurteilung wegen einer Vergewaltigung, in der es unvermittelt heißt: »in dem Tatgeschehen kommt eine unbarmherzige, menschen- und insbesondere frauenverachtende Gesinnung des Beklagten zum Ausdruck« (LG Bielefeld, Urteil vom 14. September 2005 – 8 O 310/05 –, Rn. 26, juris).

Hervorzuheben sind auch die Entscheidungen, die Renate Künast aufgrund der gegen sie gerichteten misogynen Äußerungen in höherer Instanz erreicht hat, in denen es u.a. heißt, dass sie »im Schutze der Anonymität des Internets zum Objekt frauenverachtender und entwürdigender obszöner Anwürfe gemacht« wird (KG Berlin, Beschluss vom 11. März 2020 – 10 W 13/20 –, Rn. 26, juris). Insgesamt aber sind diese Entscheidungen äußerst selten.

Dabei fordern auch europäische Grundsätze längst eine gezielte Berücksichtigung und strukturelle Betrachtung von geschlechtsspezifischer Gewalt. Mit der Ratifizierung des Übereinkommens des Europarats zur Verhütung von Gewalt gegen Frauen und häuslicher Gewalt, der Istanbul-Konvention, gilt diese in Deutschland. Danach ist eine gesetzliche Grundlage verankert und ein Auftrag erteilt, nach dem die Bekämpfung von Gewalt gegen Frauen stets zu beachten ist und die besonderen Strukturen geschlechtsspezifischer Gewalt zu berücksichtigen sind. Sofern dies noch nicht hinreichend erfolgt ist, müssen nach Art. 15 der Istanbul-Konvention Angehörige der Berufsgruppen, die mit Opfern oder Täter*innen geschlechtsspezifischer Gewalt zu tun haben, ein Angebot an geeigneten Aus- und Fortbildungsmaßnahmen zur Verhütung und Aufdeckung solcher Gewalt erhalten haben. Großen

Teilen der Ermittlungsbehörden und der Justiz fehlt die jegliche Kenntnis über die Istanbul-Konvention, geschweige denn, dass deren Grundsätze umgesetzt würden. Auch insofern finden sich nur einige wenige Entscheidungen in den juristischen Rechtsprechungsportalen, insbesondere lediglich eine strafrechtliche Entscheidung, die immerhin eine Strafschärfung bei einem Delikt der sogenannten häuslichen Gewalt mit deren Regelung begründet (Hanseatisches Oberlandesgericht Hamburg, Beschluss vom 08. März 2018 – 1 Ws 114 - 115/17 –, Rn. 38, juris).

In einer weiteren Entscheidung dient die Istanbul-Konvention zur Begründung von aufenthaltsbeendenden Maßnahmen, da aufgrund der Ratifizierung im Herkunftsland dort hinreichend Schutz vor geschlechtsspezifischer Gewalt unterstellt wird. So heißt es in einem Beschluss:

> »Danach ist Gewalt gegen Frauen in Georgien zwar weiterhin ein ernstes Problem und zählt derzeit zu den wichtigsten Menschenrechtsthemen der Regierung. Die Bereitschaft, dagegen Maßnahmen zu ergreifen, nimmt jedoch weiterhin zu. Die Regierung bereitet einige Gesetzesänderungen vor, um das am 1. September 2017 in Georgien in Kraft getretene Übereinkommen des Europarats zur Verhütung und Bekämpfung von Gewalt gegen Frauen und häuslicher Gewalt (Istanbul-Konvention) von 2011 umzusetzen.« (Bericht des Auswärtigen Amtes über die asyl- und abschiebungsrelevante Lage in Georgien, Stand: Juli 2018, S. 9 f.).

»Hier wird die Konvention, die dem Schutz von Frauen vor Gewalt dienen soll, missbraucht, um deren Schutz auszuhebeln.« (OVG Lüneburg, Beschluss vom 3. April 2019 – 11 LA 12/18 –, Rn. 14, juris).

Welche Auswirkungen hat es aber, dass die deutsche Justiz von Phänomenen wie Frauenhass, Frauenverachtung und erst recht ihrer Verzahnung mit Phänomenen anderer menschenverachtender Praktiken wie Rassismus, LGBTIQ-Feindlichkeit oder Ableismus keine Notiz nimmt?

Selbstverständlich geht es in Strafverfahren stets um die individuelle Schuld eine*s Straftäter*in und diese muss, sofern eine Person verurteilt werden soll, präzise in einem Strafverfahren nachgewiesen werden. Es darf keine Beweislastumkehr geben, ›nur‹ weil eine beschuldigte Person etwa als rechtsextreme Frauenhasser und Rassist bekannt ist oder weil er Vergewaltigungsfantasien postet oder schon früher vergewaltigt und gemordet hat. Die Aspekte der Misogynie, insbesondere gepaart mit Rassismus oder auch der LGBTIQ-Feindlichkeit wären aber sowohl bei Fragen der Tatmotivationen, der Frage ob ein sogenanntes Mordmerkmal vorliegt, aber auch bei der Strafzumessung, etwa im Rahmen des § 46 StGB, durchaus zu berücksichtigen. Nach § 46 StGB sind »Beweggründe und die Ziele des Täters, besonders auch rassistische, fremdenfeindliche, antisemitische oder sonstige menschenverachtende« besonders zu berücksichtigen. Auch wenn also ausdrücklich das Motiv der Frauenverachtung nicht angeführt ist, würde Frauenhass doch unter das Merkmal »besonders menschenverachtend« zu subsumieren sein. Derzeit liegt ein Gesetzentwurf des Bundesjustizministeriums vor, nachdem in den § 46 StGB auch das geschlechtsspezifische, gegen die sexuelle Orientierung gerichtete Tat besonders berücksichtigt werden soll. Voraussetzung hierfür wäre jedoch, dass Frauenverachtung als Motiv überhaupt in Betracht gezogen, ermittelt und erkannt wird. Das ist jedoch unmöglich, solange bei den Ermittlungsbehörden und in der Justiz profundes Wissen über sexualisierte und geschlechtsspezifische Gewalt regelhaft nicht vorhanden ist. So wird etwa immer noch häufig sexualisierte Gewalt allein unter dem Aspekt der »sexuellen Begierde« statt unter dem Aspekt der besonders erniedrigenden Gewaltkriminalität betrachtet. Fehlerhafte Abschlussentscheidungen der Staatsanwaltschaft und Urteile könnten verringert werden, wenn endlich Wissen über spezifische Mechanismen, Täterstrukturen und Viktimologie an den Ausbildungsstätten gelehrt würden, weil etwa einzelne Handlungen dann plausibler werden und Tatschilderungen damit gefolgt werden kann. Dies ist bei Erwägungen, ob einer verletzten Zeug*in oder der Einlassung der beschuldigten Person geglaubt werden kann, von entscheidender Bedeutung. Außerdem würden bestimmte hartnäckige Vorannahmen, wie etwa sogenannte »Vergewaltigungsmythen« (Purucker 2017) weniger häufig angewandt und damit seltener zu falschen Beweiswertungen führen. Damit würde auch den Opfern geschlechtsspezifischer Gewalt weniger eine erneut traumatisierende Befragung und sonstige abwertende Verfahrenshandlungen zugemutet werden.

Außerdem sind Fortbildungen, in denen in intersektionalen Ansätzen die Phänomene der geschlechtsspezifischen Gewalt gelehrt werden, dringend erforderlich. Denn besonders häufig sind Menschen neben den Erfahrungen geschlechtsspezifischer Gewalt auch von ableistischer, rassistischer oder antisemitischer Gewalt betroffen. Hierfür wäre es unabdingbar, bereits in der juristischen Ausbildung für entsprechende Lehrveranstaltungen Ressourcen zur Verfügung zu stellen und alle Berufsgruppen, die mit geschlechtsspezifischer Gewalt in Berührung kommen, zu schulen.

Abschließend ist also festzuhalten, dass das Phänomen Misogynie weder begrifflich noch inhaltlich in der Justiz systematisch Beachtung findet, was dringend geändert werden muss.

Literatur

Dowrek, Günter (2022): Urteil von Dresden muss Weckruf an Innenpolitik sein. LSVD Pressemitteilung vom 21.05.2022. https://www.lsvd.de/de/ct/5127-Urteil-von-Dresden-muss-Weckruf-an-Innenpolitik-sein (12.09.2022).

Foljanty, Lena / Lembke, Ulrike (2014): Die Konstruktion des Anderen in der Ehrenmord-Rechtsprechung. https://www.kj.nomos.de/fileadmin/kj/doc/2014/2014_3/8._Lena_Foljanty__Ulrike_Lembke_-_Die_Konstruktion_des_Anderen_in_der__Ehrenmord_-Rechtsprechung.pdf (12.09.2022).

Purucker, Tanja (2017): Von zu kurzen Röcken und anderen Märchen. Vergewaltigungsmythen – Hintergründe, Folgen und eine Möglichkeit der Intervention. https://epb.bibl.th-koeln.de/frontdoor/deliver/index/docId/1012/file/Ausgezeichnet+2017+01+Purucker+-++Vergewaltigungsmythen.pdf (12.09.2022).

Gesetz zur Überarbeitung des Sanktionenrechts – Ersatzfreiheitsstrafe, Strafzumessung, Auflagen und Weisungen sowie Unterbringung in einer Entziehungsanstalt. https://www.bmj.de/SharedDocs/Gesetzgebungsverfahren/DE/Sanktionsrecht.html (13.09.2022).

Übereinkommen des Europarats zur Verhütung von Gewalt gegen Frauen und häuslicher Gewalt. https://rm.coe.int/1680462535 (12.09.2022).

Martina Puschke

Umfassender Schutz vor Gewalt gegen Frauen mit Beeinträchtigungen

Gewalt gegen Frauen und Mädchen mit Beeinträchtigungen[1] ist kein neues Thema. Selbstvertreterinnen fordern seit 40 Jahren barrierefreie Präventions- und Interventionsmaßnahmen. Bereits 1981 war das Thema ein wichtiger Anklagepunkt im Rahmen des *Krüppeltribunals* – der Protestveranstaltung von Menschen mit Beeinträchtigungen anlässlich des UNO-Jahres der Behinderten (vgl. Faber/Puschke 2007). Seither zieht sich das Thema wie ein roter Faden durch die Arbeit der Netzwerke behinderter Frauen[2].

Inzwischen ist belegt: Frauen mit Beeinträchtigungen erleben besonders häufig alle Formen von Gewalt in verschiedenen Kontexten ihres Alltags (vgl. Schröttle et al. 2012; Mayrhofer et al. 2017). Sie sind jung, alt, leben lesbisch, queer, in der eigenen Wohnung, allein, mit Partner*in, mit Kindern, im betreuten Wohnen oder Wohnheimen, mit unterschiedlichen Herkunftswurzeln etc. Und sie leben mit verschiedenen Arten einer Beeinträchtigung oder Behinderung. Diese mehrdimensionalen Faktoren können jeweils Einfluss auf ihre Gewalt- und Diskriminierungserfahrungen haben.

Als Vertreterin der Bewegung behinderter Frauen und der Selbstbestimmt-Leben-Bewegung nehme ich eine menschenrechtsorientierte po-

1 Ich verwende den Begriff Beeinträchtigung statt Behinderung, dem sozialen Modell von Behinderung folgend. Demnach ist eine Behinderung ein soziales Konstrukt, welche erst durch das Zusammenspiel von gesellschaftlichen Rahmenbedingungen und einer Beeinträchtigung vorliegt. Gut verdeutlicht wird dies durch den Slogan der *Selbstbestimmt-Leben-Bewegung*: »Wir sind nicht behindert, wir werden behindert!« oder auch: »Behindert ist man nicht, behindert wird man.« (Lingelbach 2018).

2 Es gibt in Deutschland in zwölf Bundesländern Landesnetzwerke oder -koordinierungsstellen behinderter Frauen und das Bundesnetzwerk von FrauenLesben und Mädchen mit Beeinträchtigungen – Weibernetz. Alle arbeiten als Selbstvertreterinnen im Sinne der *Selbstbestimmt-Leben-Bewegung*, bieten Interessenvertretung, Vernetzung und teilweise auch Beratung an. Siehe https://www.weibernetz.de/netzwerke-und-koordinierungsstellen-fuer-behinderte-frauen.html (06.07.2022).

litische Sicht auf notwendige gesellschaftliche Maßnahmen im Kontext Gewaltschutz ein.

Häufigkeit

Wie eingangs erwähnt, erleben Frauen und Mädchen mit Beeinträchtigungen unabhängig von ihrer Wohnform deutlich häufiger Gewalt als Frauen und Mädchen im Bevölkerungsdurchschnitt, je nach Gewaltform zwei bis dreimal so oft. Am häufigsten erfahren sie psychische Gewalt. Etwa 80 Prozent der Frauen, die im eigenen Haushalt leben, gaben in der ersten deutschen repräsentativen Studie von 2012 an, Demütigungen, Beleidigungen, Unterdrückung, Drohungen, Erpressung und Psychoterror zu erleben (vgl. Schröttle et al. 2012). Mehr als jede zweite Frau mit Beeinträchtigungen (ungefähr 60 Prozent, bei gehörlosen Frauen sogar 75 Prozent) hat bereits körperliche Gewalt erlebt. Sexualisierte Gewalt erfährt etwa jede dritte Frau mit Beeinträchtigungen, wenn sie in der eigenen Wohnung lebt, dreimal so häufig wie Frauen ohne Beeinträchtigungen. Gehörlose und blinde Frauen sowie Frauen, die in Einrichtungen der Behindertenhilfe leben, sind besonders häufig von Gewalt betroffen (vgl. ebd.).

Inwieweit weitere Merkmale wie sexuelle Orientierung, Herkunft oder Religion eine Rolle im Kontext der Häufigkeit des Gewalterlebens spielen, wurde bislang nicht repräsentativ erhoben. Dass lesbische Frauen mit Beeinträchtigungen auch homophobe Gewalt und Diskriminierungen erfahren, wird von Selbstvertreterinnen seit vielen Jahren berichtet, sei es im Gesundheitssystem, im Kontext der Assistenz und Pflege, auf Veranstaltungen etc. In der Forschung wird die mehrdimensionale Diskriminierung infolge von Geschlecht, Beeinträchtigung und Migration hingegen nur teilweise in den Blick genommen. Einige Forscher*innen weisen inzwischen ebenfalls darauf hin, dass eine entsprechende Forschung, die Macht- und Gewaltverhältnisse intersektional in den Blick nimmt, für Deutschland noch fehlt (vgl. Schröttle/Glammeier 2014).

Diskriminierungsfreier Gewaltschutz?

Gewaltschutzmaßnahmen müssen diskriminierungsfrei angeboten werden. Es muss sichergestellt werden, dass es nicht zu Diskriminierungen wegen einer Behinderung, des Alters, des Gesundheitszustandes, der Herkunft, der Sprache etc. kommt. So legt es Artikel 4 der Istanbul-Konvention fest, die 2018 in Deutschland in Kraft getreten ist. Auch die UN-Behindertenrechtskonvention (UN-BRK) verpflichtet die Vertragsstaaten in Artikel 16, den Zugang für Menschen mit Behinderungen zu Prävention und Schutz sicherzustellen. Das sollte eigentlich auch eine Selbstverständlichkeit sein: Niemanden ausschließen beim Schutz vor Gewalt. Schon gar nicht besonders vulnerable Gruppen.

Im Hinblick auf die Kategorie Behinderung ist die Wirklichkeit genau andersherum: Zwar erleben Frauen mit Beeinträchtigungen deutlich mehr Gewalt als Frauen im Bevölkerungsdurchschnitt; die wenigsten Gewaltschutzmaßnahmen sind jedoch barrierefrei[3] nutzbar. Das heißt, die meisten Gewaltschutzmaßnahmen orientieren sich nicht am Bedarf der Frauen und Mädchen, die am höchsten von Gewalt betroffen sind. Frauen und Mädchen mit Beeinträchtigungen sind in der Folge die doppelt Leidtragenden: Sie sind nachweislich hoch gefährdet und werden nicht ausreichend vor Gewalt geschützt und nach erlebter Gewalt steht ihnen das Hilfesystem nur eingeschränkt zur Verfügung. Das ist ein klarer Verstoß gegen die oben genannten Menschenrechtskonventionen. Exemplarisch seien an dieser Stelle zwei Beispiele aus den Bereichen Präventions- und Interventionsmaßnahmen benannt.

1. Als geeignete Maßnahme der Gewaltprävention sind Selbstbehauptungs- und Selbstverteidigungskurse oder WenDo[4] Kurse anerkannt. Eine Vielzahl von Trainerinnen bieten bundesweit entsprechende Kurse an. Sucht eine gehörlose Frau einen Kurs, schrumpft die Auswahl auf sehr wenige zusammen. Ähnliches gilt für blinde Frauen etc.[5] Spezielle Übungen zur Stärkung des Selbstbewusstseins für Mädchen und Frauen mit Behinderungen, die Leistungen zur medizinischen oder beruflichen Teilhabe erhalten, sieht das SGB IX seit 1999 vor[6]. Diese wurden jedoch nie flächendeckend implementiert, weil sie im Rahmen des Rehabilitationssports angeboten werden müssen. Die Rahmenbedingungen des Reha-

---

3 Eine umfassende Barrierefreiheit schließt den Zugang für alle ein, egal mit welcher Beeinträchtigung (Mobilitätsbeeinträchtigung, Sinnesbeeinträchtigungen, Lernschwierigkeiten, psychische Beeinträchtigungen etc.).

4 WenDo heißt: Weg der Frauen und ist ein frauen- und mädchenparteilicher Ansatz der Selbstbehauptung und Selbstverteidigung.

5 Siehe https://www.suse-hilft.de/de/hilfe-in-der-naehe/selbstverteidigung-und-selbstbehauptung.html (08.07.2022).

6 Nach § 64 Abs. 1 Nr. 3 SGB IX (zuvor § 44 SGB IX).

Sports konnten jedoch nie so angepasst werden, dass sie für Trainerinnen aus dem Kontext Selbstbehauptung akzeptabel waren (Puschke 2013: 5).

2. Das Hilfetelefon Gewalt gegen Frauen berät täglich rund um die Uhr in 18 Sprachen, insbesondere ratsuchende Frauen mit Gewalterfahrung[7]. Die Beratung kann auch in Leichter Sprache und mit einem zusätzlichen Programm für den Computer der Nutzerin mit zugeschalteter Dolmetscherin in Gebärdensprache erfolgen[8]. Damit ist die Beratung durch das Hilfetelefon barrierearm. Das ist gut, allerdings endet die Barrierefreiheit meist mit der Weitervermittlung. Laut gesetzlichem Auftrag ist das Hilfetelefon lediglich eine Erstanlaufstelle. Für konkrete und zum Teil längerfristige Beratungen oder akute Schutzmaßnahmen, wie Aufnahme in einem Frauenhaus oder einer Schutzwohnung, verweisen die telefonischen Beraterinnen auf das Hilfesystem vor Ort. Für Anruferinnen mit Beeinträchtigungen kann infolge fehlender Barrierefreiheit (s.u.) jedoch häufig keine für sie zugängliche Beratungs- oder Schutzeinrichtung vor Ort in Anspruch genommen werden.

Ableismus im Frauenhilfesystem

Es ist lange her, dass der Frauenbewegung und dem Frauenhilfesystem Behindertenfeindlichkeit vorgeworfen wurde, insbesondere aufgrund fehlender Barrierefreiheit, Einstellungen von Projektmitarbeiterinnen und nicht vorhandenen Kolleginnen mit Beeinträchtigungen (vgl. Rommelspacher 1999). Wenngleich der Vorwurf der Behindertenfeindlichkeit öffentlich nicht mehr thematisiert wird, gibt es Ableismus im Frauenhilfesystem bis heute (vgl. Puschke 2016). Hilfesysteme, die vor Gewalt schützen sollen und Prävention, Empowerment und Beratung anbieten, sollten frei von jeglichen -ismen sein, denn Sexismus, Rassismus, Heterosexismus, Antisemitismus, Ableismus etc. diskriminieren und verletzen. Dennoch sind auch Beraterinnen in einer Fachberatungsstelle, Mitarbeiterinnen eines Frauenhauses, Referentinnen für Gewaltschutz, Teil der Gesellschaft und

7 www.hilfetelefon.de.

8 Viele gehörlose Frauen kritisieren jedoch die Notwendigkeit des Zusatzprogramms *Tess-Relay-Dienst*. Sie priorisieren eine direkte Kommunikation mit einer gebärdenden Beraterin oder eine Videokonferenz ohne das spezielle Zusatzprogramm (welche von Seiten des Hilfetelefons aus Datenschutzgründen nicht angeboten wird).

täglich mit normativen Rollen- und Denkmustern konfrontiert und nicht frei von ableistischen Denkmustern, die als gesellschaftsstrukturierende Herrschaftsverhältnisse wirken. Ableismus ist ein Begriff aus der englischsprachigen Behindertenbewegung und geht über Behindertenfeindlichkeit hinaus. Kennzeichnend ist, dass sowohl positive als auch negative Fähigkeiten auf körperliche oder geistige Beeinträchtigungen reduziert werden (Schär 2014: 12).

Maskos (2010) verdeutlicht:

> »Dass jemand wegen seines für attraktiv befundenen Aussehens auch im Verdacht steht, äußerst nett, schlau und charmant zu sein, ist im Grunde genauso ›ableistisch‹, wie die Annahme kleinwüchsige Leute seien besonders lustig oder clownesk oder blinde Menschen von Natur aus musikalisch und mit einem Spitzengehör ausgestattet. Ableism kann alle Menschen auf ihre Körperlichkeit reduzieren. Die praktischen Folgen jedoch werden für die defizitär Bewerteten weitaus unangenehmer und ausgrenzender sein. Denn als behindert einsortiert worden zu sein, hat in Deutschland in aller Regel Ausschlüsse aus der Mehrheitsgesellschaft zur Folge.« (ebd.: o.S.)

Frauen und Mädchen mit Beeinträchtigungen sind häufig von den Angeboten des Hilfesystems ausgeschlossen. Lediglich etwa zehn Prozent der Frauenhäuser und rund ein Drittel der Frauenberatungsstellen sind eingeschränkt barrierefrei[9]. In den vergangenen zehn Jahren haben sich viele Frauenhäuser und Beratungsstellen auf den Weg zu mehr Barrierefreiheit gemacht. Zum Beispiel bieten die meisten inzwischen Infos und Beratung in Leichter Sprache an oder beraten an Ausweichorten, wenn sie nicht rollstuhlzugänglich sind. Einige Beraterinnen verfügen auch über Gebärdensprachkompetenz. Bei Um- oder Neubauten wird in der Regel auf umfassendere Barrierefreiheit oder Barrierearmut geachtet. Dennoch erhöht sich die Anzahl der barrierefreien Beratungs- oder Zufluchtsorte nur langsam. Es mangelt insbesondere an einer unkomplizierten und ausreichenden Finanzierung[10].

9 Das bedeutet, sie sind teilweise für Frauen mit bestimmten Beeinträchtigungen erreichbar, zum Beispiel für Frauen mit Lernschwierigkeiten, wenn sie Leichte Sprache anbieten. Um vollständig barrierefrei zu sein, müssten sie auch in Gebärdensprache beraten, rollstuhlzugänglich sein, für blinde, sehbehinderte und höreingeschränkte Frauen Vorrichtungen vorhalten etc.

10 Erste Erfahrungen mit einer Beteiligung des Bundes u.a. Barrierefreiheit bei Um- oder Neubauten im Frauenhilfesystem zu finanzieren, gibt es mit dem Bundesin-

Gewalt in Einrichtungen

Gewalt gegen Frauen und Mädchen ist ein gesamtgesellschaftliches Problem. Gesellschaftliche Strukturen befördern geschlechtsspezifische Gewalt. Die Aussonderung von Menschen mit Beeinträchtigungen in der BRD in ein flächendeckendes, lebensphasenübergreifendes Sondersystem mit Sonderkindergärten, -schulen, -ausbildungsstätten, Wohnheimen und Werkstätten seit den 1960er-Jahren ist bemerkenswert. Über Jahrzehnte war die Ausgrenzung in einer ›eigenen Sonderwelt‹ mit struktureller Gewalt und Strukturen, die Gewalt befördern, üblich (vgl. Puschke 2011). Auch in heutigen Zeiten der Inklusion[11] haben wir das Sondersystem noch nicht überwunden.

In allen Einrichtungen der Behindertenhilfe gibt es in unterschiedlicher Ausprägung Gewalt durch Strukturen oder gewaltfördernde Strukturen: Fehlende Gleichberechtigung, Selbst- und Mitbestimmung, Selbstvertretung[12] sowie Selbststärkung, fehlende Privatsphäre[13]. Zudem führen hierarchische Machtstrukturen, Machtmissbrauch in der Folge zu Diskriminierungen und Gewalt in unterschiedlichen Facetten. Nachweislich erleben Frauen in Einrichtungen noch häufiger Gewalt als Frauen, die im eigenen Haushalt leben. 90 Prozent der Frauen mit psychischen Beeinträchtigungen berichten von psychischer Gewalt, nahezu 80 Prozent von körperlicher Gewalt seit ihrem 16. Lebensjahr (vgl. Schröttle/Hornberg 2014). Frauen mit Lernschwierigkeiten in Einrichtungen berichten besonders häufig von

---

vestitionsprogramm im Rahmen des Bundesförderprogramms *Gemeinsam gegen Gewalt an Frauen* (www.gemeinsam-gegen-gewalt-an-frauen.de). Aus Sicht des Hilfesystems muss die Beantragung jedoch vereinfacht werden. Einige Bundesländer unterstützen seit einigen Jahren den barrierefreien Neubau einzelner Frauenhäuser.

11 In der UN-Behindertenrechtskonvention ist gesellschaftliche Inklusion (*Inclusion*) als Menschenrecht für die gesellschaftliche Teilhabe verankert, beispielsweise auf dem Arbeitsmarkt und in der Schule. Die Vereinten Nationen fordern von Deutschland unter anderem die schrittweise Abschaffung von Werkstätten für behinderte Menschen und barrierefreie Arbeitsplätze (Vereinte Nationen 2015: 10). 2009 ist die Konvention in Deutschland in Kraft getreten.

12 Während es bundesweit in allen Werkstätten für behinderte Menschen seit 2017 Frauenbeauftragte aus den Reihen der Beschäftigten geben muss, sind diese in Wohneinrichtungen bislang nur in Bremen, Rheinland-Pfalz und Thüringen verpflichtend. Grundsätzlich fehlt es auch ihnen an Mitbestimmungsrechten.

13 In manchen Einrichtungen gibt es immer noch keine abschließbaren Waschräume; es fehlen Einzelzimmer, die Pflegeperson kann nicht gewählt werden etc. (Schröttle et al. 2012).

sexueller Belästigung (40 Prozent) und körperlicher Gewalt (58 Prozent). Knapp 70 Prozent sind von psychischer Gewalt betroffen (vgl. ebd). Hinzu kommt, dass 18 Prozent der Frauen mit Lernschwierigkeiten in Einrichtungen sterilisiert sind und mehr als jede dritte Bewohnerin hormonell (häufig mit der Dreimonatsspritze) verhütet, ohne dass sichergestellt ist, dass sie heterosexuelle Kontakte hat oder jemals hatte (vgl. Schröttle et al. 2012; Zinsmeister 2012). Diese Zahlen wurden für Österreich 2017 identisch erhoben (Mayerhofer et al. 2019). Fast die Hälfte der sterilisierten Frauen berichten, Ärzt*innen oder Betreuungspersonen hätten ihnen zur Sterilisation geraten (vgl. Zinsmeister 2012), was eine informierte und freiwillige Zustimmung infrage stellt. Viele Frauen hinterfragen auch selbst, ob sie mit einem eigenen Kind leben können, wenn es in ihrer Einrichtung keine Möglichkeit für Eltern-Kind-Wohnen und unterstützte Elternschaft gibt und sie umziehen müssten. Eine weitere ›Entscheidung‹ infolge der gesellschaftlichen Gegebenheiten, die zudem gegen Artikel 19 und 23 UN-BRK verstößt.

Hinsichtlich der psychiatrischen Versorgung berichten Selbstvertreter*innen seit vielen Jahren von Zwangsmaßnahmen gegen ihren Willen. Dazu gehören unter anderem Elektroschocks, Fixierung, Isolierung oder die zwangsweise Verabreichung von Psychopharmaka (vgl. Lippert 2021). Hinzu kommt, dass für Frauen, die in psychiatrischen Einrichtungen geschlechtsspezifische Gewalt erleben, häufig spezielle Schutzräume fehlen (vgl. Tränklefeld 2008).

Öffentliche Wahrnehmung

Bis es Gewalt gegen Menschen mit Beeinträchtigungen in Tagespresse und -medien schafft, muss meist ein Mord passieren. Oder wie im Fall des Potsdamer Oberlinhauses, einer diakonischen Wohneinrichtung für Menschen mit Behinderung, gleich vier Morde. 2021 wurden hier vier Bewohner*innen mit Beeinträchtigungen – zwei Frauen und zwei Männer – durch eine Pflegerin ermordet und eine Bewohnerin schwer verletzt. Die ehemalige Pflegerin ist inzwischen rechtskräftig zu einer 15-jährigen Freiheitsstrafe verurteilt, der Heimleiterin wurde gekündigt. Über die Aufarbeitung der Tötung im Oberlinhaus, weiterer Gewaltgefährdungsanalysen, Gewaltschutzmaßnahmen und weiteres war öffentlich lange nichts bekannt. Aktivist*innen und Selbstvertretungsorganisationen kritisierten bei der Berichterstattung, dass nicht mit Bewohner*innen gesprochen wurde, frühere Gewaltvorfälle oder Diskriminierungen in der Einrichtung nicht benannt oder recherchiert wurden. Hingegen wurde berichtet, die Mitarbeiterin sei überlastet gewesen. Am Tag vor der Tat war die Heimaufsicht in der Einrichtung, nach Aktenlage entschied sie, es gebe keine Mängel (vgl. Gerner 2021; von Billerbeck 2022). Ein Jahr nach den Morden wurde nun ein Gewaltschutzbeauftragter in der Einrichtung eingeführt, eine Expert*innenkommission soll einrichtungsintern die Probleme in der Pflege untersuchen[14].

Alltägliche geschlechtsspezifische Gewalt gegen Frauen und Mädchen mit Beeinträchtigungen schafft es hingegen nur selten in die Medien. Sie bleibt öffentlich weithin unerkannt und unbekannt. Die gesamtgesellschaftliche Dimension für die Bekämpfung der Gewalt gegen Frauen und Mädchen mit Beeinträchtigungen wird nicht thematisiert. Entsprechend findet auch kein öffentlicher Diskurs statt. Dieser bleibt den Selbstvertreterinnen, Frauenverbänden und der Wissenschaft vorbehalten.

Umfassender Gewaltschutz notwendig

Empfehlungen für einen konsequenten und umfassenden Gewaltschutz insbesondere von Frauen und Mädchen mit Beeinträchtigungen liegen seit vielen Jahren vor (vgl. Staatliche Koordinierungsstelle 2012). Einige Forderungen wurden in den letzten zehn Jahren umgesetzt. Beispielhaft genannt seien die Verpflichtung von Frauenbeauftragten in Werkstätten für behinderte Menschen, Aufklärungs- und Informationsmaterialien in Leichter Sprache, Fortbildungen für Mitarbeitende in Einrichtungen, modellhafte Erprobung sexualpädagogischer und gewaltpräventiver Maßnahmen, modellhafte Vernetzungen zwischen dem Frauenhilfesystem und der Eingliederungshilfe, gesetzliche Verpflichtung zu Gewaltschutzkonzepten in Einrichtungen und ein verbessertes Strafrecht.

Derzeit ist zu beobachten, dass politisch das Thema Gewalt in Einrichtungen der Behindertenhilfe fokussiert wird. Eine aktuelle Untersuchung von Schröttle et al. legt dar, wie es um den Gewaltschutz in Einrichtungen steht. Sie kommt zu dem Ergebnis, dass noch umfangreicher Handlungsbedarf besteht (vgl. Schröttle et al. 2021). Dieser wird von der Monitoringstel-

14 https://oberlinhaus.de/news/oberlinhaus-beruft-expertenkommission (07.07.2022).

le zur Umsetzung der UN-BRK und dem Bundesbehindertenbeauftragten ebenfalls gesehen (vgl. Beauftragter der Bundesregierung für die Belange von Menschen mit Behinderungen und Deutsches Institut für Menschenrechte 2022). Aus den Reihen der Zivilgesellschaft wurden die Morde im Oberlinhaus zum Anlass genommen, um insbesondere journalistisch Gewaltfälle in vollstationären Einrichtungen zu recherchieren (vgl. Ability Watch 2022). Zudem befasst sich die Zivilgesellschaft mit Mindeststandards für Gewaltschutzkonzepte in Einrichtungen (Bundesvereinigung Lebenshilfe 2017; Weibernetz 2021). Es braucht jedoch nicht nur Einzelmaßnahmen (in Einrichtungen), sondern

> »eine umfassende, wirksame und mit angemessenen Mitteln ausgestattete Strategie [...], um in allen öffentlichen und privaten Umfeldern den wirksamen Gewaltschutz für Frauen und Mädchen mit Behinderungen zu gewährleisten« (CRPD 2015: Ziffer 36).

Diese Strategie fordern die Vereinten Nationen seit der ersten Staatenprüfung zur Umsetzung der UN-BRK aus dem Jahr 2015. Auch mit der Ratifizierung der Istanbul-Konvention hat sich Deutschland verpflichtet, eine Gewaltschutzstrategie zu erstellen. Im Koalitionsvertrag 2021 bis 2025 ist eine Gewaltschutzstrategie angekündigt. Ob sie den umfassenden Charakter, wie von den Vereinten Nationen gefordert, haben wird, bleibt abzuwarten.

Fazit

Um Frauen und Mädchen mit Beeinträchtigungen umfänglich vor Gewalt zu schützen, reicht es nicht aus, immer mal wieder einzelne Maßnahmen zu ergreifen. Ihre vielfältigen Wohn- und Lebenswelten müssen berücksichtigt werden. Für alle Bereiche werden Schutzkonzepte für Prävention und Intervention benötigt, die partizipativ mit Frauen und Mädchen mit Beeinträchtigungen erarbeitet werden müssen. Vor allen Dingen müssen Frauen und Mädchen mit den unterschiedlichsten Beeinträchtigungen zielgruppen- und altersspezifisch empowert werden, um selbstbestimmte Entscheidungen für ihr Leben treffen zu können. Ihre Mitbestimmungsrechte und vorhandene Instrumente wie Frauenbeauftragte in Einrichtungen müssen gestärkt werden. Präventions- und Schutzmaßnahmen müssen entsprechend der Vielfalt von Frauen und Mädchen mit Beeinträchtigungen passgenau entwickelt werden. Das ist die Herausforderung eines notwendigen intersektionalen Gewaltschutzes. Alle Empfehlungen für einen menschenrechtsbasierten Gewaltschutz liegen auf dem Tisch. Sie müssen von allen verantwortlichen Stellen flächendeckend umgesetzt werden.

Literatur

Ability Watch e.V. (2022): Ableismus tötet. Forderungen und Maßnahmen. Was muss sich langfristig und kurzfristig verändern? https://ableismus.de/toetet/de/forderungen (07.07.2022).

Bundesvereinigung Lebenshilfe e.V. (2017): Checkliste zur Gewaltprävention. Gewalt vermeiden, mit Würde begegnen, selbstbestimmt teilhaben können. https://www.lebenshilfe.de/fileadmin/Redaktion/PDF/Wissen/public/Materialien/20171206-Checkliste-Gewaltpraevention.pdf (07.07.2022).

CPRD: Abschließende Bemerkungen zum 1. Staatenbericht Deutschlands (CPRD/C/GC/3). https://www.institut-fuer-menschenrechte.de/publikationen/detail/crpd-abschliessende-bemerkungen-ueber-den-ersten-staatenbericht-deutschlands# (07.07.2022).

Faber, Brigitte / Puschke, Martina (Hg.): 25 Jahre Bewegung behinderter Frauen. Erfahrungen, Anekdoten und Blitzlichter aus den Jahren 1981–2006. Kassel 2007.

Gerner, Linda (2021): Tod von Menschen mit Behinderung. Ableistische Gewalttat. taz vom 30.04.2021. https://taz.de/Tod-von-Menschen-mit-Behinderung/!5769240/ (07.07.2022).

Lingelbach, Gabriele (2018): Behindert/Nicht behindert. Begrifflichkeiten, Konzepte und Modelle der Disability History. https://www.bpb.de/shop/zeitschriften/apuz/275890/behindert-nicht-behindert/ (07.07.2022).

Lippert, Julia (2021): Menschenrechte in der Psychiatrie. https://kobinet-nachrichten.org/2021/03/01/menschenrechte-in-der-psychiatrie/ (05.07.2022).

Maskos, Rebecca (2010). Was heißt Ableism? Überlegungen zu Behinderung und bürgerlicher Gesellschaft. In: arranca!43. S. 30–33.

Mayrhofer, Hemma et al. (2019): Erfahrungen und Prävention von Gewalt an Menschen mit Behinderungen. Wien: Bundesministerium für Arbeit, Soziales, Gesundheit und Konsumentenschutz (BMASGK). https://broschuerenservice.sozialministerium.at/Home/Download?publicationId=718 (24.09.2022).

Puschke, Martina (2012): Schutz vor sexualisierter Gewalt gegen Menschen mit Behinderung: Nichts weniger als ein Menschenrecht. In: Jens Clausen / Frank Herrath (Hg.): Sexualität leben ohne Behinderung. Das Menschenrecht auf sexuelle Selbstbestimmung. Stuttgart: Kohlhammer 2012. S. 135–146.

Puschke, Martina (2013): Eine reife Leistung. Deutscher Behindertensportverband bildete acht Übungsleiterinnen zur Stärkung des Selbstbewusstseins aus. In: WeiberZEIT 23. S. 5.

Puschke, Martina (2016): Ableismus? Oder: Wie offen sind wir wirklich für alle Frauen? In: Newsletter Frauenhauskoordinierung 2016/2. Berlin: S. 2–3.

Rommelspacher, Birgit (Hg.): Behindertenfeindlichkeit, Ausgrenzungen und Vereinnahmungen. Göttingen: Lamuv 1999.

Schär, Wiebke (2014): »Von Ableismus, seinen Facetten und Auswirkungen« In: Forum Psychosomatik. Zeitschrift für Psychosomatische MS-Forschung 24. S. 12–19.

Schröttle, Monika et al. (2012): Lebenssituation und Belastungen von Frauen mit Beeinträchtigungen und Behinderungen in Deutschland. Kurfassung. Hrsg. vom Bundesministerium für Familie, Senioren, Frauen und Jugend (BMFSFJ). Berlin.

Schröttle Monika / Glammeier, Sandra (2014): Gewalt gegen Mädchen und Frauen im Kontext von Behinderung, Migration und Geschlecht. In: Gudrun Wansing / Manuela Westphal (Hg.): Behinderung und Migration. Inklusion, Diversität, Intersektionalität. Berlin: Springer Verlag 2014. S. 285–308.

Schröttle, Monika / Hornberg, Claudia (2014): Gewalterfahrungen von in Einrichtungen lebenden Frauen mit Behinderungen. Ausmaß-Risikofaktoren-Prävention. Hrsg. vom Bundesministerium für Familie, Senioren, Frauen und Jugend (BMFSFJ). Berlin.

Schröttle, Monika et al. (2021): Gewaltschutzstrukturen für Menschen mit Behinderungen – Bestandsaufnahme und Empfehlungen. Forschungsbericht 584. Hrsg. vom Bundesministerium für Arbeit und Soziales (BMAS). Berlin.

Staatliche Koordinierungsstelle nach Artikel 33 zur Umsetzung der UN-Behindertenrechtskonvention (2012): Frauen und Mädchen besser vor Gewalt schützen. Positionspapier der Staatlichen Koordinierungsstelle nach Artikel 33 UN-BRK (Fachausschuss Freiheits- und Schutzrechte, Frauen, Partnerschaft, Bioethik).

Tränklefeld, Julie (2008): Frauenschutzräume in der Psychiatrie in: WeiberZEIT 15. S. 8–9.

Vereinte Nationen Ausschuss für die Rechte von Menschen mit Behinderungen (2015): »Abschließende Bemerkungen über den ersten Staatenbericht Deutschlands«. https://www.gemeinsam-einfach-machen.de/GEM/DE/AS/UN_BRK/Staatenpruefung/Erste_Staatenpruefung/CO_Staatenpruefung_deutsch.html (05.02.2022).

von Billerbeck, Liane (2022): Ein Jahr nach den Morden im Oberlinhaus. Missstände in Behindertenheimen seit Jahrzehnten. https://www.deutschlandfunkkultur.de/behinderteneinrichtungen-gewalt-krauthausen-100.html (07.07.2022).

Weibernetz e.V. – Politische Interessenvertretung behinderter Frauen (2021): In 5 Schritten zu einem Gewaltschutzkonzept. Mindeststandards für die Erarbeitung. https://www.weibernetz.de/svg/gewaltschutz-in-einrichtungen.html (07.07.2022).

Zinsmeister, Julia (2012): Zur Einflussnahme rechtlicher Betreuerinnen und Betreuer auf die Verhütung und Familienplanung der Betreuten. In: Betreuungsrechtliche Praxis 2012/6. S. 227–232.

Zinsmeister, Julia (2021): Juristische und strukturelle Situation im Gewaltschutz. In: Monika Schröttle et al. (Hg.): Gewaltschutzstrukturen für Menschen mit Behinderungen – Bestandsaufnahme und Empfehlungen. Forschungsbericht 584. Hrsg. vom Bundesministerium für Arbeit und Soziales (BMAS). Berlin. S. 36–85.

Sylvia Haller · Britta Schlichting

Autonome Frauenhäuser und die Umsetzung der Istanbul-Konvention

Dieser Beitrag gibt einen Überblick über die Leitlinien der Autonomen Frauenhäuser. Es wird verdeutlicht, wie sich diese Prinzipien in der praktischen Arbeit des Frauenhausalltags bzw. der Arbeit mit den gewaltbetroffenen Frauen und ihren Kindern widerspiegeln. Des Weiteren wird auf die Bedeutung und Chancen der Istanbul- Konvention für die politische Arbeit der Autonomen Frauenhäuser eingegangen.

1976 wurden in Deutschland die ersten Autonomen Frauenhäuser in Berlin, Bielefeld und Köln durch das Engagement feministisch motivierter Frauen[1] eröffnet. Inzwischen gibt es im ganzen Bundesgebiet Autonome Frauenhäuser. Sie sind eine Errungenschaft der Frauenbewegung dieser Zeit. Frauenhäuser sind aus der Erkenntnis heraus entstanden, dass Gewalt von Männern gegen Frauen eine strukturelle systemische Voraussetzung für die historisch gewachsene und aktuell bestehende Ungleichheit in der Machtverteilung und Teilhabe von Männern und Frauen ist. Gewalt gegen Frauen dient der Kontrolle von Männern über Frauen und deren Körper und somit dem Erhalt und der Fortschreibung dieser ungleichen Machtverteilung. Die autonome Frauenhausarbeit ist dieser feministischen Erkenntnis und den ihr geschuldeten Grundsätzen – Solidarität, Parteilichkeit, Anonymität, Hilfe zur Selbsthilfe, Empowerment, Partizipation, Teilhabe und Vielfalt – verpflichtet.

Autonome Frauenhäuser haben es sich zur Aufgabe gemacht, Gewalt gegen Frauen und Kinder auf allen gesellschaftlichen Ebenen öffentlich zu machen und dadurch zu enttabuisieren und zu bekämpfen. Sie sind Orte

1 Wir gehen nach wie vor von einem binären Machtverhältnis der Geschlechter aus und nutzen die Begriffe Mann, Frau, Mädchen und Jungen daher als politische Kategorie. Parallel dazu legen wir die Annahme zu Grunde, dass Geschlecht konstruiert ist und es vielfältige geschlechtliche Identitäten gibt. Trans Frauen sind Frauen, deshalb machen wir in unserem Text nicht die Unterscheidung bzw. Hervorhebung durch einen Asterisk (*), wenn es um die Erfahrungen aller Frauen geht.

von Frauen, an denen Frauen und ihre Kinder gestärkt und ermutigt werden. Ein Autonomes Frauenhaus ist ein wechselseitiger Lernort.

Leitlinien der Autonomen Frauenhäuser[2]

Feministische Grundhaltung

Frauen und Mädchen erfahren jeden Tag, dass sie in ihren Interessen, Fähigkeiten und Bedürfnissen ignoriert, ausgegrenzt oder abgewertet werden, weil viele Lebensbereiche von Männern und Jungen dominiert sind. Physische, psychische und sexualisierte Gewalt sind dabei extreme Ausdrucksformen männlicher Dominanz. Sie dienen dazu, dieses Machtgefälle zwischen den Geschlechtern aufrechtzuerhalten. Dies erfordert ganzheitliche Lösungsstrategien. Die feministische Frauenhausarbeit unterstützt mit ihrer Haltung das (Wieder-)Erlangen der Definitionsmacht von gewaltbetroffenen Frauen über ihr Leben, über Frauenrollen und Frauenbilder. Sie interveniert durch ihre Praxis gegen Lebensbedingungen, Wertvorstellungen und Strukturen, die Gewalt begünstigen bzw. diese aufrechterhalten. Die wirksame Gesamtstrategie gegen Gewalt an Frauen, Mädchen und Jungen setzt an den ökonomischen Verhältnissen, den Lebensbedingungen und Grundannahmen unserer Gesellschaft an. Feministische Theorien und Praxen haben die Lebensbedingungen für Frauen und Mädchen in dieser Gesellschaft verändert und verbessert. Autonome Frauenhäuser übernehmen eine wichtige gesellschaftspolitische Aufgabe. Sie schaffen öffentliches Bewusstsein für die existierenden sozialen, gesellschaftlichen, strukturellen und politischen Bedingungen, die Gewalt gegen Frauen und Mädchen hervorrufen und begünstigen. Sexismus und Gewalt gegen Frauen in allen unterschiedlichen Formen dienen dem Erhalt bestehender Machtverhältnisse. Rassismus, Gadje-Rassismus[3], Antisemitismus, Ableismus, Homo- und Transfeindlichkeit sind weitere von vielen Ausgrenzungspraktiken. All diese Formen von

---

2 Vgl. Zentrale Informationsstelle Autonomer Frauenhäuser (2017): Leitlinien- autonom, feministisch, basisdemokratisch. https://autonome-frauenhaeuser-zif.de/wp-content/uploads/2019/08/zif_leitlinien_autonomer_frauenhaeuser_flyer_0.pdf (08.02.2022).

3 Der Begriff >Gadjerassismus< wird, da er auf die Reproduktion des Lexems >zigan< verzichtet, als kritische Alternative zu >Antiziganismus< verwendet (vgl. Migrationsrat 2020).

Gewalt sind miteinander verschränkt und verstärken sich gegenseitig. Autonome Frauenhausarbeit zielt darauf ab, dieser Gewalt entgegenzuwirken und die gesellschaftlichen Verhältnisse, die diese bedingen, infrage zu stellen und mit ihren feministischen Prinzipien eine Veränderung dieser Machtstrukturen zu bewirken.

Rassismusbewusstsein und Anti-Diskriminierung

Feminismus ist eine gesellschaftspolitische Bewegung an der Schnittstelle von verschiedenen Diskriminierungssystemen. Eines dieser Systeme ist Rassismus. Rassismus ist alltäglich und betrifft Frauen und Kinder strukturell, individuell und in sozialen Beziehungen. Rassismus ist Gewalt und befördert Gewalt. Rassistische Diskriminierung geschieht auch dann, wenn Menschen nicht rassistisch sein wollen. Rassismus ist kein Problem von einzelnen ›Betroffenen‹, sondern ist gesamtgesellschaftlich tief verankert. Als Teil dieser Gesellschaft sind Autonome Frauenhäuser nicht frei von Diskriminierungen und auch nicht von Rassismus – aber die Autonomen Frauenhäuser arbeiten seit vielen Jahren daran, unterschiedliche Formen von Diskriminierung und Unterdrückung wahrzunehmen und kontinuierlich abzubauen. Das gesellschaftspolitische Erbe von Kolonialismus und Nationalsozialismus hat bis heute massive Auswirkungen auf das Zusammenleben der Menschen in Deutschland. In diesem Kontext sehen sich die Autonomen Frauenhäuser dem historischen und dem aktuellen Antifaschismus verbunden und verpflichtet, gegen Rassismus, Nationalismus, Antisemitismus und Gadje-Rassismus aufzutreten und gegen jede Form von Unterdrückung von Menschen wie Ableismus, Homo- und Transfeindlichkeit gegen jede Art von Sexismus und andere Ausbeutungs- und Ausgrenzungsstrukturen vorzugehen. Diese gesamtgesellschaftliche und persönliche Bewußtwerdung und Auseinandersetzung mit Rassismen und Privilegien-Verlust sind gewollt und nicht abgeschlossen. Die Mitarbeiterinnen der Autonomen Frauenhäuser nehmen dabei strukturelle, politische und gesellschaftliche Aspekte von Rassismus in den Blick und setzen vielfältige Strategien ein, um Herrschaftsstrukturen zu verändern und Ausgrenzungen entgegenzutreten. Darum wird innerhalb der Frauenhäuser, bezüglich der dort arbeitenden Frauen und der dort wohnenden Frauen und Kinder, auf kontinuierliche, rassismuskritische und nicht-diskriminierende Bildungs- und Reflexionsarbeit geachtet.

Autonomie und Selbstbestimmung

Das Selbstbestimmungsrecht jeder Frau ist ein zentraler feministischer Grundsatz und geht davon aus, dass jede Frau Expertin und verantwortlich für ihr eigenes Leben ist. *Frauen helfen Frauen*, ein zentrales Arbeitsprinzip Autonomer Frauenhäuser, ist aus dieser Überzeugung heraus erwachsen. Frauen, die in einem Frauenhaus Zuflucht suchen, haben überwiegend Gewalt durch Männer erfahren. Im Frauenhaus als einem Ort von Frauen für Frauen und deren Kinder darf die erlebte Dominanz des gewalttätigen Partners nicht ersetzt werden durch die Dominanz und Bevormundung seitens der Institution Frauenhaus. Durch das vorgelebte und das eigene selbstbestimmte Handeln wird das Vertrauen in die eigenen Fähigkeiten unterstützt und gestärkt und trägt dadurch auch dazu bei, vorherrschende stereotype Vorstellungen der Geschlechterrollen in Frage zu stellen und zu überwinden. Gewalt und Dominanz von Männern gegenüber Frauen wird unter anderem durch hierarchische Organisationsstrukturen repräsentiert, unterstützt und fortgeschrieben. Teams in Autonomen Frauenhäusern arbeiten selbstbestimmt, gleichberechtigt und kommen ohne formale interne Hierarchien aus. Durch Partizipation, Teilhabe und Reflexion im Team wird die aufgrund von Wissen und Erfahrung nicht ausbleibende Entscheidungsmacht Einzelner mit dem Ziel thematisiert, Hierarchisierung zum Wohle aller zu überwinden.

Hilfe zur Selbsthilfe und Empowerment

Das Prinzip *Hilfe zur Selbsthilfe* geht davon aus, dass jede Frau fähig und verantwortlich dafür ist, sich selbst zu helfen. Hilfe zur Selbsthilfe ermutigt Frauen und fordert sie heraus, ihre eigenen Lösungen zu entwerfen und umzusetzen. Sie ermöglicht Frauen, in einer Gemeinschaft Zugang zu ihren eigenen Fähigkeiten und Kenntnissen, sowie zu wirtschaftlicher Unabhängigkeit zu finden. Frauen und Kinder im Frauenhaus teilen die eigenen Erfahrungen mit anderen und erleben dadurch Solidarität und Verbindung. Die Stärkung jeder einzelnen Frau und jedes Kindes hat letztendlich die Stärkung der Gemeinschaft zur Folge. Empowerment hat im Kontext der Frauenhausarbeit die Bedeutung, Frauen darin zu unterstützen, ihre eigene Entwicklung selbst zu bestimmen und im besten Falle prozesshaft in der eigenen Geschwindigkeit und aus eigener Kraft zu verwirklichen. Durch den Zugang zu Ressourcen, Informationen, Beteiligung und Teilhabe wird diese Selbstbefähigung ermöglicht. Selbstachtung und Selbstvertrauen sind die Folgen von zunehmender Selbstbefähigung und der Erfahrung von Respekt und Solidarität in der Gemeinschaft. Frauen, Mädchen und Jungen erleben dadurch, eine Stimme zu haben und diese bei den Entscheidungen, die sie betreffen, einzubringen und sich für ihre Rechte einzusetzen. Das Zusammenleben im Frauenhaus fördert die Solidarität der Frauen und ihrer Kinder untereinander und macht die stärkende Erfahrung von gegenseitiger Unterstützung möglich.

Parteilichkeit

Parteilichkeit bedeutet, auf eine gesamtgesellschaftliche Verantwortungsübernahme für Gewalt gegen Frauen, Mädchen und Jungen zu bestehen. Sie ist auf allen Ebenen die Grundlage der Autonomen Frauenhausarbeit. Von Gewalt betroffenen Frauen, Mädchen und Jungen wird vorurteilsfrei begegnet und unmittelbare Unterstützung angeboten. Die parteiliche Unterstützung der Frauen und Kinder und die Solidarität mit ihnen ist ein elementarer Bestandteil der Arbeit. Frauen, die in einem Autonomen Frauenhaus Schutz suchen, müssen nicht beweisen, dass ihnen Gewalt angetan wurde. Kinder, die ins Frauenhaus kommen, sind sowohl Zeug*innen als auch selbst Betroffene von Gewalt. Die Arbeit mit den Kindern basiert auf dem Prinzip der Parteilichkeit für diese. Sie werden als eigenständige Persönlichkeiten mit ihren Interessen und Bedürfnissen, ihren individuellen Stärken und Fähigkeiten gesehen und in ihren Rechten unterstützt und bestärkt. Die Mitarbeiterinnen in Autonomen Frauenhäusern setzen sich für die Rechte der Kinder ein und achten und schützen deren Wohl. Die Arbeit mit ihnen orientiert sich an diesen Leitlinien. Das Engagement für die Rechte der Kinder und für die Rechte von Frauen sind im Autonomen Frauenhaus untrennbar miteinander verbunden.

In zahlreichen Frauenhäusern führen räumliche Bedingungen zu einem Ausschluss von Personengruppen, hierzu gehören unter anderem männliche Kinder über zwölf Jahre. Diese Tatsache wird beständig reflektiert und wo möglich auch behoben. So gibt es aktuell viele Frauenhäuser, die zusätzlich zu einem bestehenden Haus Wohnungen anmieten, um speziellen Personengruppen dort einen Schutzraum bieten zu können. Daneben haben die vielerorts schlechten Finanzierungen der Frauenhäuser und die damit einhergehenden unzureichenden personellen und finanziellen Ressourcen unmittelbare Auswirkungen auf die Unterstützung gewaltbetroffener Frauen und ihrer Kinder. Seit Bestehen der Frauenhäuser kämpfen diese für bessere Bedingungen sowohl für die Frauen und Kinder als auch für die Mitarbeiterinnen in den Frauenhäusern.

Partizipation

Partizipation ist ein Prozess, an dem alle Beteiligten/Bewohnerinnen nach ihren Möglichkeiten und Fähigkeiten mitwirken und Einfluss nehmen können. Dies setzt voraus, dass die Beteiligten dabei zu jeder Zeit in den Prozess einbezogen sind und sowohl individuelle als auch Gemeinschaftsinteressen bei der Planung berücksichtigt werden. Entscheidungsprozesse in der Gruppe erfordern das Engagement aller. Transparenz und ein freier und offener Austausch von Informationen sind dafür wesentliche Voraussetzungen.

Das Arbeitsprinzip der Partizipation kommt im Alltag des Frauenhaus-Lebens immer wieder an seine Grenzen. So können akute Krisen, Sprachbarrieren oder Desinteresse aufseiten der Bewohnerinnen dazu führen, dass Entscheidungen nur von Einzelnen getroffen werden. Hier ist ein Partizipationsverständnis von Nöten, das davon ausgeht, dass Menschen sich auch gegen Beteiligung entscheiden können.

Darüber hinaus bedarf der partizipative Arbeitsansatz einer steten Reflexion und Überprüfung, um nicht zu einer Worthülse zu verkommen. Mitarbeiterinnen müssen sich klar darüber sein, dass allein die Auswahl der Prozesse, die partizipativ gestaltet werden, schon einen Machtmoment beinhaltet. Wird beispielsweise das komplette Regelwerk des Frauenhauses zwischen Bewohnerinnen und Mitarbeiterinnen ausgehandelt und fortwährend angepasst oder wird unter Partizipation lediglich die gemeinsame Gestaltung der nächsten Gruppenaktivität verstanden? Um einer partizipativen Arbeitshaltung umfänglich gerecht zu werden, ist völlige Transparenz über die Entscheidungen der Mitarbeiterinnen unabdingbar.

Vielfalt leben – Inklusion fordern

Jederzeit und überall sollen alle gewaltbetroffenen Frauen und ihre Kinder, die Zuflucht suchen, Zugang zu einem Frauenhaus finden können. Die Realität zeigt allerdings, dass wir vielerorts weit von der Erfüllung dieser Forderung entfernt sind. Bauliche und personelle Bedingungen verhindern den barrierefreien Zugang und die Begleitung von gewaltbetroffenen Frauen und deren Kindern mit diesen Bedarfen. Umso wichtiger ist es, dass Autonome Frauenhäuser den Anspruch des Zugangs für alle beständig wiederholen und politische Verantwortungsübernahme einfordern.

Unterschiedlichkeit und Vielfalt von Frauen und Kindern sind wertvoll und bereichernd. Durch den Austausch von Lebenserfahrungen, Gemeinsamkeiten und Verschiedenheiten können sich neue Sichtweisen und Lösungen ergeben. Für das Zusammenleben und -arbeiten im Frauenhaus ist der Respekt vor jeder Frau und jedem Kind unverzichtbar. Inklusion im Frauenhauskontext bedeutet solidarisches Handeln vor dem Hintergrund der Wertschätzung jeder einzelnen Frau und jedes einzelnen Kindes in der Vielfalt existierender Lebenswirklichkeiten – solange der Rahmen des geschützten Raumes und die Grenzen der solidarischen Gemeinschaft gewahrt und andere in ihrer Freiheit nicht beschränkt werden. Damit jede Frau mit ihren Kindern die sie betreffenden Gewaltverhältnisse verlassen und Schutz und Unterstützung in einem Frauenhaus finden kann, müssen ausschließende, einschränkende und diskriminierende Bedingungen auf allen Ebenen abgeschafft werden. Um dies zu erreichen, beschäftigen sich Autonome Frauenhäuser ausführlich mit ausgrenzenden Mechanismen und Barrieren. Angefangen bei der eigenen Haltung und dem eigenen Handeln über inhaltliche Konzeptionen bis hinein in gesetzliche, politische, bauliche und finanzielle Bereiche sowie der Etablierung des Themas Gewalt gegen Frauen in anderen Fachbereichen und Institutionen. Die Mitarbeiterinnen in Autonomen Frauenhäusern gehen davon aus, dass nicht die gewaltbetroffene Frau mit ihrer jeweiligen Situation zu komplex für eine Aufnahme in das Frauenhaus ist, sondern dass die Umstände, unter denen der Schutz angeboten werden kann, unzureichend sind und daher ausgrenzen.

Bedeutung der Istanbul-Konvention für die politische Arbeit der Autonomen Frauenhäuser

Ziel der Istanbul-Konvention ist die Verhütung, Verfolgung und Beseitigung geschlechtsbezogener Gewalt und häuslicher Gewalt, die umfassende Unterstützung der Betroffenen und die Förderung der Gleichheit der Geschlechter.

Mit ihrem Inkrafttreten im Februar 2018 in Deutschland verpflichtet die Istanbul-Konvention alle staatlichen Ebenen, also Bund, Länder und Kommunen, Gewalt gegen Frauen und häusliche Gewalt[4] effektiv zu be-

4 In den Vorgaben und Artikeln der Istanbul-Konvention wird u.a. mit dem Begriff der ›häuslichen Gewalt‹ gearbeitet. Generell ist die Begrifflichkeit der ›häuslichen Gewalt‹ kritisch zu betrachten, da sie das dahinterstehende Phänomen Gewalt

kämpfen. Aus völkerrechtlicher Sicht ist für die Umsetzungsverpflichtung in Deutschland unerheblich, welche föderale Struktur vorliegt und wie die innerstaatlichen Zuständigkeiten verteilt sind (WÜRV: Art 27, 1969).

Neben der direkten Unterstützung der gewaltbetroffenen Frauen und Kinder befasst sich die politische Arbeit der Autonomen Frauenhäuser von Beginn an mit den patriarchalen Unterdrückungs- und Ausgrenzungsstrukturen, die zu Gewalt in ihren erschreckend vielfältigen Formen führt. Es gehört zum Grundverständnis der Autonomen Frauenhäuser, dass sich die individuell erlebte Gewalt jeder Frauenhaus-Bewohnerin vor einem patriarchalen Hintergrund abspielt und strukturelle Ursachen hat. Ein konkretes Beispiel ist die darin begründete Forderung nach einer einzelfallunabhängigen Finanzierung. Bei einer Subjektfinanzierung wird die einzelne gewaltbetroffene Frau als Problemträgerin identifiziert. Die gesellschaftlichen und systembedingten Ursachen von Gewalt werden übergangen und damit die Notwendigkeit einer grundlegenden gesellschaftlichen Verantwortungsübernahme und Veränderung ignoriert. Das Ziel ist der Abbau dieser misogynen Strukturen und die Überwindung der vorherrschenden Geschlechternormativität. Nur durch eine wirksame und ressortübergreifende Gesamtstrategie können nachhaltige Lösungen entwickelt werden, um Gewalt zu beenden. Handlungsbedarf besteht nach wie vor in vielen Bereichen, die dringendsten sind:

Forderung: Schutz für alle (Art. 3 und 4 IK)
Es muss gewährleistet sein, dass alle von Gewalt betroffenen Frauen und ihre Kinder Zugang zu Schutz und Unterstützung haben. Der Zugang muss sicher, schnell, unbürokratisch und bedarfsgerecht sein.

Das Unterstützungsangebot für gewaltbetroffene Frauen muss diskriminierungsfrei ausgestaltet und angewendet werden. Die aktuellen Finanzierungsregelungen sind unzureichend und lückenhaft. Daraus ergeben sich faktisch Zugangshindernisse vor allem für besonders schutzbedürftige Frauen. Diese Zugangshindernisse reichen von baulichen Ausschlüssen für Frauen mit körperlicher Beeinträchtigung über das Fehlen der finanziellen

gegen Frauen verdeckt, neutralisiert und nicht benennt. Der Begriff der ›häuslichen Gewalt‹ hat sich mittlerweile institutionsübergreifend etabliert, der gesellschaftspolitischen Dimension von Gewalt gegen Frauen wird damit jedoch keine Rechnung getragen.

Mittel für Dolmetschleistungen bis zur ausbleibenden Finanzierung des Frauenhausaufenthaltes für Frauen ohne Sozialleistungsanspruch.

Gewaltbetroffene Frauen sind keine homogene Gruppe, es muss auf besondere Bedarfe einzelner Gruppen und besonderer Lebenslagen eingegangen werden. Das bedeutet, dass alle Frauenhäuser strukturell, finanziell und personell so ausgestattet sein müssen, dass es den Bedarfen der Frauen und ihrer Kinder entspricht.

> »Effektiver Schutz angesichts der Heterogenität gewaltbetroffener Frauen ist ein strukturelles Qualitätsmerkmal staatlichen Gewaltschutzes« (Lembke/Steinl 2018: 206).

Forderung: Sichere Finanzierung (Art. 8 und 23)
Die Zuständigkeiten von Bund, Ländern und Kommunen für die Finanzierung der Frauenhäuser müssen so koordiniert werden, dass bürokratische Hürden zur Aufnahme gewaltbetroffener Frauen und ihrer Kinder abgebaut werden. Umzusetzen ist eine Finanzierung, die allen Frauen und ihren Kindern Schutz, Unterstützung und Beratung jederzeit und selbstkostenfrei am Ort ihrer Wahl gewährleistet.

Eine pauschale, kostendeckende, einzelfallunabhängige und verlässliche Finanzierung von Frauenhäusern bedarf der Schaffung einer bundesgesetzlichen Regelung. Sie sollte Bund, Länder, Landkreise und Kommunen in die Verantwortung für eine angemessene Finanzierung nehmen. Die Finanzmittel sollten dazu nach einem festzulegenden Schlüssel zugewiesen werden und alle Kosten abdecken. Zur Verwaltungsvereinfachung sollten Zuschüsse aus einer Hand ausgezahlt werden. Damit entfallen Zuständigkeitsstreitigkeiten zulasten der misshandelten Frauen und ihrer Kinder (vgl. ZIF 2019).

Forderung: Frauenhausplätze ausbauen (Art. 23)
Mit inkrafttreten der Istanbul-Konvention hat sich Deutschland verpflichtet, die darin enthaltenen Vorgaben umzusetzen. Dazu gehört die Schaffung eines Familienplatzes (mit 2,59 Betten/Plätzen) á 10.000 Einwohner*innen (Gesamtbevölkerung) (Statistisches Bundesamt 2016; COE 2008). Erforderlich sind danach rund 21.429 Betten für Frauen und ihre Kinder in Frauenhäusern in Deutschland. Bei derzeit rund 6.400 vorhandenen Plätzen, bedeutet dies einen Mangel von ca. 15.000 Betten/Plätzen (vgl. BMFSFJ

2018). Die Frauenhausplätze müssen bedarfsgerecht und flächendeckend ausgebaut werden.

Forderung: Schutz ohne Barrieren (Art. 4 und 23)
Frauen und Mädchen mit Beeinträchtigung und Behinderung sind sehr viel häufiger als Frauen ohne Behinderung von Gewalt betroffen. Die *Studie zur Lebenssituation und Belastungen von Frauen mit Beeinträchtigungen und Behinderungen in Deutschland* bestätigt diese hohe Gewaltbetroffenheit (BMFSFJ 2013). Bestehende Hilfsangebote und Frauenhäuser sind jedoch häufig nicht zugänglich und nicht barrierefrei. Das schließt viele Frauen mit Beeinträchtigung und Behinderung von Schutz und Unterstützung aus. Frauenhäuser sind barrierefrei auszubauen, dazu müssen flächendeckend ausreichend finanzielle Mittel zur Verfügung gestellt werden. Psychosoziale, medizinische und pflegerische Unterstützungsangebote und Rechtsschutzmöglichkeiten müssen inklusiv ausgestaltet werden.

Forderung: Schutz durch Bleiberecht (Art. 4 und 59)
Artikel 59 der Istanbul-Konvention bietet ein wichtiges Schutzkonzept für Frauen mit einem prekären Aufenthaltsstatus. Durch diesen Artikel soll Frauen in besonderen Notlagen ein Aufenthaltsrecht garantiert werden. Der Artikel berücksichtigt, dass gewaltbetroffene Frauen sich nur dann aus der Gewalt lösen können, wenn sie eine aufenthaltsrechtliche Perspektive in Deutschland haben. Durch den Vorbehalt, den die Bundesrepublik mit Unterzeichnung der Konvention gegen diesen Artikel eingelegt hat, ist dieses Schutzkonzept in Deutschland wirkungslos. Dies widerspricht jedoch Art. 4 Absatz 3 der Istanbul-Konvention, der eine Gleichbehandlung und den Zugang zu Schutz und Unterstützung unabhängig vom Aufenthaltsstatus fordert.

Alle Frauen, unabhängig von Nationalität und Aufenthaltsstatus, müssen vor Gewalt geschützt werden und Zugang zum Hilfesystem haben. Dies betrifft die Anerkennung geschlechtsspezifischer Gewalt als Fluchtgrund, Gewaltschutzkonzepte für die Aufnahme und Unterbringung und die Gewährleistung des individuellen Zugangs zum Gewaltschutz (vgl. Frings/Persch 2018: 218). Zudem muss hervorgehoben werden, dass die Lebensrealität und Gewalterfahrung von Frauen keine Beachtung in der Definition sogenannter sicherer Drittstaaten nach Art. 16a des Grundgesetzes finden.

Forderung: Sicherheit geht vor (Art. 31 und 51)
Die Art. 31 und 51 der Istanbul-Konvention schreiben vor, dass Partnerschaftsgewalt in Entscheidungen über Besuchs- und Sorgerecht berücksichtigt werden müssen und für eine koordinierte Sicherheit und Unterstützung der gewaltbetroffenen Frauen und ihrer Kinder gesorgt werden muss.

> »Bewertungs-, Entscheidungs- und Begründungsstrategien in Jugendämtern und Familiengerichten weisen jedoch immer wieder Schutzlücken auf, die aus einem widersprüchlich interpretierten Kinderschutzgedanken resultieren« (Eichhorn 2017: 96).

Gewalttaten gegen Frauen und Kinder und Missbrauchsfälle gegen Kinder werden bei Entscheidungen in Kindschaftsrechtsverfahren gegenüber den Rechten der gewalttätigen Person nicht in den Vordergrund gerückt (vgl. Nothhafft 2009: 283–306). Zahlreiche nationale wie internationale Studien weisen jedoch nach, dass auch das Miterleben der Gewalt eine klare Form der Kindeswohlgefährdung ist und die Kinder ebenso zu Gewaltopfern macht wie ihre Mütter (vgl. Kindler 2009: 1241–1251).

Mit der Einführung des Gewaltschutzgesetzes (GewSchG) im Jahr 2002 wurde ein Instrument geschaffen, das den Schutz von Frauen und deren Kindern verbessern soll. In der Praxis wird jedoch der Gewaltschutz immer wieder durch gerichtliche Sorge- und Umgangsrechtsregelungen außer Kraft gesetzt. Häufig fehlen Kenntnisse über die individuelle Familiensituation, Machtverhältnisse und Gewaltdynamiken werden verkannt. Zudem werden kaum individuelle Gefährdungseinschätzungen für Mutter und Kind vorgenommen oder geeignete interdisziplinäre Interventionsstrategien zur Beendigung der Gewalt entwickelt. Sicherheit und Schutz von Frauen und Kindern muss Vorrang haben in Sorgerechts- und Umgangsverfahren (Justiz Bayern 2017).

Ausblick

Die Istanbul-Konvention setzt neue Impulse für die Bekämpfung von Gewalt an Frauen. Besonders marginalisierte Gruppen wie Frauen mit Behinderung, geflüchtete Frauen, LBTTIQ- Frauen oder auch Sexarbeiter*innen können mit den Vorgaben der Istanbul-Konvention besonders in den Blick genommen werden. Dies entspricht dem Postulat Autonomer Frauenhäuser, Gewaltschutz für alle zu ermöglichen. Ein umfassender Gewaltschutz kann allerdings nur dann effektiv und nachhaltig funktionieren, wenn er intersektional gedacht wird. Das bedeutet, dass Frauenhausmitarbeiterinnen die verschiedenen Diskriminierungsformen, denen Frauen ausgesetzt sind, nicht nur in ihrem politischen Handeln, sondern auch während der konkreten Arbeit im Frauenhaus berücksichtigen müssen. Auch ein Autonomes Frauenhaus ist kein diskriminierungsfreier Ort. Sowohl die dort lebenden Frauen und Kinder als auch die Mitarbeiterinnen können rassistische, ableistische und weitere ausgrenzende Verhaltensweisen internalisiert haben. Eine ernsthafte konsequente Umsetzung der Istanbul-Konvention bedeutet, diese Tatsachen sowohl auf individueller als auch gesamtgesellschaftlicher Ebene zu reflektieren. So ist auch und gerade die Zivilgesellschaft eine wichtige Akteurin in der Umsetzung des Gewaltschutzes. Dem wird auch in den Vorgaben der Istanbul-Konvention an vielen Stellen Rechnung getragen. Die Bundesregierung ist aufgefordert, deren Arbeit anzuerkennen, z.B. indem man ihren kompetenten Rat einholt und sie als Partner*in in die institutionsübergreifende Zusammenarbeit oder in die Umsetzung umfassender politischer Ansätze der Regierung einbindet.

Autonome Frauenhäuser setzen sich seit Jahrzehnten für die Bekämpfung von Gewalt gegen Frauen ein. Seit ihrer Gründung machen sie auf das Machtungleichgewicht in unserer Gesellschaft aufmerksam, kritisieren die Verbindung von Kapitalismus und Patriarchat. Die Istanbul-Konvention bietet für Autonome Frauenhäuser nun die Chance, ›alte‹ Forderungen rechtlich zu untermauern und den Staat in die Pflicht zu nehmen.

Literatur

Bundesministerium für Familie, Senioren, Frauen und Jugend (BMFSFJ) (2013): Lebenssituation und Belastung von Frauen mit Behinderungen und Beeinträchtigungen in Deutschland. Qualitative Studie – Endbericht. Bielefeld/Berlin/Freiburg. https://www.bmfsfj.de/blob/94208/8dd696f435d9f00297cea1f382738bfa/lebenssituation-und-belastungen-von-frauen-mit-behinderungen-langfassung-qualitative-studie-data.pdf (08.02.2022).

Bundesanzeiger Verlag GmbH: Gesetz zu dem Wiener Übereinkommen vom 23. Mai 1969 über das Recht der Verträge. https://www.bgbl.de/xaver/bgbl/start.xav?start=%2F%2F*%5B%40attr_id%3D%27bgbl285s0926.pdf%27%5D#__bgbl__%2F%2F*%5B%40attr_id%3D%27bgbl285s0926.pdf%27%5D__1644315511202 (08.02.2022).

Directorate General of Human Rights and Legal Affairs Council of Europe: Combating violence against women: minimum standards for support services. Strasbourg. https://www.coe.int/t/dg2/equality/domesticviolencecampaign/Source/EG-VAW-CONF(2007)Study%20rev.en.pdf (08.02.2022).

Eichhorn, Anja (2017): Häusliche Gewalt und Umgang als Menschenrechtsverletzung gegen Frauen. In: Soziale Arbeit 66/ 3. S. 96–102.

Frings, Dorothee / Pertsch, Anne (2018): Die Bedeutung der Istanbul-Konvention für geflüchtete Frauen. In: djbZ – Zeitschrift des Deutschen Juristinnenbundes 21/4. S. 213–216.

Kindler, Heinz (2005): Auswirkungen von häuslicher Gewalt auf die psychosoziale Entwicklung von Kindern. In: FPR – Familie Partnerschaft und Recht 1/1+2. S. 16–19.

Kindler, Heinz et al. (2004): Familiäre Gewalt und Umgang. In: FamRZ 51/16. S. 1241–1251.

Lembke, Ulrike / Steinl, Leonie (2018): Die Istanbul-Konvention – ein Meilenstein für den Schutz vor geschlechtsbezogener Gewalt. In: djbZ – Zeitschrift des Deutschen Juristinnenbundes 21/4. S. 220–226.

Migrationsrat (2020): Glossar: Gadjerassismus. https://www.migrationsrat.de/glossar/gadje-rassismus/ (13.04.2023).

Nothhafft, Susanne (2009): Kinder sind keine Inseln. Zur Synchronisierung des Gewaltschutzes im Familiensystem. 7. Kinderschutzforum Köln. In: Die Kinderschutzzentren (Hg.): Die Jugend(hilfe) von heute – Helfen mit Risiko. Köln 2009. S. 283–306.

Justiz Bayern: Sonderleitfaden zum Münchner Modell. https://www.justiz.bayern.de/media/images/behoerden-und-gerichte/amtsgerichte/muenchen/familiensachen/2017.11.13-sonderleitfaden.pdf (31.03.2022).

Statistisches Bundesamt: Geburtenrate in Deutschland. https://www.destatis.de/DE/Themen/Gesellschaft-Umwelt/Bevoelkerung/Geburten/Tabellen/geburtenziffer.html (08.02.2022).

Übereinkommen des Europarats zur Verhütung und Bekämpfung von Gewalt gegen Frauen und häuslicher Gewalt (2011). Council of Europe. S. 1–122.

Zahlen der Länderabfrage zum Workshop des Runden Tisch »Bund, Länder und Kommunen« auf dem Weg zu einem bedarfsgerechten Hilfesystem des BMFSFJ am 30.11.2018, unveröffentlichtes Dokument.

Zentrale Informationsstelle Autonomer Frauenhäuser: Das 3-Säulen-Modell der Frauenhausfinanzierung: Sicher, schnell, unbürokratisch und bedarfsgerecht. https://www.autonome-frauenhaeuser-zif.de/sites/default/files/report_attachment/2019-07_das_3-saeulen-modell_zur_frauenhausfinanzierung.pdf (08.02.2022).

Melike Engin

Die interdependente Dynamik zwischen Gewalt gegen Frauen mit unsicherem Aufenthaltsrecht und der Reproduktion von Rassismus

1. Eröffnung

Das Frauenhaus als Arbeitsfeld bietet einen Schauplatz für die Verwobenheit von Differenzkategorien und den daraus resultierenden Erfahrungen von Ausschlüssen. In diesem Beitrag möchte ich einige meiner Beobachtungen als Sozialarbeiterin im Frauenhaus reflektieren. Seit einigen Jahren beobachte ich die konstante Reproduktion von Mehrfachdiskriminierungen im Kontext des Frauenhausalltags, obwohl Deutschland sich offensichtlich zu den allgemeinen internationalen Menschenrechten bekennt. Nachvollziehbar werden die Wechselwirkungen von Differenzkategorien durch die Theorie der Intersektionalität (Crenshaw 1989), die ich im Laufe dieses Beitrages als Grundlage nutzen werde. Intersektionalität analysiert das Zusammenwirken und die Abhängigkeiten von verschiedenen sozialen Kategorien bzw. Differenzkonstruktionen wie Geschlecht, ›race‹/Ethnizität, Klasse, Körper und sie betrachtet die damit zusammenhängenden Ungleichheits- und Machtverhältnisse. Diese treten als asymmetrische Geschlechter-/Heteronormativitäts-, Klassen-, Ethnizitäts-/Rassismus- und Körper-Verhältnisse in Erscheinung, so auch die Effekte und Folgen dieses Zusammenwirkens (vgl. Degele/Winker 2010). Die Juristin und Sozialwissenschaftlerin Kimberlé W. Crenshaw führte die Bezeichnung der »intersection« ein, um die Ausgrenzungserfahrung von Schwarzen Frauen vor dem Arbeitsgericht zu erklären (vgl. Crenshaw 2011). Die historischen Wurzeln der Intersektionalitätsdebatte liegen im US-amerikanischen Black Feminism. Im 19. Jahrhundert verdeutlichte das Zitat »Ain't I a Woman?« von Sojourner Truth, die als rassifizierte Person versklavt wurde, die Erfahrungen der Schwarzen Frauen in den USA. Denn diese Frauen konnten sich mit dem Feminismus weißer Frauen nicht identifizieren (vgl. Degele/Winker 2010: 11).

Wie können Menschen Ansprüche, die ihnen durch die Menschenrechte qua Geburt zugesichert werden, beanspruchen und wieso kommt es zu Ausschlüssen im Hilfesystem, wenn das Recht ganz klar ein Verbot von Diskriminierung ausspricht? Welche Verbindungen gibt es zwischen formellen Rechten und rassistischer Normvermittlung in Gesellschaften? Diesen Fragen möchte ich mich im Laufe meines Textes annähern. Ich möchte im weiteren Verlauf rekonstruieren, wie gesetzliche Bestimmungen Gewalt gegen Frauen und die Kulturalisierung von Gewalt unterstützen. Dafür möchte ich zu Beginn einen kurzen Einblick in die Citizenship-Debatten geben, um darstellen zu können, wie die rechtlichen Bestimmungen des Ehegattennachzugs juristisch definiert werden. Dann wende ich mich dem Einfluss der Bedingungen des Aufenthaltstitels nach dem Recht des Ehegattennachzugs, mit denen nicht-deutsche Frauen innerhalb einer gewaltvollen Ehe konfrontiert sind, zu. Darauf folgt eine Fokussierung auf die Interdependenz zwischen der Rechtsprechung und dem antimuslimischen Rassismus in der deutschen Gesellschaft.

Es ist mir wichtig, neben wissenschaftlichen Erkenntnissen auch meine Beobachtungen aus meinem Berufsalltag als Mitarbeiterin eines Frauenhauses hinzuzuziehen. Ich schreibe über die Erfahrungen von Frauen, die Gewalt von ihren Ehemännern erleben, und daraufhin Schutz im Frauenhaus suchen.

2. Struktureller Ausschluss: An Staatsbürgerschaft gebundene Rechte

Wenn über Menschenrechte gesprochen wird, gelten sie oft als natürlich und universell. Die Annahme ist, dass jeder Mensch durch sein Menschsein bestimmte Rechte besitzt, die unabhängig sind von Nationalität, Sprache, Religion, Geschlecht und weiteren Differenzkategorien. Dabei zeigt meine praktische Erfahrung in der Sozialen Arbeit, dass Betroffene in diesem Zusammenhang mit Umsetzungsschwierigkeiten konfrontiert werden. Wer tatsächlich von den Menschenrechten Gebrauch machen kann, wird von denen, die Rechte sorglos für sich beanspruchen können, selten hinterfragt. Das heißt, Privilegien sind für die Personengruppen, die davon profitieren, oft nicht wahrnehmbar, sondern im Alltagshandeln internalisiert, während Gruppen, die Benachteiligung erfahren, besondere Bemühung leisten müssen, um Ansprüche geltend machen zu können. Hannah Arendt, der während des Nationalsozialismus ihre deutsche Staatsbürgerschaft aberkannt wurde, erfuhr als Jüdin, dass nicht jeder Mensch tatsächlich über Rechte verfügt. Arendt hob hervor, dass es nicht ausreicht allein Mensch zu sein, um Rechte zu besitzen. Erforderlich sei es, Mitglied einer politischen Gruppe zu sein. Die gemeinte politische Gruppe stellt meist die Bevölkerung eines Staates dar. Menschen müssen also Bürger*innen eines Nationalstaates sein, um Rechte in Anspruch nehmen zu können (vgl. Arendt 1949: 761). Stephanie DeGooyer et al. halten in ihrer Re-Inszenierung zu Arendts Erfahrungen und Thesen fest, dass die Idee »Recht, Rechte zu haben« (DeGooyer et al. 2018: 8) auch in aktuellen Debatten zur Einwanderung und Flucht den Boden für Argumentation und Vorgehen bildet (ebd.). Sie machen auf die Tatsache aufmerksam, dass in den historischen Menschenrechtserklärungen die Rechte qua Geburt »unveräußerlich« seien (ebd.: 14).

Ausgehend von Arendts These wird betont, dass das alleinige Menschsein für die Verletzlichkeit stehe und die Staatsbürgerschaft das Recht darstelle, die Menschenrechte überhaupt wahrzunehmen (ebd.: 15).

Zum Verständnis von Menschenrechten gelte es zu beachten, dass die Umsetzung der Rechte von den Ratifizierungen der einzelnen Nationalstaaten abhänge. Daraus resultiere die Zuständigkeit des Nationalstaats für die praktische Realisierung der Rechte (vgl. Morris 2015: 366). Lydia Morris beschäftigt sich in ihren Arbeiten mit der Praxis der Rechte in der Europäischen Union und definiert dabei den Kontext zwischen »formellem Rechtsstatus und informeller ›moralischer‹ Geltung (standing) in der Gesellschaft« (ebd.: 365) und deren wechselseitige Indoktrination. Die Autorin weist auf die ungleichen Ansprüche hin, durch die sich der Aufenthaltsstatus der Eingewanderten entscheide (ebd.: 366). Laut Valentin Beck werden die allgemeinen Menschenrechte auch im Postkolonialismus instrumentalisiert, um (internationales) politisches Handeln zu legitimieren (vgl. Beck 2013: 24).

In Rückgriff auf die Arbeiten von Morris und angesichts hoher transnationaler Migration, sollen die Gedanken von Arendt erweitert werden. Es gilt Folgendes: Für Menschen aus bestimmten Staaten (somit auch mit bestimmten Staatsangehörigkeiten) ist es in Deutschland nicht oder nur begrenzt möglich, Rechte für sich geltend zu machen. Damit zusammenhängend unterscheiden sich die Ansprüche auch in den Differenzen, die unter den Staatsbürger*innen herrschen. Damit meine ich besonders den

Einwanderungsgrund und die Klassenzugehörigkeit. Diese These gilt es in den nächsten Schritten zu überprüfen.

3. Rechtliche Bestimmungen: Ehegattennachzug

Der Einwanderungsgrund ist entscheidend für die Anwendung und Beanspruchung der Rechte für Menschen im Zielstaat. Dies möchte ich am Beispiel des Ehegattennachzugs veranschaulichen. Im Jahr 2007 erfolgte eine Reform des Ehegattennachzugsrechts im Aufenthaltsgesetz, welches an erster Stelle bezweckte, Zwangsehen zu verhindern und Minderjährige zu schützen. Verhindert werden sollen Menschenrechtsverletzungen und besonders der Schutz von Kindern soll Achtung finden (vgl. Markard 2009: 358).

Die §§ 27–31 des Aufenthaltsgesetzes setzen den Rahmen für das Einreise- und Aufenthaltsrecht durch Familienzugehörigkeit zu einem in der Bundesrepublik lebenden Bürger[1]. Grundlegend gilt, dass das Recht auf Aufenthaltserlaubnis im Sinne der Herstellung und Wahrung der familiären Lebensgemeinschaft im Artikel 6 des Grundgesetzes garantiert wird. Im § 27 Abs. 1 wird definiert, dass, falls die Ehe nur zum Zwecke der Einreise und des Aufenthalts im Bundesgebiet eingegangen wird oder einer der Ehegatten zur Eheschließung genötigt wird, kein Recht auf Ehegattennachzug besteht. Sogenannte »Ausländer« müssen erst selbst bestimmte ausländerrechtliche Kriterien und bestimmte alltägliche Standards erfüllen, bevor ihre Angehörigen die Möglichkeit erhalten nach Deutschland zu migrieren (§ 29 Abs. 1 AufenthG). Die an der Einreise Interessierten müssen ebenfalls Bedingungen wie Volljährigkeit, das Verständigen in deutscher Sprache, das Besitzen einer Niederlassungserlaubnis oder eine Erlaubnis zum Daueraufenthalt in der EU erfüllen (vgl. § 30 Abs. 1 AufenthG).

Die migrierten Ehepartner*innen erhalten nach der Einreise einen Aufenthaltstitel. Dieser wird bei der zuständigen Ausländerbehörde beantragt und für eine befristete Zeit unter der Angabe des Grundes – also je nachdem, welche der §§ 28 und 29 zutreffen – ausgestellt. Der § 31 AufenthG regelt, wie die migrierte Person bei einer Trennung einen von der Ehe

1 §§ 27–31: (§ 27 AufenthG), Familiennachzug zu deutschen Staatsbürger*innen (§ 28 AufenthG), Familiennachzug zu »Ausländern« (§ 29 AufenthG), explizit Ehegattennachzug (§ 30 AufenthG) und eigenständiges Aufenthaltsrecht der »Ehegatten« (31 AufenthG).

unabhängigen Aufenthaltstitel erlangen kann. Dabei sind zwei elementare Bestandsmerkmale festzuhalten: Zum einen die dreijährige Dauer einer Ehe, um einen eigenen Aufenthaltstitel zu erlangen und zum anderen die in Absatz zwei geregelte Legitimation einer frühzeitigen Beendigung der ehelichen Gemeinschaft, die einen eigenständigen Aufenthaltstitel nicht verhindere. Darunter fallen die Betroffenheit von häuslicher Gewalt und die Schutzbedürftigkeit, die im Rückkehrort besteht (vgl. § 31 Abs. 1 und 2 AufenthG). Offen bleiben in diesem Rahmen die Definition der »häuslichen Gewalt« und wann die »schutzwürdigen Belange« einer Person im Rückkehrland als beeinträchtigt gelten. Der Definitionsspielraum kann somit von den zuständigen Ausländerbehörden und Gerichten individuell genutzt und bewertet werden. In der Praxis der Arbeit mit Frauen, die Gewalt erfahren haben und eine Aufenthaltserlaubnis nach den §§ 28 oder 29 des AufenthG besitzen, erweisen sich diese zwei Aspekte als besondere Hürden.

4. Intersektionale Gewalt: Frauen mit prekärem Aufenthaltstitel

Gewalt gegen Frauen gilt spätestens seit der neuen Frauenbewegung in den 1970er-Jahren nicht mehr als privates und individuelles Ereignis (vgl. Brückner 2018: 42). Die gesonderte jährliche Kriminalstatistik[2] zur Partnerschaftsgewalt zeigt die Prävalenz zwischen Täter und Opfer. Im Jahr 2020 waren 80,5 % der Opfer weiblich (vgl. BKA 2020: 8). Die Autor*innen der Statistik weisen auf die Unterschiede von Hell- und Dunkelfeld in der Erhebung hin. Während es sich bei der Statistik vom BKA um eine Hellfeld-Studie handelt, wurden in Deutschland 2004 Daten in einer flächendeckenden repräsentativen Dunkelfeld-Studie zur *Lebenssituation, Sicherheit und Gesundheit von Frauen in Deutschland* erhoben. Dabei wurde ermittelt, dass 25 % der Frauen im Alter von 16 bis 85 Jahren mindestens einmal in ihrem Leben körperliche und/oder sexualisierte Partnerschaftsgewalt erlebt haben (vgl. ebd.: 31).

2 In der Statistik (BKA 2020) werden die Fälle berücksichtigt, die zur Anzeige gebracht werden. Dabei werden die Opferwerdungen von Personen erfasst. D.h. wenn eine Person von mehreren Verletzungen betroffen ist, wird dies nicht in die Opferzahl addiert.

Frauen, die geschlechterbasierte Gewalt erfahren, unterscheiden sich in der Regel in verschiedener Hinsicht voneinander und stellen somit keine homogene Gruppe dar. Es herrschen Unterschiede in ihren Privilegien.

> »Die persönliche Betroffenheit überschneidet sich mit einem rassistischen Aufenthaltsrecht, der Abhängigkeit von ALG II, der Diskriminierung von psychiatriebetroffenen Frauen und Trans*Personen, der Definition von ›Arbeits(un)fähigkeit‹ durch das Arbeitsamt und der institutionellen Akzeptanz hierarchischer Geschlechterverhältnisse.« (Carstensen et al. 2018)

Auch Helma Lutz stellt fest:

> »Grundsätzlich lässt sich heute feststellen, dass die beiden Personenmerkmale Geschlecht und Staatsbürgerschaft beziehungsweise Zugehörigkeit nach wie vor zu den wichtigsten sozialen Klassifikations- und Erfassungskriterien von Personen in modernen Gesellschaften zählen, denn bei ihrer Geburt müssen Neugeborene einem Geschlecht sowie einer Staatsbürgerschaft zugeordnet werden.« (Lutz 2020: 211)

In der Verwobenheit dieser Klassifikationen generiert und reproduziert die Gesetzgebung einen Widerspruch zwischen einer Egalität von Frauen mit einem deutschen Pass oder einem sicheren Aufenthaltsrecht und Frauen, die einen Aufenthaltstitel nach dem Ehegattennachzug besitzen und die erforderten drei Jahre der Gemeinschaft nicht erreicht haben. Die Heterogenität bezieht sich auf das existenzielle Aufenthaltsrecht und auf damit zusammenhängende substanzielle Rechte.

Nadja Lehmann stellte in ihren Erhebungen fest, dass Migrantinnen, die sich in Gewaltbeziehungen befinden, bei dem Prozess der Trennung vom gewalttätigen Partner auf mehr Schwierigkeiten treffen als Frauen mit einer deutschen Staatsangehörigkeit. Einer der Gründe sei die Auseinandersetzung mit vielen institutionellen Anforderungen (vgl. Lehmann 2008: 52). In der Praxis wird sichtbar, dass fehlende Sprachkenntnisse, Isolation, kulturelle Barrieren, Diskriminierung, fehlender Zugang bzw. Kenntnisse zu wichtigen Informationen, aufenthaltsrechtliche Bestimmungen sowie Angst vor Behörden oder der Abschiebung Gründe darstellen, Hilfsangebote nicht zu erreichen oder wahrnehmen zu können.

Die Thesen von Birgit Sauer (in diesem Band) legen nahe, einen intersektionalen Gewaltbegriff zu etablieren. Sie wendet sich von der Bezeichnung der »traditionsbedingten Gewalt« ab und begründet die

Re-Theoretisierung dadurch, dass die bisher genutzten Erklärungsansätze von Gewalt als »kultur- und traditionsbedingt« die grundsätzlichen Elemente von Gewalt gegen Frauen nicht wirklich fassen. Dass die Formen der Ungleichheit, die Frauen erfahren, von Herrschaftsverhältnissen und patriarchalen Strukturen abhängen, werde mit kulturalisierenden Perspektiven nicht ganzheitlich betrachtet. Somit resultiere die Gewalt, die eingewanderte Frauen betrifft, hauptsächlich aus strukturellen Ursachen im Einwanderungsland. Unter anderem bedeute dies, dass fehlende Bildungs- und Erwerbschancen[3], die die ökonomische Ungleichheit zwischen Migrant*innen und »Deutschen« stabilisieren, zur Aufrechterhaltung der Abhängigkeit vom Mann führe (vgl. Sauer 2011: 52 ff.).

Im § 31 Abs. 2 AufenthG ermöglicht das Gesetz die Option der ›Härtefallregelung‹ für ein bestehendes Aufenthaltsrecht auch bei einer Trennung, die durch ›häusliche Gewalt‹ begründet ist. Der Begriff ›häusliche Gewalt‹ findet in der Rechtsnorm keine Bestimmung[4]. In der Praxis lässt sich beobachten, dass dabei vorausgesetzt wird, dass eine Frau sichtbare also beweisbare Gewalt erlebt hat und/oder bei einer Rückkehr einer konkreten Bedrohung ausgesetzt wäre. Beide Voraussetzungen stellen für Betroffene in der rechtlichen Praxis deutliche Hürden in der Umsetzung des Rechts dar. Zum einen nimmt der Gesetzgeber an, dass von Gewalt betroffene Frauen, die vor einem anderen soziokulturellen Hintergrund sozialisiert wurden, ihre Rechte in Deutschland umfangreich kennen und über Hilfesysteme informiert seien. Zum anderen wird von den Ausländerbehörden und Gerichten die Gefahr im Herkunftsland erst anerkannt, wenn diese durch eine direkte Bedrohung durch Einzelpersonen oder durch die unsichere politische Lage des Herkunftslandes besteht. Bedrohungen, die nicht beleg- und beweisbar sind oder (nur) die psychische Integrität von Menschen angreifen, gelten in der alltäglichen Praxis als irrelevant[5].

3 Nach Gutachten des Europäischen Gerichtshofs wird beispielsweise festgelegt, dass das Verbot des Kopftuchtragens in Unternehmen oder Kitas zulässig sei. So heißt es in dem Artikel: »Ein Verbot, jegliche politische, religiöse oder weltanschauliche Zeichen sichtbar am Arbeitsplatz zu tragen, stelle ›keine unmittelbare Diskriminierung aufgrund der Religion oder der Weltanschauung von Arbeitnehmern‹ dar« (Süddeutsche Zeitung 25.2.2021). Grundlage für die Legitimierung seien ein androhender »wirtschaftlicher Nachteil« des Unternehmens.

4 Ein unbestimmter Rechtsbegriff ist ein vom Gesetzgeber nicht definierter Begriff innerhalb eines Tatbestands, der unterschiedliche Interpretationen zulässt.

5 Diese Erkenntnis geht hauptsächlich aus meinen Beobachtungen in der praktischen Tätigkeit und Begleitung von Betroffenen hervor.

Bei der Einstufung, ob in dem Herkunftsland tatsächlich keine weiteren Gefahren für die Integrität der betroffenen Personen herrschen, haben die Stellungnahmen der Betroffenen kaum eine Relevanz für Gerichte und Behörden. Der Gesetzgeber reproduziert und legitimiert zwei Dimensionen von Gewaltzuständen, denen Frauen mit einem unsicheren Aufenthaltstitel ausgesetzt sind: Zum einen das Ausharren in der Gewaltsituation und zum anderen die begünstigende und bestärkende Reaktion für die Täter.

5. Schutz im Frauenhaus

Frauenhäuser grenzen sich durch ihren feministischen und parteilichen Ansatz von vielen Angeboten der Sozialen Arbeit ab. Der Ansatz distanziert sich von der Individualisierung der Gewalterfahrungen, die Frauen erleben und bringt hierarchische Geschlechterverhältnisse in den Diskurs, um die Ungleichheit zwischen den Geschlechtern auf struktureller Ebene sichtbar zu machen. Durch die multiplen Problemlagen der Klientinnen, die Schutz im Frauenhaus suchen, sind auch die Frauenhausmitarbeiterinnen mit verschiedenen, untereinander verwobenen Ungleichheitskategorien und Diskriminierungsmechanismen konfrontiert. Der Dekonstruktion von hegemonialen Herrschaftsverhältnissen im Frauenhaus »stehen eigene Ausschlusskriterien und Identitätskonstruktionen (auch der Mitarbeiterinnen) entgegen, die möglicherweise Diskriminierungen reproduzieren, und die es aufzudecken und zu reflektieren gilt« (Carstensen et al. 2018: 138).

Wenn im Frauenhaus das Telefon klingelt und ein Frauenhausplatz angefragt wird, beginnt ein systematischer Prozess. Wenn eine Frau mittellos ist, Gewaltsituationen ausgesetzt ist und keine andere Möglichkeit des Obdachs hat, ist sie ganz klar ein ›Frauenhausfall‹. Doch falls ihr Aufenthaltsrecht nicht geklärt ist und dadurch keine Leistungen für die finanzielle Existenzsicherung bezogen werden können, ist die Aufnahme in ein Frauenhaus nicht selbstverständlich. Denn das Schutzangebot ist abhängig von bestimmten Grundvoraussetzungen, die die Bewohnerinnen erfüllen müssen, u.a. einem Aufenthaltstitel, der sie zum Leistungsbezug berechtigt. Der Grund dafür ist die bundesweit uneinheitliche und prekäre Finanzierung der Frauenhäuser. »Die Finanzierung basiert auf den Individualansprüchen der Frauen, [...] sodass Frauen, die nicht anspruchsberechtigt sind, [...] ihren Aufenthalt selbst zahlen müssen.« (Schmidt/Schrader 2018: 185). Wie weiter oben ausgeführt, können die Menschen, die als besonders schutzbedürftig gelten, von ihren Rechten nicht ›natürlich‹ Gebrauch machen, während Menschen, die sowieso Rechte für sich geltend machen können, ihre Privilegien sorglos beanspruchen (vgl. Arendt 1949: 2). Bei der Suche eines Schutzplatzes oder während des Aufenthaltes im Frauenhaus wird sichtbar, wie die Differenzkategorien Ethnizität/Staatsangehörigkeit und Klasse sich überschneiden und aufeinander einwirken.

Meine Beobachtungen aus der Praxis zeigen, dass der Prozess der Aufnahme und des weiteren Aufenthaltes Bewohnerinnen sowie Mitarbeiterinnen an ihre strukturellen Grenzen bringen. Die Suche nach fachlicher und zudem bezahlbarer rechtlicher Beratung und Vertretung, die Bemühungen um die Sicherung der Existenz und die psychosoziale Begleitung in prekären Arbeitsverhältnissen sind dabei immer wieder für beide Seiten frustrierend. Der Arbeitsaufwand ist hier oft viel höher als bei Frauen mit einem Bleiberecht. Dass es jeden Fall individuell zu analysieren und zu recherchieren gilt, begründet dabei den Aufwand. Die geringe Wahrscheinlichkeit des Erfolges verstärkt dabei die Frustration.

Klaus Holzkamp (2012) beschreibt Handlungs- und Entwicklungsmöglichkeiten, um Machtverhältnisse zu reduzieren. Um Konflikte zu bewältigen und Teilhabe der Betroffenen zu sichern, sei es wichtig, die herrschenden Rahmenbedingungen bewusst zu kommunizieren und innerhalb dieser eigene Handlungsfähigkeiten in der eigenen Lebenswelt zu entwickeln. Ein veranschaulichendes Beispiel kann der Rat an Betroffene sein, schnell Deutsch zu lernen und einen Job in der Altenpflege aufzunehmen. Kritisch daran sei aber, dass man somit die vorgegebenen Rahmenbedingungen unverändert akzeptiere. Dieses Beispiel bedient nicht nur die Rahmenbedingungen, sondern auch sexistische und rassistische Bilder von migrantischen Frauen. Zudem reproduziert es die postkoloniale internationale Arbeitsteilung innerhalb eines nationalen Herrschaftsrahmens (vgl. Buckel 2013: 52).

6. Interdependenz zwischen formellem Recht und Stigmatisierung in der Gesellschaft

Nora Markard analysiert die Entstehung und die Rechtsprechungen des Ehegatten- und Familiennachzugs im Migrationsrecht. Sie zeigt auf, wie die Wechselwirkung von Diskriminierungen im Antidiskriminierungsrecht durch die Theorie der Intersektionalität aufgedeckt werden kann. Markard stellt in ihrer Auseinandersetzung mit dem ›Ausländerrecht‹ fest, dass rechtliche Normierungen an der Reproduktion von Diskriminierungsprozessen aktiv beteiligt sind:

> »Ob und wie etwas rechtlich normiert ist, hat einen Einfluss auf gesellschaftliche Wahrnehmungen dessen, was gerecht und gerechtfertigt ist, und auch dessen, was ›ist‹. Interdependenzen als analytisches Werkzeug können dazu beitragen, sichtbar zu machen, wie welche gesellschaftlichen Verhältnisse im Recht und durch Recht dar- und hergestellt werden. Ein Recht, das gesellschaftliche Ausschlussmechanismen normiert, beteiligt sich damit an Diskriminierungsstrukturen.« (Markard 2009: 364)

Wenn also, wie Markard vorschlägt, die Theorie der Intersektionalität als Analysehandwerk genutzt wird, um Mehrfachdiskriminierung in ihrer Verflechtung aufzudecken, dann können Frauen, die ›häusliche Gewalt‹ erleben und kein sicheres Aufenthaltsrecht besitzen, als dominierte (vgl. Amelina/Lutz 2019: 11) und besonders vulnerable[6] Gruppe (vgl. Butler 2005) klassifiziert werden.

Sobald über Gewalt gegen Frauen als Gewalt gegen Migrantinnen gesprochen wird, werden spezifische Praktiken, die als Gewalt gegen Frauen gelten, unter dem Schutz von Ehe, Familie und Privatheit kategorisiert. Somit gewinnt die tatsächliche Gewalt gegen Frauen, denen eine Migrationsgeschichte zugeschrieben wird, eine andere Bedeutung als die Gewalt gegen Frauen der Dominanzgesellschaft (vgl. Sauer 2011: 48). Im nächsten Abschnitt wird aufgezeigt, wie sich das formelle Recht auf Normenvermittlung in der transnationalen deutschen Gesellschaft auswirkt.

---

6 Für Judith Butler sind alle Menschen aufgrund ihrer sozialen Veranlagung und gegenseitigen Abhängigkeit vulnerabel, also verletzungsoffen und Gewalt ist die primäre Verletzbarkeit des Menschen durch andere (Butler 2005). Erst durch konstruierte Herrschaftsverhältnisse verteilt sich die Verletzbarkeit innerhalb Gesellschaften. Der Begriff ›besonders vulnerable Gruppen‹ wird häufig genutzt, um Personengruppen zu bezeichnen, die in einem erhöhten Maße von Gewalt und ihren Folgen betroffen sind (vgl. Müller/Schröttle 2012: 681). In den Zusatzbefragungen der Prävalenzstudie wurde festgestellt, dass Migrantinnen und geflüchtete Frauen, Frauen mit Behinderungen, Frauen in Haft sowie Sexarbeiterinnen in einem erhöhten Maß von Gewalt betroffen sind (Schröttle/Müller 2004). Nicht die Klassifizierung der Personen ist für die erhöhte Verletzbarkeit verantwortlich, sondern die Bedingungen, denen sie ausgesetzt sind (Sauer 2011).

6.1 Kulturalisierung von Gewalt gegen Frauen

»Wenn die Opfer aus Minderheitsgruppen kommen, sind auch die Täter aus dieser Gruppe.« Eine Aussage, die seitens der Dominanzkultur genutzt wird, um rassistische Strukturen zu stärken und aufrecht zu erhalten und Gewalt an Frauen als kulturelles Phänomen der ›Anderen‹ zu bestimmen. Okin analysiert in ihrem Aufsatz *Is Multiculturalism Bad For Women?* die von ihr als problematisch eingeschätzte Debatte, inwieweit Kulturen und Religionen von Minderheiten der Gleichstellung der Geschlechter entgegenstehen. Sie argumentiert, dass in westlichen liberalen Staaten die Gleichheit von Männern und Frauen bereits internalisiert sei.

> »But women in more liberal cultures are, at the same time, legally guaranteed many of the same freedoms and opportunities as men. [...] This situation, as we have seen, is quite different from that of women in many of the world's other cultures, including many of those from which immigrants to Europe and North America come.« (Okin 1999: 16)

Okin sieht in der Bewahrung der Minderheitenkultur im Einwanderungsland die Hürde für die Gleichstellung von Mann und Frau. Nach Okin sind bestimmte Kulturen traditionell und strukturell frauendiskriminierend, was zu grundlegenden Problemen im Zusammenleben in westlichen Ländern führe.

Ein erweiterter intersektionaler Blick auf den Diskurs zwischen Männern und Frauen in den westlichen liberalen Staaten, die nach Okins Einschätzung bereits Gleichberechtigung erreicht haben, zeigt deutlich, dass diese Gleichberechtigung nicht alle Frauen in den sogenannten westlichen Staaten betrifft. Dies wird besonders deutlich, wenn Migrantinnen Opfer von häuslicher Gewalt werden. Okins Darstellung reproduziert eine wiederholende Individualisierung von Gewalt an Frauen.

> »Der Kulturalisierungsdiskurs ist darüber hinaus ein Individualisierungsdiskurs, der strukturelle Ursachen von Gewalt – wie fehlende Bildungs- und Erwerbschancen, sozioökonomische Ungleichheit, weibliche ökonomische Abhängigkeit sowie fremden- und aufenthaltsrechtliche Restriktionen, also staatsbürgerschaftliche Ausgrenzung –, ausblendet und entnennt. Gerade diese Ungleichheitsstrukturen aber bilden den Kontext für Vulnerabilität und Gewalthandeln.« (Sauer 2011: 51)

Laut Sauer sind die Beschränkungen, die Migrant*innen bei Eheschließung erleben oder die Erfahrung von Ausschluss aus dem Bildungssystem und Bereichen der Erwerbsarbeit wegen einer Kopfbedeckung, der ursprüngliche Auslöser für die soziale Ungleichheit und Diskriminierung von Migrant*innen (vgl. ebd.: 47). Dies führe zum einen dazu, dass Kulturen der Einwanderungsgruppen pauschal als gewalttätig und patriarchal gelabelt werden und so der Anschein erweckt wird, dass nur bei den ›Anderen‹ geschlechtsspezifische Gewalt existent sei. Zum anderen werden Frauen, die der Einwanderungsgruppe angehören oder als solche gelesen werden, doppelt viktimisiert. Ihnen wird die Entscheidungs- und Handlungsfreiheit in ›ihren‹ Kulturen abgesprochen.

Als Ausblick benennt Sauer die Verhinderung der doppelten Viktimisierung von Betroffenen:

> »Die Bekämpfung von Gewalt gegen Migrantinnen braucht nicht weniger, sondern ›im Gegenteil eine intensivere Auseinandersetzung mit Kultur‹, also ›kultursensible Maßnahmen‹, die ›Kulturalisierungen und Stereotypisierung‹ vermeiden.« (ebd.: 58)

6.2 Antimuslimischer Rassismus im feministischen Diskurs

Markard deckt auf, dass bereits die Annahmen des Gesetzes und die Zielsetzung des Schutzes der Menschenrechte in sich paradox und zudem rassistisch seien.

> »Nicht erfasst werden etwa Zwangsehen, die in Deutschland geschlossen werden, die im Ausland ohne Inanspruchnahme des Nachzugsrechts geschlossen werden – so Ehen zwischen minderjährigen Deutschen oder Ausländern mit bestehendem Aufenthaltsrecht –, die mit Erwachsenen geschlossen werden oder die im Ausland mit Minderjährigen geschlossen werden, die erst nach Volljährigkeit nachziehen. […] Es wird also auf junge Frauen abgestellt, die von in Deutschland lebenden migrantischen Männern nach Deutschland ›geholt‹ werden.« (Markard 2009: 359)

Während Migrantinnen als Opfer patriarchaler Unterdrückung repräsentiert werden, wird der männliche Migrant als »patriarchal und hypermaskulin« konstruiert (Lutz 2020: 214). Männer, die als ausländisch und als muslimisch rassifiziert werden, stehen unter einem Generalverdacht, Sexualstraftäter zu sein. Die Verantwortlichkeit für Gewalt gegen Frauen wird auch dieser Gruppe zugeschrieben und vermittelt, dass Sexismus von ›Außen‹ eindringt (ebd.: 217). Ein Beispiel aus der nahen Vergangenheit sind die sexistischen Gewaltvorfälle am Silvesterabend von 2015/16 in Köln. Julia Schuster (Schuster 2021: 23) zeigt in ihrer Analyse der medialen Repräsentation der Vorfälle, wie diese zur Verbreitung von rassistischen Stereotypen über männliche Einwanderer und Schutzsuchende instrumentalisiert wurden. Aus einer intersektionalen Perspektive evaluiert sie feministische Reaktionen auf Mainstream-Medien. Ihr Fokus liegt auf der zunehmenden Implementierung von feministischen Forderungen in rechtsextreme Narrative (ebd.: 24). Diese Instrumentalisierung führe zu wiederholten Individualisierungsdebatten und nicht dazu, dass die realen Problemlagen und Forderungen von Feministinnen gehört werden. Die Dominanz der kolonialen Stereotype konnte, so Schuster, empirisch aufgezeigt werden. Deutlich kritisiert sie die Art und Weise, wie über die Stereotype vermittelt wird, dass afrikanisch/arabisch/muslimische/geflüchtete Männer eine homogene Gruppe seien und eine Bedrohung für (weiße) Frauen darstellen würden (vgl. ebd: 29). Dabei tragen nicht allein Medien und daraus entstehende Normvermittlung zur rassistischen Meinungsbildung bei. Markard macht auf die Reproduktion von rassistischen Stereotypen durch das Gesetz aufmerksam. Sie deckt auf, dass nach dem formellen Recht zum Ehegattennachzug impliziert werde, dass nur Nicht-Deutsche Frauen und Mädchen im Ausland von einer Zwangsverheiratung bedroht seien. Wenn Männer in dem Diskurs erwähnt werden, dann werden sie zum einem als Profit tragende Immigrierte konstruiert, die durch die Ehe einen Aufenthaltstitel erlangen und zum anderen als migrantische Männer, die sich die Frauen und Mädchen aus dem Ausland »holen« (Markard 2009: 259). Es verstärkt das Bild, dass in Deutschland ausschließlich von migrantischen Männern Gefahren gegenüber Frauen ausgehen.

Wie bereits oben geschildert, wird vermittelt, dass Sexismus und die Bedrohung für Frauen von außen kämen. Somit stelle die Ausweisung der Täter die Lösung dar (vgl. Lutz 2020: 217). Mithu M. Sanyal greift wie Schuster die Vorfälle in Köln auf und verbindet sie mit dem Verständnis von Solidarität unter Frauen (vgl. Sanyal 2016: 112). Sie bewertet dabei den Kommentar der Publizistin Hilal Sezgin als einleuchtendes Statement, in dem es darum geht, dass es eine fatale Haltung sei, Sexualstraftäter zurück in ihre Herkunftsländer abzuschieben, in denen Bürgerkriege geführt werden. Denn Kriegsgebiete und Fluchtwege stellen für Frauen vor Ort ein vielfaches Risiko dar, sexuelle Gewalt zu erfahren.

Die Mitarbeiterinnen im Frauenhaus sind ebenfalls ein Teil der gesellschaftlichen Beobachterinnen und in rassistischen Strukturen sozialisiert. Zudem sind sie mit den realen Beispielen im Alltag konfrontiert. Meine Beobachtungen zeigen, dass bestimmte postkolonial geprägte Stereotype in der Alltagskommunikation unreflektiert reproduziert werden. Ferner wird wissenschaftliches Fachwissen zur Reflexion in Supervisionen und an Fachtagen genutzt, welches ebenfalls Rassismen im Kontext der feministischen Sozialarbeit fest- und fortschreibt. Auch die Wissensproduktion und damit die westliche Wissenschaft sind von kolonialer Geschichte geprägt. Walter D. Mignolo stellt dar, dass bereits seit 50 Jahren artikuliert wird, dass die Erkenntnis als starkes Instrument der Kolonialisierung gedient habe. Als modern und fortschrittlich gelten ausschließlich ›westliche‹ Erkenntnisse. Im aktuell historischen Wissen gelte »Europa als stillschweigender Maßstab« (Mignolo 2012: 46).

7. Schlussbetrachtung

Das Aufenthaltsrecht wirkt sich negativ auf Frauen aus, die durch ihren Ehepartner Gewalt erfahren. Die gewaltausübenden Personen sind über die vulnerable Situation von Frauen mit unsicherem Aufenthaltstitel informiert und nutzen die rechtliche Prekarität, um ihre Machtposition zu demonstrieren. Dabei ist nicht der kulturelle Hintergrund des Gewaltausübenden ausschlaggebend, sondern die strukturellen Bedingungen, die im Einwanderungsland herrschen. Die rassistische Stigmatisierung von Opfern und Tätern führt zu einer Individualisierungsdebatte, die Gewalt als strukturbedingtes Phänomen vernachlässigt. Der Anspruch, Schutz für alle bieten zu können, versagt durch gesetzliche und ökonomische Rahmenbedingungen.

Durch Arbeiten von Wissenschaftler*innen, die sich mit Differenzkategorien und Herrschaft auseinandersetzen, begann in Deutschland in den letzten Jahrzehnten eine erweiterte Re-Theoretisierung zur Gewalt gegen Frauen (z.B. Degele/Winker 2010; Lutz 2020, 1993, 1991; Sauer 2011, Langsdorff/Schrader 2014). Diese ist jedoch immer noch nicht ganzheitlich bei der Mehrheitsgesellschaft, die den Diskurs mitträgt, angekommen. Rassifizierungen sowie Individualisierungen haben, wenn es um Gewalt von Männern an Frauen und Mädchen geht, weiterhin ihren Platz in Gesprächen der Fachkräfte und in wissenschaftlichen Veröffentlichungen. Um im feministischen Diskurs Rassismus nicht zu reproduzieren, bedarf es eines umfangreichen Wissens über Rassismus und der Verpflichtung zur Reflexion der eigenen Positionierung.

Die Soziologinnen Floya Anthias und Nira Yuval-Davis fordern eine kritische Auseinandersetzung mit dem Begriff der ›Schwesternschaft‹. Weil das vorherrschende Verständnis von Feminismus vor allem die Sichtweisen und Erfahrungen weißer Mittelklassefrauen einschließe, seien die Interessen »nicht-weißer Frauen« »unsichtbar« (Anthias/Yuval-Davis 1983: 62). Ethnische und geschlechtsspezifische Unterschiede bestimmen den Zugang zu sozialen Ressourcen und Gleichstellungschancen, das alleinige Menschsein reicht für gleiche Teilhabe nicht aus. Anthias und Yuval-Davis fordern daher einen kontextualisierenden Feminismus, indem sie über die Schnittmenge von Geschlecht mit unsichtbaren und ignorierten Privilegien in westlichen Gesellschaften diskutieren. Sie machen darauf aufmerksam, dass Gewalt und Unterdrückung in bestimmten Gesellschaften, wie z.B. in sogenannten ›Entwicklungsländern‹, nicht innerhalb der Familien stattfinde, sondern innerhalb der von den Kolonialmächten implizierten ideologischen Strukturen (vgl. ebd.: 72).

Sozialarbeiterinnen in Frauenhäusern definieren sich meist als solidarische Feministinnen und üben ihre Arbeit aus der persönlichen politischen Überzeugung aus. Mein Beitrag soll als Aufforderung verstanden werden, sich nicht nur mit der Kategorie Geschlecht zu identifizieren, sondern auch die eigene Staatsbürgerschaft in den Handlungen und Zuschreibungsprozessen mitzudenken und diese als sichtbare Kategorie zu verstehen. Engin Isin schlägt vor, eine aktivistische Staatsbürgerschaft zu kreieren. Im Gegensatz zu aktiven Staatsbürger*innen, die bereits vorhandene Routinen ausführen, setzen sich aktivistische Staatsbürger*innen dafür ein, diese Routinen kritisch zu hinterfragen und neu auszurichten. Der rechtliche Rahmen wird dabei ebenfalls als etwas verstanden, das z.B. im Hinblick auf die koloniale Vergangenheit verschiedener Länder neu interpretiert und definiert werden muss (vgl. Isin 2009: 381). So beschreibt Isin die (aktivistische) Staatsbürgerschaft als etwas, das in ständigem Wandel begriffen ist und sich an diesem Wandel neu definieren muss, indem auf Missstände aufmerksam gemacht wird und Rechte eingefordert werden können, die den Kern der Staatsbürgerschaft ausmachen. Eine Sozialarbeiterin im

Frauenhaus, die sich ihrer eigenen Privilegien bewusst ist und die von Benachteiligung und Stigmatisierung von Hilfesuchenden erfährt, kann als aktivistische Staatsbürgerin den Diskurs über die Öffnung der Grenzen der Frauenhausplatzvergabe und die Fortsetzung der Vernetzung- und Öffentlichkeitsarbeit, um Gewalt gemeingesellschaftlich zu beenden, vorantreiben und beeinflussen. Den Diskurs anti-rassistisch zu gestalten, kann dabei der Individualisierung von Gewalt gegen Frauen und der Reproduktion von Rassismus entgegenwirken. Somit kann sich Soziale Arbeit, die sich als Menschrechtsprofession versteht, der Umsetzung von Menschenrechten einen Schritt nähern.

Literatur

Amelina, Anna / Lutz, Helma (2021): Gender in Migration Studies: From Feminist Legacies to Intersectional, Post- and Decolonial Prospects. In: Zeitschrift für Migrationsforschung 1/1. S. 55–73.

Anthias, Floya / Yuval-Davis, Nira (1983): Contextualizing Feminism – Gender, Ethnic and Class Division. In: feminist review 15. S. 62–75.

Arendt, Hannah (1949): Es gibt nur ein einziges Menschenrecht. In: Die Wandlung 4. S. 754–770.

Beck, Valentin (2013): Der Menschenrechtsdiskurs und der Vorwurf des moralischen Imperialismus. In: Menschenrechte und Kritik – Zeitschrift für Menschenrechte 2013/2. S. 24–41.

Brückner, Margrit (2018): Entwicklung der Frauenhausbewegung. In: Sozial Extra 42/4. S. 42–45.

Buckel, Sonja (2013): Europäisierung der Migrationskontrolle. In: Sonja Buckel: »Welcome to Europe«. Die Grenzen des europäischen Migrationsrechts. Bielefeld: transcript 2013. S. 49–70.

Bundeskriminalamt (BKA) (2021): Partnerschaftsgewalt. Kriminalistische Auswertung. Berichtsjahr 2020. Wiesbaden. https://www.bka.de/SharedDocs/Downloads/DE/Publikationen/JahresberichteUndLagebilder/Partnerschaftsgewalt/Partnerschaftsgewalt_2020.html;jsessionid=4EB2A6345EB8616C12DF0BD830CA8E67.live611?nn=63476 (29.11.2021).

Butler, Judith (2005): Gefährdetes Leben. Frankfurt am Main: Suhrkamp.

Carstensen, Melinda et al. (2018): Intersektionalität – Ein Denkanstoß für eine kategoriesensible Frauenhausarbeit. In: Gaby Lenz / Anne Weiss (Hg.): Professionalität in der Frauenhausarbeit. Aktuelle Entwicklungen und Diskurse. Bd. 7. Wiesbaden: Springer VS 2018. S. 135–155.

Crenshaw, Kimberlé (2011): Demarginalizing the Intersection of Race and Sex: A Black Feminist Critique of Anti-Discrimination Doctrine, Feminist Theory, and

Anti-Racist Politics. In: Helma Lutz / Maria Teresa Herrera Vivar / Linda Supik (Hg.): Framing Intersectionality. Debates on a Multi-Faceted Concept in Gender Studies. Farnham: Ashgate 2011. S. 25–45.

Degele, Nina / Winker, Gabriele (2010): Intersektionalität: Zur Analyse sozialer Ungleichheiten. 2. Aufl. Bielefeld: transcript.

DeGooyer, Stephanie et al. (2018): Vom Recht, Rechte zu haben. Hamburg: Hamburger Edition.

Hagemann-White, Carol (1997): Die feministische Gewaltdiskussion: Paradoxe, Blockaden und neue Ansatze. In: Carol Hagemann-White / Barbara Kavemann / Dagmar Ohl (Hg.): Parteilichkeit und Solidaritat: Praxiserfahrungen und Streitfragen zur Gewalt im Geschlechterverhältnis. Bielefeld: Klein Verlag 1997. S. 237–257.

Holzkamp, Klaus (2012): Gesellschaftliche Widersprüche und Handlungsfähigkeiten – am Beispiel der Sozialarbeit. In: Ulrike Eichinger / Klaus Weber (Hg.): Soziale Arbeit. Hamburg: Argument Verlag 2012. S. 16–40.

Isin, Engin (2009). Citizenship in flux: The figure of the activist citizen. In: Subjectivity 29. S. 367–388.

Langsdorff, Nicole von / Schrader, Kathrin (2014): Im Dickicht der Intersektionalität. Münster: Unrast.

Lehmann, Nadja (2008): Migrantinnen im Frauenhaus – Biographische Perspektiven auf Gewalterfahrungen. Opladen/Farmington Hills: Verlag Barbara Budrich.

Lutz, Helma (1991): The myth of the other. Western representation and images of women of so called Islamic background. In: International Revue of Sociology 1991/2. S. 129–137.

Lutz, Helma (1993): Feminist theory in practice: An interview with bell hooks. In: Women<s Studies International Forum 16/4. S. 419–425.

Lutz, Helma (2020): Rassismuskritische Perspektiven auf Gender und Migration. Eine intersektionelle Analyse. In: Meltem Kulaçatan / Harry Harun Behr (Hg.): Migration, Religion, Gender und Bildung. Beiträge zu einem erweiterten Verständnis von Intersektionalität. Bielefeld: transcript 2020. S. 211–229.

Markard, Nora (2009): Die andere Frage stellen: Intersektionalität als Analysekategorie im Recht. In: Kritische Justiz 42/4. S. 353–364.

Mignolo, Walter D. (2012): Epistemischer Ungehorsam. Rhetorik der Moderne, Logik der Kolonialität und Grammatik der Dekolonialität. Wien: Turia + Kant.

Morris, Lydia (2015): Transnationale Migration und die Dynamik von Rechten. In: WSI-Mitteilungen 2015/5. S. 365–373.

Müller, Ursula / Schröttle, Monika (2004): Lebenssituationen und Belastungen von Frauen mit Behinderungen und Beeinträchtigungen in Deutschland. Ergebnisse der quantitativen Befragung. Endbericht Bundesministerium für Familie, Senioren, Frauen und Jugend (BMFSFJ). https://www.bmfsfj.de/blob/jump/94206/lebenssituation-und-belastungen-von-frauen-mit-behinderungen-langfassung-ergebnisse-der-quantitativen-befragung-data.pdf (05.12.2021).

Müller, Ursula / Schröttle, Monika (2012): Gewalt gegen Frauen und Gewalt im Geschlechterverhältnis. In: Günter Albrecht / Axel Groenemeyer (Hg.): Handbuch soziale Probleme. 2. überarb. Aufl. Wiesbaden: Springer VS 2012. S. 668–691.

Okin, Susan Moller (1999): Is Multiculturalism bad for Women? In: Susan Moller Okin (Hg.): Is Multiculturalism bad for Women? Princeton: PUP 1999. S. 9–24.

Sanyal, Mithu M. (2016): Vergewaltigung. Aspekte eines Verbrechens. Hamburg: Editions Nautilus.

Sauer, Brigitte (2011): Migration, Geschlecht, Gewalt. Überlegungen zu einem intersektionellen Gewaltbegriff. Gender 2011/2. S. 44–60.

Schmidt, Julia / Schrader, Kathrin (2018): Kritische Psychologie in der Frauenhausarbeit – ein Ansatz zur Überwindung von Herrschaftsverhältnissen. In: Gaby Lenz / Anne Weiss (Hg.): Professionalität in der Frauenhausarbeit. Wiesbaden: Springer VS 2018. S. 187–203.

Schröttle, Monika (2001): Staatliche Politik und Gewalt gegen Frauen. Soziopolitische Einflußfaktoren, Intervention und Prävention. In: Journal für Konflikt- und Gewaltforschung 3/2. S. 64–88.

Schuster, Julia (2021): A lesson from ›Cologne‹ on intersectionality: strengthening feminist arguments against right-wing co-option. In: Feminist Theory 22/1. S. 23–42.

Süddeutsche Zeitung vom 25.02.2021: Kopftuchverbot zulässig. https://www.sueddeutsche.de/politik/eugh-gutachten-kopftuchverbot-zulaessig-1.5217446 (24.03.2021).

ZUGÄNGE und ANSÄTZE

Kollektiv Solidarische Sozialarbeit

Im Gedenken an A.

Geschlechtsbezogene Gewalt auf der Straße

Wir sind beim Frauenarzt. Nach einer Vergewaltigung; mögliche Schwangerschaft klären. Der Arzt (männlich, *weiß*) spricht nicht zu ihr, sondern zu mir: »Da hat es der liebe Gott noch mal gut gemeint. Sie ist nicht schwanger«.

Ich laufe über die Straße und unsere Blicke treffen sich. Wir lächeln; ich gebe ihr eine Zigarette. Und sie erzählt, wie sie gestern von einem Typ von hinten begrapscht wurde, der sie dann geschlagen hat und dem sie dann einen Blowjob gegeben hat, damit er aufhört. Danach hat ihr Freund sie auch geschlagen. Er sagt, sie sei beschmutzt.

Wir sitzen auf dem Sofa. Wir sprechen über Sexualität. Sie erzählt mir von ihrer sexuellen Vorliebe. Ich bin verwirrt. Frauen haben Vorlieben? Ich assoziiere Sexualität mit männlicher Dominanz.

Sie zeigt mir ihren Whatsapp-Verlauf: Er beschimpft sie, denn sie als seine Frau hat keine Ehre, weil sie Drogen konsumiert. Es ginge schließlich um ihn. Er (über 40) will sie (17) fertigmachen.

Wir sitzen am Tisch. Reflektieren über den Arbeitsalltag. Ich spüre Ausweglosigkeit, Frustration. Mein Blick auf Frauen* verändert sich schleichend. Ich sehe sie nicht mehr als vielschichtige Persönlichkeiten, nur noch als potenzielle Opfer.

Die geschilderten Situationen stammen sowohl aus meinem privaten wie auch aus meinem beruflichen Kontext. Dieser Text wird wahrscheinlich kein wissenschaftlicher Beitrag zu geschlechtsbezogener Gewalt auf der Straße und wohl auch kein Tatsachenbericht. Ist es ein Hilfeschrei? Eine persönliche Auseinandersetzung? Etwas sehr Privates im Kontext professioneller Sozialarbeit, eine Selbstreflexion?

Bei einem Gespräch offenbarte ich einer der Herausgeber*innen dieses Buches meine Angst, die Verzweiflung und meine Betroffenheit. So kam die

Idee für diesen Beitrag. Ich überlegte viel im Vorfeld, ob es nicht anmaßend sei, diesen Text zu schreiben. Gibt es diese Art von Texten nicht schon? Darf ich diesen Text schreiben? Ich, als *weiße* Streetworkerin?

Es sind nicht meine Geschichten. Sie gehören nicht mir, ich habe sie nicht selbst erlebt, bekomme sie nur mit, bin Zuschauerin, Begleiterin, Ansprechperson. Als ich bemerkte, dass sich meine Wahrnehmung zu Sexualität, feministischer Kunst, selbstbestimmten Freund*innen verändert und abstumpft, dass ich stattdessen patriarchale Strukturen und männliche Dominanz wahrnehme – und zwar zu jeder Zeit – ob auf der Arbeit oder im Privaten, wurden sie dann auch zu meinen Geschichten, zu meinem Problem?

Eigentlich wollte ich mit den Worten beginnen: »Ich nehme euch mit in meinen Arbeitsalltag …«

Es ist unabdingbar, patriarchale Strukturen zu erkennen, zu benennen und dagegen anzugehen, allerdings nicht isoliert und losgelöst von anderen gesellschaftlichen Einflussfaktoren oder Machtverhältnissen. Situationen, Beziehungen oder Strukturen nicht in ihrer Gänze sehen zu können, die Vielschichtigkeit, die intersektionalen Überschneidungen nicht analytisch durchdringen zu können, hat in der sozialarbeiterischen Praxis reale, zuweilen sehr heftige Konsequenzen. Wer sind die Menschen, die ich im Arbeitskontext kennenlerne? Wir bezeichnen die Klientel absichtlich nicht als ›Drogenkonsument*innen‹ oder ›Obdachlose‹. Der Diskurs über Menschen mit Behinderungen war in meinem Studium der erste, bei dem die Notwendigkeit erklärt wurde, den Menschen (zuerst) zu nennen. Es erschien mir damals banal, sogar selbstverständlich, dass es keine homogene Gruppe von Personen gibt, die eben auch mit Behinderungen zu tun haben und dass Sprache ein wirkmächtiges Instrument ist. Bei der Ausrichtung sozialarbeiterischer Einrichtungen spielen Kategorien eine Rolle, beispielsweise um Zuständigkeiten und Finanzierung zu klären. Konzepte eines Schutzraumes benötigen eine definierte Zielgruppe, damit es ihr Raum sein kann und dieser nicht durch Außenstehende gestört wird. Diese Kategorien sollten mir allerdings nicht im direkten Kontakt zu einzelnen Personen durch den Kopf gehen, da ich dann Gefahr laufe, sie in eine Schublade zu stecken. In meinem Arbeitsfeld nimmt eine Kategorie eine zentrale Position ein: die des weiblichen* Opfers sexualisierter Gewalt. Diese Kategorie hat sich unmerklich eingeschrieben in meine Sicht auf die Welt. Strukturelle, sexualisierte Gewalt gegenüber Frauen* ist allgegenwärtig, aber Frauen* sind nicht bloß Opfer von sexualisierter Gewalt. Zu erkennen, dass sich bei mir etwas verändert hat, was einen Opferstatus als Eigenschaft von Frauen* per se definiert, das ist mein Problem.

Ich habe mich bei diesem Text bewusst für eine Darstellungsweise entschieden, die meine subjektive Perspektive nicht verdeckt. In der sozialarbeiterischen Praxis spielen theoretisch-kritische Erkenntnisse und forschungsbasierte Konzepte jedoch eine wichtige Rolle. Wir arbeiten empowernd, feministisch, niedrigschwellig und akzeptanzorientiert mit der Klientel der Drogenszene in Frankfurt und begleiten Menschen dabei, selbstbestimmt Perspektiven und Möglichkeiten auszuloten. Dem entgegen stehen Aussagen wie ›Wir sind nicht in der Lage …‹ oder ›Wir versuchen nur den Laden am Laufen zu halten‹, die nicht nur im persönlichen Gespräch mit Kolleg*innen, sondern auch bei internen Auseinandersetzungen zu inhaltlichen Gestaltungsmöglichkeiten, in der Bündnisarbeit, bei Seminaren in Hochschulen etc. zu hören sind.

Um meine persönliche Problematik mit diesem Thema fachlich zu reflektieren, um Handlungsstrategien zu finden, soll im nächsten Teil dieses Beitrags die Kontextualisierung in den fachlichen Diskurs versucht werden. Dabei werden zunächst Handreichungen und Forderungen an die Sozialarbeit berücksichtigt, die – im weitesten Sinne – mit meiner Zielgruppe zu tun haben. Im Fokus steht der Arbeitsbereich der Wohnungslosenhilfe. Wie wird in der Praxis mit patriarchaler Gewalt umgegangen? Schafft Sozialarbeit es, Frauen* im Gesamtkontext ihrer Lebenswelt zu sehen? Wie gehen Sozialarbeitende mit den Grenzen der Hilfssysteme um? Und welche Unterstützungsformen gibt es? Daran anschließend folgt eine Reflexion über die Repräsentation in Presse und Medien anhand einiger Beispiele.

Eine Einordnung geschlechtsbezogener Gewalt in den fachlichen Diskurs

Auf der fachspezifischen Ebene (Arbeitsgemeinschaften, Fachforen etc.) gibt es einen reflektierten und sensiblen Austausch über diese Art von Gewalt in diesem konkreten Lebensbereich. Die Thematik beginnt bei Wohnungslosigkeit, Gründen und Folgen davon, Umgang in den Einrichtungen, akute Problematiken für Frauen* auf der Straße, institutionalisierte Diskriminierungen und geht noch weiter. In der Fachinformation »Gewaltfrei leben – sicher wohnen« beschreibt Sabine Bösing den Zusammenhang von Gewalt und Wohnungsnot von Frauen. Sie zeigt den Teufelskreis auf, den gewaltbetroffene Frauen durchlaufen müssen: Aus der gewaltvollen Beziehung in der Partnerschaft zur besonderen Vulnerabilität von Frauen, die keinen sicheren Wohnraum haben und wieder Gewalt erleben (vgl. Bösing 2020). Werena Rosenke nennt Gewalterfahrung als Auslöser von Wohnungsnot (vgl. Rosenke 2017a: 93); aus der empirischen Effektstudie »Zur Untersuchung der Effektivität sozialpädagogischer Beratung« geht hervor, dass 69 Prozent der befragten Frauen Gewalt während ihres Lebens erfahren haben (vgl. Köppen/Krägloh/Heise 2012: 22). Die Autorinnen schätzen die Zahlen eigentlich noch höher, da in der Studie nicht expliziert danach gefragt wurde und ein geschütztes und kontinuierliches Setting notwendig ist, um mit den Frauen* überhaupt über Gewalt sprechen zu können (vgl. ebd.: 38). Der Untersuchungsbericht »Frauen in Wohnungsnot. Hilfen, Bedarfslagen und neue Wege in NRW« nimmt an, dass das Ausmaß erfahrener Gewalt von Frauen in Frauenhäusern mit dem auf der Straße gleichgesetzt werden kann (vgl. Enders-Dragässer/Huber/Sellach 2004: 20). Was beinhalten die Handreichungen zum Thema Gewalt gegen auf der Straße lebenden Frauen*? Dort werden sie als eine besonders vulnerable Gruppe beschrieben, sogar als schutzlos (vgl. Liga der freien Wohlfahrtspflege in Baden-Württemberg e.V. 2009). Es wird angeführt, dass sich körperliche und psychische Beschwerden chronifizieren, was dann nicht mal von den Frauen* selbst mehr wahrgenommen würde (vgl. Rosenke 2017b: 306f.). Bei den Fällen, in denen die Gewalt von wohnungslosen Männern* ausgeht, handele es sich häufig um sexualisierte Gewalt (vgl. Giffhorn 2017: 276). Die Gründe für das hohe Dunkelfeld im Allgemeinen erklären die Fachleute mit Angst vor Täter*innen, Polizei, Misstrauen gegenüber Behörden und psychischer Traumatisierung (vgl. ebd.: 275).

Deutschland hat sich 2018 mit Unterzeichnung der Istanbul-Konvention verpflichtet, Frauen* – auch auf der Straße lebende Frauen* – als schutzbedürftige Personen ernst zu nehmen und Maßnahmen zu ergreifen, um sie zu schützen. Wenn nun aber die frauen*spezifischen Angebote in der Wohnungslosenhilfe betrachtet werden, zeigt sich, dass es hier noch viel Raum zur Verbesserung gibt. Deshalb stellte die BAG Wohnungslosenhilfe konkrete Forderungen zur Verbesserung der Situation an die Wohnungsnotfallhilfen (vgl. Bundesarbeitsgemeinschaft Wohnungslosenhilfe e.V.

2021). In fast jeder Handreichung, die sich auf wohnungslose Frauen bezieht, ist ein erster wichtiger Aspekt der Gewaltprävention und des Gewaltschutzes die Vernetzung aller geschlechtsspezifischen Angebote (vgl. Rosenke 2017b: 306 f.). Der zweite Punkt, der auch in Forschungsarbeiten zu finden ist und den Kern der Gewaltprävention innerhalb gemischtgeschlechtlichen Wohnungsnotfallhilfen darstellt, ist die Notwendigkeit von sicheren und separaten Räumen für Frauen* (vgl. bspw. ebd.: 309; Giffhorn 2017: 283). Denn dort, wo es frauen*spezifische Angebote gibt, werden sie auch angenommen, ansonsten meiden Frauen* Einrichtungen von Wohnungslosenhilfen, da ihnen kein Schutz vor sexualisierter Gewalt geboten wird (Ministerium für Generationen, Familien, Frauen und Integration des Landes Nordrhein-Westfalen 2005: 12). Frauen*spezifische Angebote werden als Grundvoraussetzung für die Inanspruchnahme von Hilfen benannt (ebd.: 13). Gender Mainstreaming ist also auf der Anforderungsebene in der Wohnungslosenhilfe angekommen, jedoch gilt hier stets: gemeint sind Frauen, nicht Frauen*. In einem Handbuch steht folgende Fußnote:

> »Auch wenn in der Skizzierung des Konzepts des Gendermainstreamings eine heterosexuelle Norm zugrunde gelegt worden ist, soll damit nicht ausgeblendet oder negiert werden, dass es Menschen gibt, die dieser heterosexuellen Normierung nicht entsprechen oder entsprechen wollen. Die Hilfen im Wohnungsnotfall sollten durch geeignete Angebote sicherstellen, dass sie bspw. dem Hilfebedarf von Transgender gerecht werden. Im Rahmen dieses Handbuchs kann aber nicht auf andere Geschlechtertheorien wie Queer-Theorien, Diversity- und Pluralitätstheorien eingegangen werden« (Rosenke 2017a: 87).

Die Forschungsarbeit von Constanze Ohms bezieht sich genau auf diese Problematik. Sie verdeutlicht, dass sexualisierte Gewalt gegen LGBTIQ nicht ausreichend in Konzepten und Einrichtungen verarbeitet wurde und bemängelt, dass Geschlechtsidentität nicht als Kernbedürfnis bewertet wird (vgl. Ohms 2019: 99). In Bezug auf das benannte Problem, dass queere Personen in Einrichtungen der Wohnungslosenhilfe nicht ausreichend geschützt werden können, schreibt Ohms:

> »Die Erkenntnis, dass die Einrichtung keinen angemessenen Schutz gewährleisten kann, darf nicht dazu führen, die Verantwortung an das (potenzielle) Opfer zu delegieren und eine alternative Unterbringung zu organisieren oder die Person nicht aufzunehmen.« (ebd.: 100)

Ohms attestiert diesen Einrichtungen mangelnde Niedrigschwelligkeit und zusätzlich könne der systematische Ausschluss die Gewalt der Täter*innen legitimieren (ebd.: 103).

In Frankfurt gibt es eine Notschlafstelle für Frauen auf der Straße. Das *Hannah – Wohnen für Frauen* der *Diakonie* ist ein Übergangswohnheim, in dem zusätzlich zehn Notschlafstellen zur Verfügung stehen. Dort werden allerdings keine Frauen* aufgenommen, wenn bei ihnen eine »akute psychische Erkrankung vorliegt« oder sie »illegale Drogen« konsumieren (vgl. Diakonie 2022). Bei Drogengebrauch gibt es andere Einrichtungen in Frankfurt, die ebenfalls frauenspezifisch ausgelegt sind, wie beispielsweise die Frauenberatungsstelle des *Frankfurter Vereins für soziale Heimstätten e.V.*, die aber nur betreutes Wohnen anbietet. Szenenahe Notschlafstellen gibt es ansonsten nur innerhalb der gemischtgeschlechtlichen Einrichtungen der Drogenhilfe. Im Grunde sind diese Hilfen begrenzt auf maximal zehn Tage, innerhalb derer eine finanzielle Abklärung durch das Sozialamt getätigt werden muss. Weitere Ausschlüsse erfolgen nun ganz individuell: sei es nun der Drogengebrauch bei nicht drogenspezifischen Einrichtungen, die fehlende Sozialhilfeberechtigung, das Alter (unter 18 Jahren), die strukturelle Vorgabe des zahlenden Sozialamtes, dass Betten nachts und nicht tagsüber genutzt werden müssen, obwohl viele Frauen* nachts arbeiten oder die sogenannte akute psychische Erkrankung. In dem Untersuchungsbericht der *Gesellschaft für Sozialwissenschaftliche Frauenforschung e.V.*, der die Lage von Frauen in Wohnungsnot erforschte, wird beschrieben, dass es enorme gesundheitliche Auswirkungen für Frauen* gibt, die auf der Straße leben; unter anderem können posttraumatische Belastungsstörungen, stressbedingte Erkrankungen, Depressionen oder Suchtprobleme als Folgeerkrankungen entstehen (vgl. Enders-Dragässer/Huber/Sellach 2004: 20). Ein weiterer Teufelskreis entsteht: Die Ausschlussgründe, wie bspw. Drogengebrauch oder psychische Erkrankungen, sind also gleichzeitig Ursache für den Ausschluss aus der Wohnungsnotfallhilfe. Die Dortmunder Studie *Obdachlosigkeit und Obdachlosenfeindlichkeit in der Pandemie* fand heraus, dass häufig Drogen- und Alkoholkonsum nicht ursächlich zur Wohnungsnot führten, sondern als Bewältigungsstrategien wegen Wohnungsnot genutzt werden (vgl. DMZ digital 2021).

Für die ordnungsrechtlichen Unterbringungen und die damit verbundenen öffentlichen Mittel, die für Angebote bereitgestellt werden, lohnt sich ein Blick auf die auseinandergehenden Einschätzungen über die Anzahl an Menschen, die kein Dach über dem Kopf haben. Die bereits oben erwähnte Dortmunder Studie – übrigens getragen von dem persönlichen Engagement von u.a. 80 Studierenden, um nicht von öffentlichen Geldgeber*innen abhängig zu sein – zählte weit mehr Menschen in Wohnungsnot (609) als die Stadt Dortmund zählte (400). Die Zahl an Menschen in prekären Wohnverhältnissen erhöht sich um ein Vielfaches, wenn diejenigen dazu gezählt werden, denen nur eine postalische Erreichbarkeit statt einer Meldeadresse zur Verfügung steht (ca. 1100 Menschen) (vgl. ebd.). Diese ungleiche Einschätzung findet sich auch in Frankfurt wieder. Im Herbst 2021 geht die Stadt Frankfurt von 150 bis 200 »obdachlosen Menschen im öffentlichen Raum« aus (vgl. Stadt Frankfurt am Main 2021). Gleichzeitig berichtet die Frankfurter Rundschau von 254 obdachlosen Menschen nach einer Zählung des Kältebusses (vgl. Leclerc 2021). Eine weitere erhellende Erkenntnis, die die Studie aus Dortmund hervorbrachte, ist die Auswirkung der Aussage: ›In Deutschland muss niemand wohnungslos sein‹. Dies ist keinesfalls eine neue oder revolutionäre Erkenntnis, sondern es entlarvt eine zynische Haltung: Hinter diesem Satz verbirgt sich die Annahme, dass Menschen freiwillig und selbst verschuldet ohne eine Bleibe sind, dementsprechend auch nicht unbedingt unterstützungswürdig seien (vgl. DMZ digital 2021). In der Studie konnte mithilfe qualitativer Methoden nachgewiesen werden, dass dieses Vorurteil weite Verbreitung hat und auf mehreren Ebenen gesellschaftlich zurückwirkt: es legitimiert, da obdachlose Menschen selbst schuld an ihrer Situation seien, weil sie sich nicht an die ›Spielregeln‹ hielten, alle weiteren negativen Konsequenzen, die aus der Obdachlosigkeit entstehen (vgl. ebd.). »Niemand muss in Frankfurt auf der Straße schlafen«, führte auch die Sozialdezernentin Elke Voitl (Grüne) aus. Insgesamt gebe es derzeit – coronabedingt reduziert – 240 Plätze in den verschiedenen Notunterkünften (vgl. Lelerc 2021). Die größte der sogenannten Notunterkünfte, die die Stadt Frankfurt nun jedes Jahr als ›Angebot‹ gegen den Kältetod bereitstellt, ist die B-Ebene der U-Bahnstation Hauptwache. Dort liegen Frauen* wie Männer* mit Isomatten und Schlafsäcken auf kaltem Steinboden. Hier ist es der Leser*in überlassen, den Zynismus und die Aberkennung geschlechtsbezogener Gewalterfahrung in solch einer Form der Elendsverwaltung zu erkennen.

Die Darstellung des Themas in den öffentlichen Medien

Die Lebenssituationen von Frauen*, die von Wohnungslosigkeit betroffen sind, spiegeln sich auch in der Presseberichterstattung wider, die einige der oben genannten Fachdiskussionen aufgreift Es kommen Sozialarbeitende zu Wort, die in diesem Arbeitsbereich tätig sind. »Viele Frauen* wissen gar nicht, dass sie faktisch wohnungslos sind«, zitiert Stephanie Gebert von Deutschlandfunk eine Sozialarbeiterin einer frauenspezifischen Einrichtung (vgl. Gebert 2020), denn wohnungslos ist auch, wer beispielsweise keinen Mietvertrag hat oder bei Bekannten auf dem Sofa schläft. Dort wird auch auf die teilweise demütigende Erfahrung in Ämtern hingewiesen, weswegen Frauen* häufig von Sozialarbeiter*innen begleitet werden, um sie gegen die institutionalisierte Diskriminierung zu unterstützen (vgl. ebd.). Ein anderer Artikel bezieht sich auf das strukturelle Problem von Frauen* in Frauenhäusern. Die Dauer, die es benötigt, um aus dem Frauenhaus heraus eine alternative Wohnmöglichkeit zu finden, deckt sich selten mit der Dauer der Bewilligung der Finanzierung durch das Jobcenter, was Obdachlosigkeit zur Folge haben kann (vgl. Fischer 2020). Auch finden sich die Ausschlusskriterien wieder, die sich in den Hausregeln der Wohnungslosenhilfen manifestieren: Kein Alkohol, keine Drogen, keine Substitution und keine Frauen, die »psychisch derart erkrankt sind, dass sie spezielle Wahrnehmungen der Welt und der Wirklichkeit haben« (Link 2019). Gleichzeitig ist auch eine Bewertung der Frauen* direkt und indirekt in den Artikeln zu erkennen. Inhaltlich kommt bei Anke Petermann eine selbstbewusste junge Frau* zu Wort, die über ihr freigewähltes Leben auf ›Platte‹ berichtet. Sie wirkt in ihren Äußerungen reflektiert und kompetent. Jedoch soll bereits der Titel zum Zweifeln anregen, ob ihren Aussagen geglaubt werden darf: »Verdrängen als Überlebensstrategie«. Und ein Arzt – Besitzer des ›objektiven Blicks‹ – spricht ihr die positive Einschätzung ab und generalisiert dieses Phänomen mit der Bezeichnung ›Zufriedenheits-Paradoxon‹ (vgl. Petermann 2019). Es wird suggeriert, dass die junge Frau keinesfalls ihre Situation richtig einschätzen könne und auf die Korrektur des männlichen Arztes zurückgegriffen, dem Objektivität und Klarheit zugestanden wird.

Selbstgewählte Obdachlosigkeit kann auch Rettung sein; so beschreibt eine junge Frau, ›Alex vom Alexanderplatz‹, dass sie mit 16 Jahren ihre ›Straßenfamilie‹ gefunden hat und dies ein wichtiger Beziehungsort für sie war und nach wie vor ist (vgl. Conradi 2018). Auch wird vom Straßenkinderkongress berichtet, den Jugendliche selbstverwaltet organisierten, bei dem Jugendliche nicht nur bundesweit, sondern einige auch aus Polen angereist waren und aus dem heraus klare Forderungen an Politik und Sozialarbeit gestellt wurden: Sie wollen unter anderem mehr Bezugspersonen, Zufluchtsorte, feste Betreuende für alle, 15 Euro pro Tag als Lebensmittelgutscheine, mehr Wohnraum und eine Jugendhilfe, die auch wirklich hilft (vgl. Siebert 2014). Die Anerkennung für die Organisation des Kongresses mussten sie sich aber mit Karuna e.V. teilen, einem freien Träger der Sozialen Arbeit, dessen Mitarbeiter*innen in diesem Jahr aktiv an der Räumung einer Plattensiedlung in der Rummelsburger Bucht beteiligt waren (vgl. Berger/Klager 2021). Hier zeigt sich der Antagonismus von Hilfe und Kontrolle in der Sozialen Arbeit: Zum einen in der Selbstermächtigung ihrer Adressat*innen und zum anderen in der Durchsetzung von ordnungspolitischen Interessen. Die wohnungslosen Frauen*, die in Presseartikeln zu Wort kommen, zeichnen keineswegs ein einseitiges Bild vom Leben auf der Straße. Alex vom Alexanderplatz erzählt ganz differenziert von den Höhen und Tiefen ihres Lebens auf der Straße und den Gründen für ihre Entscheidung, die Familie zu verlassen (vgl. Conradi 2018). Paradoxerweise floh sie auf die Straße, um nach einem Übergriff nicht bei der Polizei eine Aussage machen zu müssen:

> »Du wurdest geschlagen. Du wurdest gewürgt. Das sind so Sachen, das ist grad passiert. Und dann soll man noch zur Polizei und soll das auch noch sagen? Das ist … aber am Arsch. Ich hatte damit zu kämpfen, mich nicht grad umzubringen« (ebd.).

In einem anderen Artikel wird beschrieben, dass Frauen* nicht zur Polizei gehen, weil es nichts bringt: »Das hätte ja nichts verändert« (Deckner 2019). Heteronormativismus und Sexismus sind manifeste Herrschaftsverhältnisse auf der Straße. Die erste Assoziation, die in der breiten Gesellschaft auftritt, wenn sie an Menschen auf der Straße denken, sind obdachlose Männer*. Im zweiten Schritt erst fallen die Frauen* ein, die der Sexarbeit nachgehen: »Wenn du als Frau auf der Straße bist, dann bist du in den Augen der anderen eine Prostituierte. Ob du das möchtest oder auch nicht« (Hofmann 2021). Das zeigt sich auch, wenn auf freundliche Hilfsangebote von Fremden Forderungen nach sexuellen Dienstleistungen folgen (vgl. ebd.). Das sei auch ein Grund, weshalb Frauen* in Wohnungslosigkeit auf ihr gepflegtes Äußeres achten. Sie wollen nicht auffallen, weil »Wohnungslosigkeit bei Frauen immer mit Schutzlosigkeit einhergeht« (Link 2019). Sei das nun angenommene oder tatsächliche Schutzlosigkeit, von diesen potenziellen Opfern erwarten Täter*innen weniger Gegenwehr oder Folgen bei Gewaltanwendung. Die Vertreibung von wohnungslosen Menschen aus (halb)öffentlichem Raum führt außerdem zu ständiger Rastlosigkeit und Schlafmangel (vgl. Hofmann 2021; Scheiwe 2021). Stella erzählt, dass, seitdem sich ein Bankkunde beim nächtlichen Geldabheben über eine schlafende Person erschreckte, diese Bank in der Nacht geschlossen sei (vgl. Hofmann/Stella 2021). In diesem Jahr widmete sich ein Kölner *Tatort* der Lebenssituation von Frauen* auf der Straße. Dabei wurden viele Aspekte vom Leben als obdachlose Frau* angesprochen: Eine Vergewaltigung wurde durch den Täter als einvernehmlicher Sex dargestellt und eine betroffene Frau, die nicht auffallen wollte, ging nicht zur Polizei; im Bericht über den Tatort kam eine wohnungslose Frau zu Wort: »Als Frau wird man auf der Straße oft sexuell belästigt, egal wie alt man ist oder wie man aussieht« und das auch in Notunterkünften (vgl. Scheiwe 2021). Unauffällig sein ist die Devise, ob es nun das gepflegte Äußere oder häufige Schlafplatzwechsel betrifft (vgl. ebd.). Stella bringt es auf den Punkt, wenn sie fragt: »Alle sorgen sich um ihre Sicherheit. Aber wer sorgt sich um meine Sicherheit?« (Hofmann/Stella 2021).

Fazit / Subjektive Sicherheit für wen?

Was sollte die Aussage des Frauenarztes, Gott habe es noch einmal gut gemeint? Die Gewalterfahrung der Patientin wird ausgeblendet, obwohl die mögliche Schwangerschaft offensichtlich die Folge eines Gewaltaktes ist. Solche Aussagen sind in dieser Situation nicht angemessen, sondern Ausdruck eben jener Gewalt, die für Frauen* auf der Straße alltägliche Lebensrealität sind. Als Streetworkerin ist das Teil meiner Arbeitsrealität. Es macht mich wütend und widerspricht einer Sozialen Arbeit, die sich im Sinne der sozialen Gerechtigkeit positioniert und agiert. In diesem Beitrag habe ich mich der Problematik von geschlechtsbezogener Gewalt auf der Straße lediglich annähern können, auch um mich selbst nicht zu verlieren in der Vielschichtigkeit der Aspekte, die hier eine Rolle spielen. Er beinhaltet also zahllose Facetten, die ich nicht auszufüllen weiß. Auch kann ich keine Antwort auf die eingangs gestellten Fragen anbieten. Ich möchte zuletzt nur einen Blick auf das Projekt *Hotline* der *Integrativen Drogenhilfe e.V. (idh)* werfen. Ein Projekt, welches selbstorganisiert von Sexarbeiterinnen* gegründet und später von einem der großen Drogenhilfeträger übernommen wurde. Das Projekt ist für Frauen*, die Drogen gebrauchen und der Sexarbeit unter schwierigen Arbeitsbedingungen im Frankfurter Bahnhofsviertel nachgehen. Zum Thema Gewalterfahrung berichtet *Hotline* jährlich im Jahresbericht der *idh* folgende zwei Sätze: »Nur die wenigsten dieser Klientinnen haben keine Gewalterfahrungen gemacht. Mit Vergewaltigung, Körperverletzung, Freiheitsberaubung und Raub werden sie permanent konfrontiert« (idh e.V. 2007: 23). Exakt derselbe Satz steht 2019 und in jedem älteren zugänglichen Jahresbericht der *idh* geschrieben. Es scheint keine Notwendigkeit zur Veränderung zu bestehen, weil das Problem so alt wie das Patriarchat selbst ist. Dass die Kontaktläden der Drogenhilfe eher von Männern* als von Frauen* genutzt werden, zeigt sich in den seit 2002 regelmäßig stattfindenden Szenebefragungen, vor allem ab 2016 (vgl. Werse et al. 2017: 77; Kamphausen/Werse 2021: 65). Die Stadt Frankfurt leitet aus diesen Forschungsergebnissen jedoch nicht ab, dass es einen Bedarf an frauen*spezifischen Angeboten gibt. Natürlich gibt es Veränderungen und Verbesserungen im Bereich der Gleichberechtigung. Säße ich im Stuhl nach einer Vergewaltigung, ist die Wahrscheinlichkeit wesentlich höher, dass der Arzt einen sensibleren Ton anschlägt. Für Frauen* auf der Straße, die rassifiziert werden, die der Drogenszene zugeordnet, die mit Sexarbeit in Verbindung gebracht werden, die aus unterschiedlichen Gründen gegen die normierten stereotypen Vorstellungen und Bilder von Weiblichkeit verstoßen und das vielleicht alles gleichzeitig – für diese Frauen* ist die Wahrscheinlichkeit größer, dass sie Diskriminierung erfahren und überproportional häufig Opfer von geschlechtsbezogener Gewalt werden. Ich stehe als Streetworkerin neben den Frauen*, höre ihre Geschichten, bin Zuschauerin, Ansprechperson …

Literatur

Bergerer, Melanie / Klager, Robert (2021): Kälteeinbruch in Berlin. Obdachlosencamp an der Rummelsburger Bucht geräumt. Tagesspiegel vom 06.02.2021. https://www.tagesspiegel.de/berlin/kaelteeinbruch-in-berlin-obdachlosencamp-an-der-rummelsburger-bucht-geraeumt/26890190.html (28.11.21).

Bösing, Sabine (2020): Gewalt und Wohnungslosigkeit – die Suche von Frauen nach Schutz und Sicherheit. In: FHK-Fachinformation Nr. 1. S. 7–11.

Bundesarbeitsgemeinschaft Wohnungslosenhilfe e.V. (2021): Frauen. Umsetzung der Istanbul-Konvention – Gewaltschutz für Frauen in der Wohnungsnotfallhilfe. Empfehlungen der BAG Wohnungslosenhilfe. https://www.bagw.de/fileadmin/bagw/media/Doc/POS/POS_21_Empfehlung_Gewaltschutz.pdf (06.12.21).

Conradi, Bettina (2018): Alex vom Alexanderplatz. Eine junge Frau erzählt vom Leben ›auf Platte‹. https://www.deutschlandfunkkultur.de/alex-vom-berliner-alexanderplatz-eine-junge-frau-erzaehlt-102.html (28.11.21).

Decker, Simone (2019): Schutzlos. Obdachlose Frauen werden häufiger Gewaltopfer. Hinz & Kunzt vom 08.03.2019. https://www.hinzundkunzt.de/obdachlose-frauen-werden-haeufig-gewaltopfer/ (28.11.21).

Diakonie (2022): Hannah – Wohnen für Frauen. https://www.diakonie-frankfurt-offenbach.de/ich-suche-hilfe/wohnen-arbeit/hannah-wohnen-fuer-frauen/ (Stand 28.11.21).

DMZ digital (2021): Obdachlosigkeit und Obdachlosenfeindlichkeit in der Pandemie. https://www.youtube.com/watch?v=9PxCCyQl2KQ (Stand: 22.11.21).

Enders-Dragässer, Uta / Huber, Helga / Sellach, Brigitte (2004): Frauen in Wohnungsnot. Hilfen, Bedarfslagen und neue Wege in NRW. Untersuchungsbericht im Auftrag des Ministeriums für Gesundheit, Soziales, Frauen und Familie des Landes Nordrhein-Westfalen. Düsseldorf.

Fischer, Christina (2020): Trauma trifft auf Wohnungsnot. Nach dem Frauenhaus: Warum häusliche Gewalt manchmal in die Obdachlosigkeit führt. https://bnn.de/karlsruhe/nach-dem-frauenhaus-warum-haeusliche-gewalt-manchmal-in-die-obdachlosigkeit-fuehrt (28.11.21).

Gebert, Stephanie (2020): Obdachlose Frauen. Ein verstecktes Leben ohne eigene Wohnung. https://www.deutschlandfunkkultur.de/obdachlose-frauen-ein-verstecktes-leben-ohne-eigene-wohnung-100.html (28.11.21).

Giffhorn, Benjamin (2017): Gewalt gegen wohnungslose Menschen. In: Bundesarbeitsgemeinschaft Wohnungslosenhilfe e.V. (Hg.): Handbuch der Hilfen in Wohnungsnotfällen Entwicklung lokaler Hilfesysteme und lebenslagenbezogener Hilfeansätze. Berlin/Düsseldorf: BAG W-Verlag 2017. S. 275–286.

Hofmann, Katharina (2021): Die Unsichtbaren: Wohnungslose Frauen. https://www.fernsehlotterie.de/magazin/Die-Unsichtbaren-Wohnungslose-Frauen (28.11.21).

Hofmann, Katharina / Stella (2021): Erinnerungen einer wohnungslosen Frau: »Alle sorgen sich um ihre Sicherheit – aber wer sorgt sich um meine?« https://www.fernsehlotterie.de/magazin/erlebnisberichte-einer-wohnungslosen-frau (28.11.21).

Integrative Drogenhilfe e. V (2007): Jahresbericht. https://www.idh-frankfurt.de/downloads (05.12.21).

Köppen, Britta / Krägloh Martina / Heise, Eva-Maria (2012): Empirische Effektstudie FrauenbeWegt und FrauenbeDacht. Zur Untersuchung der Effektivität Sozialpädagogischer Beratung (FrauenbeWegt) und Psychologischer Beratung (FrauenbeDacht) in der Versorgung wohnungsloser, psychisch erkrankter Frauen der Stadt Berlin. Berlin: GEBEWO-Soziale Dienste-Berlin gGmbH.

Leclerc, Florian (2021): Frankfurt. Hilfe für Obdachlose im Winter. Frankfurter Rundschau vom 11.11.2021. https://www.fr.de/frankfurt/frankfurt-hilfe-fuer-obdachlose-im-winter-91110636.html (22.11.21).

Liga der freien Wohlfahrtspflege in Baden-Württemberg e.V. (2009): Hilfen für wohnungslose Frauen in Baden-Württemberg. Grundsätze – Anforderungen – StandardS. 1. Aufl. Stuttgart: Offizin Scheufele + Co.KG.

Link, Rainer (2019): Obdachlosigkeit in Deutschland. Verschämt, versteckt, verdrängt – wohnungslose Frauen. https://www.deutschlandfunk.de/obdachlosigkeit-in-deutschland-verschaemt-versteckt-100.html (28.11.21).

Ministerium für Generationen, Familien, Frauen und Integration des Landes Nordrhein-Westfalen (2005): Initiative für wohnungslose Frauen. Geschlechtergerechte Hilfen in Nordrhein-Westfalen. 2. Aufl. Duisburg-Neumühl: WAZ-Druck.

Ohms, Constance (2019): Wohnungslosigkeit und Geschlecht. Sexuelle Orientierung und Geschlechtsidentität als Risikofaktoren für und in Wohnungs- bzw. Obdachlosigkeit. https://broken-rainbow.de/wp-content/uploads/2019/09/bruschuere_wohnsitzlose-fachtagung-2019.pdf (06.12.21).

Petermann, Anke (2019): Wohnungslose Frauen in Mainz. Verdrängen als Überlebensstrategie. https://www.deutschlandfunkkultur.de/wohnungslose-frauen-in-mainz-verdraengen-als-100.html (28.11.21).

Rosenke, Werena (2017a): Gender Mainstreaming. In: Bundesarbeitsgemeinschaft Wohnungslosenhilfe e.V. (Hg.): Handbuch der Hilfen in Wohnungsnotfällen Entwicklung lokaler Hilfesysteme und lebenslagenbezogener Hilfeansätze. Berlin, Düsseldorf: BAG W-Verlag 2017. S. 87–98.

Rosenke, Werena (2017b): Frauen. In: Bundesarbeitsgemeinschaft Wohnungslosenhilfe e.V. (Hg.): Handbuch der Hilfen in Wohnungsnotfällen Entwicklung lokaler Hilfesysteme und lebenslagenbezogener Hilfeansätze. Berlin, Düsseldorf: BAG W-Verlag 2017. S. 301–324.

Scheiwe, Hannah (2021): Kölner Tatort über Obdachlose Frauen. Wie realistisch ist das gezeigte Bild von der Straße? https://www.rnd.de/medien/kolner-tatort-uber-obdachlose-frauen-wie-realistisch-ist-das-gezeigte-bild-von-der-strasse-WSENYDGVVVBLBGFKWGR6X4CDKM.html (28.11.21).

Siebert, Daniela (2014): Straßenkinderkongress in Berlin. »Geh bloß nicht zum Jugendamt«. https://www.deutschlandfunkkultur.de/strassenkinderkongress-in-berlin-geh-bloss-nicht-zum-100.html (28.11.21).

Stadt Frankfurt am Main (2021): Obdachlosigkeit in Frankfurt: sechs Fragen – sechs Antworten. https://frankfurt.de/aktuelle-meldung/Meldungen/Obdachlosigkeit-in-Frankfurt---6-Fragen-6-Antworten (06.12.21).

Werse, Bernd / Kamphausen, Gerrit (2021): MoSyD Szenestudie 2020. Die offene Drogenszene in Frankfurt am Main. https://www.uni-frankfurt.de/106415137/MoSyD_Szenebefragung_2020_final.pdf (06.12.21).

Werse, Bernd / Sarvari, Lukas / Egger, Dirk / Feilberg, Nils (2017): MoSyD Szenestudie 2016. Die offene Drogenszene in Frankfurt am Main. https://www.uni-frankfurt.de/66370267/MoSyD_Szenestudie_2016.pdf (06.12.21).

Gloria Schmid

Über die Schwierigkeit der Gleichzeitigkeit – Intersektionalität in der Praxis der Frauenhausarbeit

Frauenhäuser sind anonyme Schutzunterkünfte für von Gewalt betroffene Frauen* und deren Kinder. Gewalt gegen Frauen* bezeichnet alle Handlungen geschlechtsspezifischer Gewalt, die zu körperlichen, sexuellen, psychischen oder wirtschaftlichen Schäden oder Leiden bei Frauen* führen oder führen können, einschließlich der Androhung solcher Handlungen, der Nötigung oder der willkürlichen Freiheitsentziehung, sei es im öffentlichen oder privaten Leben (vgl. COE 2011). In der Regel wird ein Frauenhaus erst als letzte Instanz aufgesucht, wenn die Betroffenen schon einen langen Leidensweg hinter sich haben. In einem Frauenhaus arbeiten professionell pädagogisch ausgebildete Mitarbeiterinnen*, die sich um die psychosozialen und sozial-arbeiterischen Bedarfe der Frauen* und Kinder kümmern. Im Folgenden wird es darum gehen, anhand einzelner Schilderungen aus der Praxis die Schwierigkeiten, aber auch die Möglichkeiten in Bezug auf Mehrfachdiskriminierungen in der Frauenhausarbeit darzustellen.

Die routinierte Aufnahme in ein Frauenhaus sieht vor, dass einer Frau* (eventuell mit Kindern) ein eigenes Zimmer zugewiesen wird, in dem sie für die Dauer des Aufenthaltes wohnen kann. Die zuständigen Frauenhausmitarbeiterinnen* führen regelmäßige Gespräche, um den individuellen Bedarfen gerecht zu werden und die Frau* (und ihre Kinder) professionell zu unterstützen. Unterschiedliche Frauen* und Kinder wohnen auf engstem Raum zusammen und außer der Gewalterfahrung haben sie auf den ersten Blick wenig gemeinsam.

Immer wieder wird von Hilfeeinrichtungen die Öffentlichkeit darüber informiert, dass potenziell jede Frau* in einem Frauenhaus leben könnte und doch gibt es Unterschiede, Ausschlüsse und komplexe Problemlagen. Als Beispiele sind hier Rassismus, Staatsbürger*innenschaft, Bildung, sogenannte Behinderung oder Fluchterfahrung zu nennen. Um diese Unterschiedlichkeiten und ihre gesamtgesellschaftliche Bedeutung besser zu verstehen, lohnt es sich, eine intersektional-analytische Perspektive auf die

Praxis der Frauenhausarbeit einzunehmen. Ein solcher Perspektivwechsel macht die Komplexität der Praxis sichtbar und zeigt Lücken im System, um so möglicherweise Strukturen zu schaffen, die mit Mehrfachdiskriminierungen umzugehen wissen.

Intersektionalität wurde als Begriff und Konzept 1989 von der Schwarzen Juristin Kimberlé Crenshaw entwickelt, um auf die gleichzeitige Verschränkung von Rassismus und Sexismus aufmerksam zu machen (vgl. Crenshaw 1989). Seitdem wird der Begriff kontinuierlich von verschiedensten Akteur*innen und Wissenschaftler*innen weiterentwickelt und ausdifferenziert. Im deutschsprachigen Raum haben Gabriele Winker und Nina Degele die wegweisende *intersektionale Mehrebenenanalyse* erarbeitet, die nicht nur die Verwobenheit unterschiedlicher Kategorien fokussiert, sondern diese im Rahmen gesellschaftlicher Verhältnisse situiert (vgl. Winker/Degele 2011). Um die gesellschaftlichen Verhältnisse und Ausschlussmechanismen sichtbar zu machen und zu begreifen, ist es wichtig, Diskriminierungen als strukturell hervorgebracht zu verstehen. Strukturell bezeichnet die Verwobenheit individueller, institutioneller und kultureller Dimensionen von Diskriminierungen. Das bezieht sich auf diskriminierendes Sprechen und Handeln von Einzelpersonen, institutionell diskriminierende Politiken und Gesetze sowie kulturelle Regeln und Normen. Diese drei Dimensionen von Diskriminierung sind verwoben und stabilisieren sich gegenseitig (vgl. Czollek et al. 2019: 16f.). Strukturelle Diskriminierungen sind historisch gewachsen und gesellschaftlich tief verankert, sie reproduzieren und aktualisieren sich permanent (vgl. ebd.). Auch in der täglichen Frauenhausarbeit reproduziert und aktualisiert sich strukturelle Diskriminierung und keine (weder Mitarbeiterin* noch Bewohnerin*) kann sich diesem Prozess entziehen. Das macht sich schon an der ›Türpolitik‹ bemerkbar: Wer wird aufgenommen und wer wird warum ausgeschlossen? Die Bewohnerinnen* der Frauenhäuser müssen der Zielgruppe angehören, die den Finanzierungskonzepten der Behörden zugrunde gelegt wurde: nicht zu jung, zu alt oder obdachlos, keine EU-Bürgerinnen*, ohne Wohnsitzauflage, eindeutig als Frau definiert, physisch und psychisch stabil, keine Beeinträchtigung bzw. Behinderung, keine Drogen oder andere Suchtmittel gebrauchende Frauen* und Mütter* von Mädchen* oder Jungen*, die (zumeist) nicht älter als z[1] Jahre sind.

1 Unter den Frauenhäusern gibt es bzgl. der Altersbegrenzung für Jungs keine einheitliche Regelung.

Diese Beispiele verdeutlichen, dass ein Denken in starren, hierarchisch geordneten Kategorien es zwar möglich macht, einen Großteil der von Gewalt betroffenen Frauen* und Kinder ohne großen Aufwand zu erfassen. Jedoch bleiben etliche Menschen ohne Hilfe, weil ihre individuellen Problemlagen ›leider nicht auch noch mitgedacht werden können‹ (vgl. BKA 2020; CEDAW Allianz 2016; FRA 2014; GiG-net 2008; Rabe/Leisering 2018). Diese Vorgaben sind nicht von den Praktiker*innen der Frauenhausarbeit gemacht, sie werden aber größtenteils mitgetragen und mangels zeitlicher und finanzieller Ressourcen selten aktiv und konsequent skandalisiert und bekämpft. Die Frauenhausmitarbeiterinnen* sind in ein Dilemma geraten: Sie sind diejenigen, die die strukturellen Vorgaben umsetzen müssen und zugleich fühlen sie sich dem Grundsatz des unbedingten Gewaltschutzes für jeden/alle Personen qua Arbeitsethos verpflichtet. Zwar hat in den letzten Jahren die öffentliche Wahrnehmung von geschlechtsspezifischer Gewalt als gesamtgesellschaftliches Problem erheblich an Bedeutung gewonnen und ist über die Istanbul-Konvention auch explizit in der Rechtsprechung verankert (vgl. BMFSFJ 2020), trotzdem ist das Thema häusliche Gewalt nach wie vor marginalisiert, gesellschaftlich unerwünscht, stigmatisiert und die Betroffenen werden beschämt. Das Stigma führt dann dazu, dass Politik und Gesellschaft eher die Augen verschließen oder wegschauen, als sich dem Phänomen konstruktiv anzunehmen, um beispielsweise eine ausreichende Finanzierung bereitzustellen, die die Aufnahme weiterer Betroffener gewährleisten könnte, und einen breiten gesellschaftlichen Diskurs anzufachen. Denn nur so kann der Beschämung entgegengetreten werden. Nicht ohne Grund wird der Slogan *Breaking the Silence / das Schweigen brechen* seit Jahren im Zusammenhang mit häuslicher Gewalt verwendet, obwohl die Zahlen, Fakten und Daten lange bekannt sind.[2]

Gewalt gegen Frauen* ist ein gesamtgesellschaftliches Thema und es ist richtig zu betonen, dass diese Gewalt unabhängig von Herkunft, Bildung und Einkommen geschieht. Jedoch wird in der Praxis deutlich, dass mehrfach-diskriminierte Frauen* (sogenannte vulnerable Gruppen) eine höhere Wahrscheinlichkeit haben, Gewalt zu erfahren.

Dies zeigt sich beispielsweise an der veränderten Bewohnerinnen*struktur in Frauenhäusern in der jüngsten Vergangenheit: Seit dem Sommer 2015

2 Jeden dritten Tag wird eine Frau* von ihrem (Ex-) Partner getötet, jede vierte Frau* hat in ihrem Leben schon einmal sexualisierte Gewalt erlebt (BMFSFJ 2020).

und den darauffolgenden politischen Entwicklungen suchen immer mehr geflüchtete Frauen* und Kinder Schutz in Frauenhäusern. Statistiken der letzten Jahre zeigen, dass Frauenhausbewohnerinnen* mehrheitlich Flucht- oder Migrationserfahrung haben (vgl. Frauenhauskoordinierung e.V. 2020). Die Veränderung ist aber nicht auf ein migrantisches oder klassenspezifisches Problem von häuslicher Gewalt zu reduzieren. Zur Erklärung der Statistiken in Frauenhäusern müssen strukturelle und sozioökonomische Faktoren berücksichtigt werden: Frauen* und Mädchen* mit Flucht- bzw. Migrationserfahrung sind in besonderem Maße von Gewaltformen und deren Verschränkungen betroffen (vgl. Frauen helfen Frauen e.V. Marburg 2020: 3). Ein ungeklärter oder unsicherer Aufenthaltstitel, fehlende soziale Beziehungen, mögliche Fluchttraumata, struktureller und institutioneller Alltagsrassismus sowie kulturelle Zuschreibungen und Sprachbarrieren haben grundlegende Auswirkungen auf die Lebenssituation geflüchteter Frauen*: Aufgrund dieser Bedingungen oder gesellschaftlicher Verhältnisse sind die Möglichkeiten, als geflüchtete Frau* für sich selbst einzustehen, in jeder Hinsicht beschränkt (vgl. Atmaca et al. 2019: 23). Die Betroffenen sind oft mehrsprachig, jedoch wird verlangt, in deutscher Amtssprache zu kommunizieren und so können die Frauen* sich bei Behördengängen nicht selbst erklären oder ihre Situation schlüssig darstellen, sondern sind auf Dolmetscher*innen angewiesen, die es oft aus finanziellen oder strukturellen Gründen nicht gibt. Dieser strukturelle Missstand führt dann dazu, dass den Betroffenen ihnen zustehende Leistungen oder Unterstützungen verwehrt werden. Das fehlende soziale Netzwerk (verstärkt durch die Notwendigkeit der Anonymität eines Frauenhauses) verhindert unbürokratische Unterstützungsmöglichkeiten, die von den professionellen Mitarbeiterinnen* nicht ausgeglichen werden können. Der allgegenwärtige Alltagsrassismus erschwert es den Bewohnerinnen*, eine Arbeit und eine Wohnung zu finden, was zu einer längeren Verweildauer im Frauenhaus führt. Die traumatisierenden Erfahrungen erfordern oft eine therapeutische Begleitung, die nicht flächendeckend gewährleistet werden kann. Auch ist davon auszugehen, dass schon im Vorfeld die strukturellen Benachteiligungen die (häusliche) Gewaltsituation mit begünstigen. All diese strukturellen Bedingungen wirken gewaltverschärfend. Die Bewältigung schwieriger Lebenslagen wird so überproportional erschwert, was häufig dazu führt, dass geflüchtete Frauen* Gewalt länger erdulden (müssen) (vgl. Frauen helfen Frauen e.V. Marburg 2020: 5 f.). Frauen* verbleiben jahrelang in einer Gewaltsituation, da sie strukturell überfordert sind und keine Unterstützung finden und das ihnen bekannte, wenn auch gefährliche Netzwerk, sicherer erscheint, als sich in eine unbekannte Situation zu begeben. Ähnliche Ursachen bedingen das Phänomen der Rückkehr zum Gewalttäter[3] nach oder während einem Aufenthalt im Frauenhaus: Die benötigte Unterstützung und damit Sicherheit für besonders vulnerable Gruppen zu leisten ist ein langwieriger Prozess, den nicht jede Frau* durchstehen kann. Hier braucht es neue unbürokratische Konzepte.

Die Mehrfachdiskriminierung von Bewohnerinnen*/von Gewalt Betroffenen kann aus einer intersektionalen Perspektive zu weiteren Diskriminierungen führen: Als ein Beispiel sei hier die sogenannte psychische Erkrankung genannt. So kann die erlebte Gewalt in Verbindung mit rassistischen gesellschaftlichen Ausschlussmechanismen und einem längeren Aufenthalt in einem Frauenhaus zu Problemen führen, die zuvor nicht existierten. Mehrfach konnte ich beobachten, wie Frauen*, die nach längerem Aufenthalt im Frauenhaus und scheinbar guter Verarbeitung ihrer Gewaltgeschichte, von einem motivierten und aktiven in einen lethargischen Zustand umgeschwungen sind. Dieser Zustand bringt geregelte Abläufe im Frauenhausalltag durcheinander: In der Regel läuft der Frauenhausaufenthalt für die Bewohnerinnen* so ab, dass es drei Stadien gibt: Ankommen und Kennenlernen (Neue Situation/Überforderung), Akkumulation/Integration und Verselbstständigung und zuletzt Aufbruch und Neuanfang. Liegen die Phasen zwei und drei zeitlich zu weit auseinander, generiert dieser Stillstand eine neue Abhängigkeit: Sie haben sich aus der akuten Gefahrenlage befreit, den Anfangsschock überwunden, kennen sich wieder gut in ihrem Alltag aus und können alle Anforderungen selbst in die Hand nehmen. Der Prozess der Ablösung und der Neuanfang werden durch äußere Faktoren (z.B. Wohnungssuche[4] oder aufenthaltsrechtliche Probleme) verhindert und der Ort des Schutzes (das Frauenhaus) wird zu einem Ort des Wartens. Die Frauen* werden in ihrem Elan ausgebremst und lenken ihren Frust – mangels Alternativen – auf das Frauenhaus bzw. die

3 Über 80 % der gewaltausübenden Personen sind Männer, aus diesem Grund wird hier verallgemeinert von männlichen Tätern gesprochen (BMFSFJ 2020).

4 Durch gesamtgesellschaftliche ökonomische Veränderungen wird der Zugang zum Wohnungsmarkt für Frauenhausbewohnerinnen* derart erschwert, dass die Aufenthaltsdauer in die Länge gezogen und die eigentliche Arbeit im Frauenhaus ad absurdum geführt wird.

Mitarbeiterinnen*. Je nach Persönlichkeit kann das in Streit oder Rückzug enden. So wird ein sehr produktiver, positiver Prozess zu einer Wiederholung eines Abhängigkeitsverhältnisses, das neue Maßnahmen wie z.B. die Suche nach einem Therapieplatz erfordert. Hier wird ein strukturelles Problem individualisiert und die Betroffene pathologisiert.

Ausschlussmechanismen im System Frauenhaus

Gülşen Aktaş beschreibt schon in den 1990er-Jahren eindrücklich die Verschränkung mehrerer Ungleichheitskategorien aus der Sicht von Angehörigen einer Minderheit. Sie setzt sich mit Rassismen in der institutionellen Sozialarbeit auseinander und veranschaulicht plausibel, dass gesellschaftliche Herrschaftsstrukturen auch vor basisdemokratischen, feministischen und herrschaftskritischen Projekten nicht Halt machen (vgl. Aktaş 1993). Auch unter den Bewohnerinnen* gibt es Diskriminierungen, Czollek et al. (2019) erklären dies am Beispiel des *Othering*: Im Prozess des Othering werden Menschen mittels Stereotypisierung zu Anderen gemacht. Die Stereotype haben mit den tatsächlichen Verhaltensweisen, Eigenschaften und Fähigkeiten jener Menschen nichts zu tun. Von Diskriminierung betroffene Menschen können diskriminierende Mechanismen, z.B. Othering, verinnerlicht haben, da sie nicht außerhalb einer Gesellschaft sozialisiert wurden. Sie können demnach auf einer Ebene von Diskriminierung getroffen sein und sie auf einer anderen Ebene herstellen. Es ergibt sich folglich ein Bild des Individuums, das auf komplexe Weise in Diskriminierungsrealitäten verortet ist (vgl. ebd.: 18). Diese Ausdifferenzierung ist wichtig, um die inneren Ausschlussmechanismen in dem System Frauenhaus besser verstehen zu können, aber auch um einen Perspektivwechsel zu ermöglichen. So ist es sowohl für Mitarbeiterinnen* als auch für Bewohnerinnen* notwendig zu akzeptieren, dass sie trotz aller Unterschiedlichkeiten auch alle in Diskriminierungsrealitäten verwoben sind, die Gemeinsamkeiten herstellen und Zusammenschlüsse ermöglichen.

Expertinnen* in eigener Sache

Ich möchte mich nun von der intersektionalen Analyse besonders vulnerabler Gruppen und Personen im Frauenhaus auf die Ressourcen und Selbstermächtigung fokussieren. Es gibt zwar auch innerhalb der Frauenhäuser

Hierarchisierungen zwischen den Bewohnerinnen*: Wer kann leichter mit den Mitarbeiterinnen* kommunizieren? Wer war zuerst da und kennt die Regeln besser? Wem wird aufgrund von z.B. Alter oder Herkunftsland mehr Vertrauen entgegengebracht? Es gibt aber auch immer wieder Akte der Solidarität, z.B. wenn einer Bewohnerin* aufgrund von Verletzung der Hausregeln gekündigt werden soll und die anderen Bewohnerinnen* sich zusammenschließen, um gemeinsam gegen die Sanktion zu demonstrieren. Wenn diese verbindende Kraft ausgebaut wird, z.B. durch Anerkennung und Stärkung von Ressourcen der Frauen*, lässt sich ein Perspektivwechsel erreichen. Letztlich sind die Bewohnerinnen* Expertinnen* in eigener Sache und können die Probleme, Schutzlücken und Unterstützungsmöglichkeiten direkt benennen. Die Umsetzung einer intersektionalen Perspektive im Frauenhaus, also die Verbindung der individuellen, kulturellen und institutionellen wie strukturellen Ebene, kann durch verschiedene Zugänge erfolgen:

Eine Möglichkeit ist es, die Ressourcen der Frauen* anzuerkennen und eine Strategie der Beteiligung von Betroffenen zu verfolgen. So können Bewohnerinnen* der Frauenhäuser in Entscheidungsprozesse mit eingebunden werden oder in Gremien die Praktikabilität von Abläufen bewerten. Diese Einbindung gibt ihrem Erfahrungswissen einen zentralen Stellenwert. Ihre Erfahrungen werden zu einer unverzichtbaren Wissensressource für die Planung und Gestaltung des Bereichs der Sozialen Arbeit im diskriminierungsfreieren Schutz vor Gewalt (vgl. Russo/Fink 2003). Im Frauenhaus Marburg wurde beispielsweise unter Einbezug der Bewohnerinnen* ein interkultureller Kalender etabliert, in dem die Frauen* bei Einzug ihren Geburtstag und ein für sie wichtiges Fest eintragen können. Durch diese Maßnahme können kulturelle, religiöse und private Feste gemeinsam gefeiert und erlebt werden, die Frauen* werden anerkannt, ihre kulturellen Bedürfnissen werden wahrgenommen (vgl. Frauen helfen Frauen e.V. Marburg 2020: 12) und es wird hiermit auf kultureller Ebene ein Perspektivwechsel vorgenommen. Darüber hinaus wurde im Zuge von Gruppendiskussionen mit geflüchteten Frauenhausbewohnerinnen* sichtbar, dass verstärkt auf die Verschränkung von Diskriminierungsformen reagiert werden muss und auf institutioneller Ebene eine externe Ombudsstelle für Frauen*, die von Mehrfachdiskriminierung betroffen sind, unabdingbar ist. Zusätzlich wurde auch noch eine Kooperation mit dem Ausländerbeirat eingegangen. Bei Einzug ins Frauenhaus werden Frauen* mit Fluchterfahrung darauf aufmerksam gemacht, dass es im Falle einer strukturellen, institutionellen oder privaten Diskriminierung externe Stellen gibt, von denen sie sich unterstützen lassen können. Das Ziel ist es, bestehende Verhältnisse zu kritisieren und die strukturellen Machthierarchien auszugleichen. Außerdem sollen weitere lokale Angebote in den Sozialraum von Frauen* mit Fluchterfahrung verankert werden, z.B. Kooperationen mit Migrantinnen* (selbst) organisieren, um Projekte und Aktionen zu entwickeln, die die Perspektiven und Lebenssituationen geflüchteter Frauen* mitdenken. Tandemprojekte bzw. Peer-to-Peer Projekte, in denen sich Frauen* mit Fluchterfahrung treffen, Erfahrungen und Geschichten teilen, sich gegenseitig unterstützen und Tipps für den Alltag geben, sind eine gute Möglichkeit, diesem Anspruch gerecht zu werden (vgl. ebd.: 13).

Plädoyer für mehr Solidaritäten

Aber auch andere marginalisierte Gruppen – wie Trans*personen – fordern das System Frauenhaus strukturell in seiner jetzigen Form heraus, da sie bisher kaum mitgedacht werden. Was geflüchtete Frauen* und Trans*personen gemein haben, ist die Ebene der institutionellen Gewalt (in Form von Politik und Gesetzen) (vgl. Elsuni 2007). Sie erleben sowohl interpersonelle psychische oder physische Gewalt durch eine*n Täter*in, institutionelle Gewalt durch Gesetzeslagen, wie drohende Aberkennung des Aufenthaltsrechts oder Infragestellung des Personenstands, sowie kulturellen Ausschluss durch heteronormativ-binäre Geschlechterstrukturen. Würden perspektivisch Trans*personen in der Frauenhausarbeit aufgenommen, werden neue mögliche Überschneidungslinien sichtbar und diskutabel und weitere Solidaritäten könnten entstehen[5]. Es ist nämlich eine offene Frage, ob sich die Situationen von gewaltbetroffenen Trans*personen grundlegend von denen der cis Frauen unterscheiden oder ob das nicht eine gesellschaftlich konstruierte Unterscheidung ist, die in der Praxis ähnlich wie die Frage des Herkunftslandes verhandelt werden kann[6]. Wie oben herausgearbeitet, muss auch in diesem Fall das Augenmerk auf Ressourcen und Solidaritäten

5 Hier ist zu betonen, dass es durchaus schon Frauen*häuser gibt, die explizit auch Trans*personen aufnehmen, in Deutschland ist das aber noch eine Randerscheinung.

6 Gemeint ist hier ein Vorgehen, wie es zuvor exemplarisch in diesem Text erläutert wurde, im Sinne von Beteiligungsstrukturen, Expertinnen*wissen, Einbeziehung externer Peer-to-Peer Hilfesysteme, Fokussierung auf Gemeinsamkeiten und Solidarität.

gelegt werden, weg von einer Defizitorientierung und einem »toxischen Statusranking von Vulnerabilitäten« (Schrader 2021). Die intrinsischen Ausschlussmechanismen von geschlechtsspezifischen Gewaltschutzmaßnahmen gilt es mithilfe einer intersektionalen Brille zu analysieren. Denn genau an den Überschneidungen (den Intersektionen) wird greifbar, welche Herausforderungen, aber auch welche Chancen eine Abkehr von einem geschlechtsbezogenen hin zu einem intersektionalen Gewaltbegriff haben kann. Setzen wir die Subjekte mit ihren Erfahrungen, die von Gewalt betroffenen Frauen* und Kinder, an den Anfang einer Analyse, kann eine Verbesserung der Situation im Sinne des größtmöglichen Schutzes vor Gewalt gelingen. Es gilt, die Betroffenengruppen nicht zu unterteilen, zu kategorisieren und zu hierarchisieren, sondern ihre Ressourcen im Sinne des *Empowerments* zu bündeln. Um dieses Empowerment zu unterstützen, müssen auch Forscherinnen* und Praktikerinnen* die verbindenden Elemente suchen und strukturelle Diskriminierungsmechanismen sichtbar machen, in denen sie selbst verortet sind.

Literatur

Aktaş, Gülsen (1993): ›Türkische Frauen sind wie Schatten‹. Leben und Arbeiten im Frauenhaus. In: Ika Hügel et al. (Hg.): Entfernte Verbindungen. Rassismus, Antisemitismus, Klassenunterdrückung. Berlin: Orlanda Frauenverlag 1993. S. 49–60.

Atmaca, Delal / Fried, Michiyo (2019): Vorbehalt ist Hinterhalt – Die Istanbul-Konvention in Deutschland aus Perspektive von Frauen* mit Flucht- und Migrationsgeschichte. In: FHK-Fachinformation 2019/1. S. 23–26.

Bundeskriminalamt (BKA) (2020): Partnerschaftsgewalt Kriminalstatistische Auswertung – Berichtsjahr 2019. Wiesbaden. https://www.bka.de/SharedDocs/Downloads/DE/Publikationen/JahresberichteUndLagebilder/Partnerschaftsgewalt/Partnerschaftsgewalt_2019.html. (22.11.2021).

Bundesministerium für Familie, Senioren, Frauen und Jugend (BMFSFJ) (2020): Frauen vor Gewalt schützen. https://www.bmfsfj.de/bmfsfj/themen/gleichstellung/frauen-vor-gewalt-schuetzen/haeusliche-gewalt/haeusliche-gewalt-80642. (22.11.2021).

CEDAW Allianz (2016): Alternativbericht CEDAW. Berlin. https://www.frauenrat.de/wp-content/uploads/2017/06/CEDAW-Alternativebericht_2016_lang_dt.pdf. (22.11.2021).

COE (2011): Übereinkommen des Europarats zur Verhütung und Bekämpfung von Gewalt gegen Frauen und häuslicher Gewalt und erläuternder Bericht. Council of Europe Treaty Series Nr. 210, Istanbul. https://rm.coe.int/1680462535. (22.11.2021).

Crenshaw, Kimberlé (1989): Demarginalizing the Intersection of Race and Sex: A Black Feminist Critique of Antidiscrimination Doctrine, Feminist Theory and Antiracist Policies. In: University of Chicago Legal Forum 1989/1. S. 139–167.

Czollek, Leah-Carola et al. (2019): Praxishandbuch Social Justice und Diversity. Weinheim/Basel: Beltz Juventa.

Elsuni, Sarah (2007): Zur ReProduktion von Machtverhältnissen durch juridische Kategorisierungen am Beispiel ›Geschlecht‹ (ReProduction of power structures by juridical categorisation using the example of 'sex'). In: Lena Behemenburg et al. (Hg.): Wissenschaf(f)t Geschlecht. Machtverhältnisse und feministische Wissensproduktion. Frankfurt am Main: Ulrike Helmer Verlag 2007. S. 133–147.

FRA (2014): Gewalt gegen Frauen: eine EU-weite Erhebung. Luxemburg. https://fra.europa.eu/sites/default/files/fra_uploads/fra-2014-vaw-survey-at-a-glance-oct14_de.pdf. (22.11.2021).

Frauen helfen Frauen Marburg e.V. (2020): Marburg ohne Partnergewalt. Praxiskonzept für die sozialpädagogische Arbeit mit geflüchteten Frauen* und ihren Kindern im Frauenhaus. Erarbeitung einer diversitätssensiblen Praxis. Marburg.

Frauenhauskoordinierung e.V. (2020): Statistik Frauenhäuser und ihre Bewohner_innen – Bewohner_innenstatistik 2019 Deutschland. Berlin. https://www.frauenhauskoordinierung.de/fileadmin/redakteure/Publikationen/Statistik/FHK-Bewohner_innenstatistik_2019_WEB.pdf (22.11.2021).

GiG-net (Hg.): Gewalt im Geschlechterverhältnis. Erkenntnisse und Konsequenzen für Politik, Wissenschaft und soziale Praxis. Norderstedt: Leske und Budrich 2008.

Rabe, Heike / Leisering, Britta (2018): Die Istanbul-Konvention. Neue Impulse für die Bekämpfung von geschlechtsspezifischer Gewalt. Berlin. https://nbn-resolving.org/urn:nbn:de:0168-ssoar-56238-3 (22.11.2021).

Russo, Jasna / Fink, Thomas (2003): Stellung nehmen. Obdachlosigkeit und Psychiatrie aus den Perspektiven der Betroffenen. Berlin: Deutscher Paritätischer Wohlfahrtsverband.

Schrader, Kathrin (2021): Frauenhäuser und die Implementierung der Istanbul-Konvention in Hessen (FrImIKo). Staying with the ›Trouble‹. 25 Jahre Forschungsschwerpunkt Frauen- und Geschlechterforschung in Hessen. Vortrag 03.12.2021.

Winker, Gabriele / Degele, Nina (2011): Intersectionality as Multi-Level-Analysis. Dealing with Social Inequality. In: European Journal of Women's Studies 18/1. S. 51–66.

Sarah Sobeczko

Doppelt geflüchtet – doppelt benachteiligt? Empiriebasierte Einblicke in die Erfahrungen geflüchteter Frauen* im Frauenhaus

Zur Verschränkung unterschiedlicher Formen von Gewalt gegen geflüchtete Frauen*

In einer Vielzahl unterschiedlicher Diskursbeiträge wird wiederholt auf geschlechtsspezifische häusliche Gewalt gegen Frauen* als gesamtgesellschaftliches Phänomen verwiesen, das sich nicht auf ein spezifisches Milieu reduzieren ließe (vgl. BMFSFJ 2021). Regelrecht gebetsmühlenartig werden theoretisch dichte Einordnungen sowie belastbare empirische Ergebnisse zum Vorkommen von häuslicher Gewalt in sämtlichen gesellschaftlichen Gruppen betont – und dennoch laufen auch Frauenhäuser immer wieder Gefahr, von rechtspopulistischen Akteur*innen instrumentalisiert zu werden. Frauen* mit Migrations- bzw. explizit Fluchterfahrung werden vor dem Hintergrund rassistischer Narrative viktimisiert, Gewalt gegen Frauen* wird kulturalisiert (vgl. AfD Fraktion Hannover 2018; Blum 2020).

Geflüchtete Frauen* stellen eine relevante Zielgruppe von Frauenhäusern dar, allerdings greifen unterkomplexe und rassistische Argumentationen hier ins Leere. Das Rassifizieren und Kulturalisieren von Gewalt verdeckt die strukturelle Verankerung von genereller Gewalt gegen Frauen*: Geschlechtsspezifische Gewalt ist grundlegend als omnipräsentes Problem patriarchaler Gesellschaften zu dechiffrieren – und zugleich ist eine erhöhte Gefährdung migrierter und geflüchteter Frauen* mitzudenken und anzuerkennen. Diese seien nicht etwa durch eine spezifische natio-ethno-kulturelle Zugehörigkeit, sondern aufgrund struktureller Bedingungen von Gewalt resp. den Folgen und Umständen von Migration und Flucht besonders vulnerabel (vgl. Janssen 2018; Schröttle/Glammeier 2014). Atmaca und Fried (2019) betonen in diesem Zusammenhang, dass

> »Frauen* mit Flucht- und Migrationsgeschichte [...] ungleich stärker von allen Gewaltformen betroffen [sind]: Geringere Chancen auf dem Arbeits- und Bildungsmarkt, geringere politische Teilhabemöglichkeiten und unsichere Aufenthaltsbedingungen zwingen oft dazu, die Gewalt zu erdulden. Die Möglichkeiten für geflüchtete und migrierte Frauen*, für sich selbst einzustehen, sind in jeder dieser Hinsichten beschränkt« (ebd.: 23).

Hinsichtlich des Verlassens von Gewaltbeziehungen stellen Zugangs- und Sprachbarrieren ins Hilfesystem ein weiteres zentrales Problem dar, zumal insbesondere geflüchtete Frauen*, die noch nicht lange in Deutschland leben, zumeist über vergleichsweise wenig soziale und monetäre Ressourcen verfügen und nicht etwa vorübergehend zu langjährigen Freund*innen ziehen können. Schröttle und Müller (2004) konstatieren in ihrer Prävalenzstudie zu Gewalt gegen Frauen* in Deutschland darüber hinausgehend, dass geflüchtete Frauen* in Frauenhäusern aufgrund flucht- bzw. migrationsbedingter Herausforderungen und Zumutungen einen erhöhten Unterstützungs- und Hilfebedarf hätten (vgl. ebd.: 133).

Einige Diskursbeiträge verweisen in diesem Zusammenhang auch auf Rassismus in Frauenhäusern, der allerdings weitgehend ausgeblendet werde, da er »nicht in das Idealbild autonomer Frauenhäuser passe« (Schmidt/Schrader 2018: 197; vgl. Aktaş 1993). Frauenhäuser als explizit feministisch informierte Organisationen bilden in gewisser Weise eine Art *Gegenraum*, in dem eigene Strukturen und Normen jenseits männlicher Herrschaft gelten. Mit Foucault gesprochen lassen sich Frauenhäuser als Heterotopie, als Orte denken, »die vollkommen anders sind als die übrigen. Orte die sich allen anderen widersetzen und sie in gewisser Weise sogar auslöschen, ersetzen, neutralisieren oder reinigen sollen« (Foucault 2013: 10). Dieser besondere Charakter, diese »lokalisierte Utopie« (ebd.) jenseits patriarchaler Gewalt scheint leicht zu einer Romantisierung von (insbesondere autonomen) Frauenhäusern als herrschaftsfreiem Raum zu verführen, allerdings agieren auch Frauenhäuser nicht im luftleeren Raum, sondern zwangsläufig in gesellschaftlichen Machtverhältnissen, in denen bspw. auch Rassismus strukturell und tief liegend verankert ist (vgl. auch Engin und Mahwane in diesem Band). Es ist davon auszugehen, dass geflüchtete Frauen* rassistischen Zuschreibungen im Frauenhaus ausgesetzt sind und aufgrund ihrer besonderen Vulnerabilität hinsichtlich Diskriminierungs- und Benachteiligungsmechanismen einer besonderen

Zielgruppe (auch) in frauen*spezifischen Unterstützungseinrichtungen entsprechen. In diesem Beitrag sollen die intersektional verwobenen Differenzkategorien Geschlecht und Ethnizität bzw. explizit Fluchterfahrung zusammengedacht und der bestehende Diskurs um exemplarische Erfahrungen geflüchteter Frauenhausbewohner*innen angereichert und erweitert werden[1].

Der Projektkontext *Marburg ohne Partnergewalt*

Die im Folgenden diskutierten Interviewpassagen zwei geflüchteter Frauenhausbewohnerinnen entstammen dem EU-finanzierten Projekt *Marburg ohne Partnergewalt* (EU-Förderlinie Rights, Equality and Citizenship Programme), das der autonome Trägerverein *Frauen helfen Frauen e.V. Marburg* im Verbund mit der Universitätsstadt Marburg und dem freien Träger *JUKO e.V.* von 2019 bis 2021 durchführen konnte. Eins der Projektziele bestand in der Bedarfsfeststellung geflüchteter Frauen* und Kinder im Frauenhaus bzw. einer Erweiterung des praxisnahen Diskurses um die Erfahrungen der betroffenen Adressat*innen des Hilfesystems selbst. Zu diesem Zweck wurden im Rahmen einer Pilotstudie zunächst vier Gruppendiskussionen mit insgesamt zwölf Frauen* mit Fluchterfahrung durchgeführt, die zum Erhebungszeitpunkt noch im Frauenhaus lebten oder bereits ausgezogen waren. Das Erhebungsdesign ist maßgeblich durch eine traumasensible und partizipatorische Haltung inspiriert (vgl. Elle/Hille 2019), die Auswertung erfolgte in Anlehnung an die Dokumentarische Methode (vgl. Bohnsack 2010). Im Folgenden werden exemplarisch zwei Schilderungen von teilnehmenden Frauen* vorgestellt, die lediglich *ein* Schlaglicht auf die vielfältigen Erfahrungen und Erzählungen der Teilnehmenden werfen können.[2]

1 In einer Vielzahl von Frauenhäusern (wie bspw. dem Autonomen Frauenhaus Marburg) wird sich (selbst-)kritisch und mit viel Engagement mit eigenen blinden Flecken hinsichtlich der institutionellen Reproduktion von Rassismus auseinandergesetzt. Der im Folgenden skizzierte empirische Einblick in die Sichtweise geflüchteter Frauen* soll die rassismuskritische Arbeit von Frauenhausmitarbeitenden keinesfalls negieren, sondern im besten Fall stärken und befruchten.

2 Vgl. zu empowernden und von *Agency* geprägten Perspektiven auf und von geflüchteten Frauen* mit Gewalterfahrungen bspw. Fiedler 2021.

Erfahrungen geflüchteter Frauenhausbewohner*innen

Beispiel 1: Frau Abebe

Frau Abebe (32 J.)[3] lebt zum Interviewzeitpunkt seit etwa zwei Jahren in Deutschland und seit einigen Monaten im Marburger Frauenhaus. Sie ist mit ihrem (Ex-)Mann und der gemeinsamen Tochter aus einem westafrikanischen Staat geflüchtet; während der Diskussion kommuniziert Frau Abebe mithilfe einer Dolmetscherin. Einer der Diskussionsimpulse bestand in der Frage, ob und inwieweit es Unterschiede gebe zwischen Frauen* im Frauenhaus mit und ohne Fluchterfahrung, woraufhin sie ausführt:

> »Ich glaube schon. Zum Beispiel zum einen die Sprache, es ist auch ein Problem, die Sprache, und ich war ja auch in [Stadt A] vorher und aus unbekanntem Grund bin ich auch hierher verlegt worden. Ich weiß auch nicht, ich wusste nicht was ich bekommen sollte. Und so hauptsächlich gab es Sprachprobleme dort«.

Frau Abebe bejaht die Frage der Interviewerin, ob es für geflüchtete Frauen* anders als für Bewohner*innen ohne Fluchterfahrung sei und erklärt dies zunächst über »Sprachprobleme«. Dem Motiv »Sprache« resp. »Kommunikation« misst sie eine zentrale Bedeutung bei und stellt eine Verbindung zu der Erfahrung her, bereits in einem anderen Frauenhaus gelebt zu haben und dann nach Marburg »verlegt« worden zu sein. Auf die Bitte der Interviewerin, diesen Wechsel vom einen ins andere Frauenhaus weiter auszuführen, expliziert Frau Abebe:

> »Ja das Problem weiß ich auch nicht, warum sie mich hergeschickt haben. Die haben auch nicht so viel mit mir geredet was ich bräuchte und so weiter. Und es gab dann eine Situation, wo wir aus Versehen die Meldeadresse an den Mann geschickt haben und die hatten dann Angst, dass er mich umbringen könnte. Und dann haben sie gesagt: ›Deswegen musst du schnell gehen von hier raus‹ So haben die mir gesagt, aber ich habe gesagt: ›Mit meinem Mann hab ich kein Problem, wegen familiärem Problem sind wir getrennt, er würde auch nie mir etwas antun‹, aber trotzdem haben die mich dann rausgeschickt«.

Frau Abebe schildert, dass die Mitarbeitenden des ersten Frauenhauses, in dem sie und die Tochter sich aufhielten, einen Wechsel ins Marburger Frauenhaus organisiert hätten, nachdem es aus Perspektive der Fachkräfte

3 Die Namen und weitere personenbezogene Angaben wurden verfremdet.

zu einer (potenziellen) Gefährdung von Frau Abebe gekommen sei bzw. hätte kommen können. Sie gibt die Argumentation der Mitarbeitenden wieder, dass ein schneller Umzug in ein anderes, dem (Ex-)Mann unbekanntes Frauenhaus erforderlich sei, betont aber wiederholt ihr Unverständnis für diese Einschätzung. Frau Abebe skizziert hier zwei Positionen, die sich diametral gegenüberstehen: Die eigene und die der Mitarbeitenden, die sie wiederholt im Plural als »die« oder »sie« benennt und damit sprachlich eine Grenzziehung und Distanz zwischen sich und den Mitarbeitenden als (geschlossene) Gruppe markiert. Während die von Gewalt Betroffene selbst von keiner akuten Gefahr vom (Ex-)Mann ausgegangen sei, hätten die Mitarbeitenden »trotzdem« die Sicherheitsmaßnahme eines Wechsels von Frau Abebe nach Marburg ergriffen. In ihrer Erzählung skizziert Frau Abebe ein Bild uneindeutiger und für sie nicht zufriedenstellender Kommunikation. Sie habe zwar ihre Perspektive artikuliert, allerdings sei dennoch entgegen ihrem Sicherheitsgefühl entschieden und wenig mit ihr gesprochen worden »was ich bräuchte und so weiter«.

Der Prozess des Wechsels ins neue Frauenhaus scheint mit Gefühlen von Unklarheit und Unsicherheit verwoben zu sein: Formulierungen wie »aus unbekanntem Grund« oder »ich wusste auch nicht was ich bekommen sollte« lassen auf eine von Frau Abebe wahrgenommene Intransparenz des Vorgehens der Fachkräfte schließen. Auffallend sind in diesem Zusammenhang die Interview- bzw. Diskussionspassagen, in denen Frau Abebe sich grammatikalischer Passivtermini bedient, wenn sie von sich spricht (»bin verlegt worden«) und aktive Formen für die Beschreibung der Mitarbeitenden resp. deren Praktiken wählt (»warum sie mich hergeschickt haben«, »die haben mich rausgeschickt«). Eine mögliche Lesart könnte in einer Differenzziehung bestehen, die Frau Abebe zwischen »denen« als machtvoll und handlungsfähig und sich selbst als in der Situation objektifiziert vornimmt.

Da diese Ausführungen in der Gruppendiskussion auf die Frage der Interviewerin folgen, inwieweit das (Er-)Leben geflüchteter Frauen* sich von dem nicht-geflüchteter Bewohner*innen unterscheide, ist davon auszugehen, dass Frau Abebe diese – aus ihrer Perspektive – missglückte Kommunikation und der ggf. zugrunde liegenden Machtdifferenz zwischen Mitarbeitenden und Adressat*innen von Frauenhäusern explizit als Problem geflüchteter Frauen* bewertet.

Beispiel 2: Frau Khaled

Frau Khaled (37 J.) ist eine ehemalige Bewohnerin des Marburger Frauenhauses und nahm ebenfalls an einer der Gruppendiskussionen zu den Erfahrungen und Bedarfen geflüchteter Frauen* teil. Frau Khaled ist vor einigen Jahren mit ihrem (Ex-)Mann und den drei Kindern aus einer kurdisch geprägten Region in Syrien nach Deutschland geflüchtet und lebte mit den Kindern etwa ein Jahr im Frauenhaus. Zum Erhebungszeitpunkt bewohnen die Kinder und sie bereits seit mehreren Monaten eine neue, eigene Wohnung. Während der Gruppendiskussion ist eine kurdisch sprachige Dolmetscherin anwesend, allerdings geht Frau Khaled zumeist selbst auf Deutsch auf die Erzählimpulse der Interviewerin ein. Als das Gespräch auf erfahrene und wahrgenommene Ungerechtigkeit im Frauenhausalltag kommt, schildert sie folgende Situation:

> »Ich habe eine persische Freundin und wir waren also in der gleichen Etage. Unsere Kinder haben die ganze Zeit immer zusammengespielt. Die waren ein bisschen laut, aber ok, das sind Kinder. Und nachdem diese deutsche Frau gekommen ist, hier aufgetaucht ist, sie hat irgendwas zu den Betreuern gesagt und die haben mich eine Etage runtergebracht. Die haben ihr Wort gehört, also von der deutschen Frau, also sie haben ihr Wort gehört und sie haben uns nicht gehört. Die haben uns nicht ernstgenommen, die haben nur die deutsche Frau ernstgenommen, obwohl unsere Kinder um acht Uhr ins Bett gegangen sind. Das war so eine Regel, dass um acht die Kinder im Bett waren«.

Frau Khaled berichtet von einem frauenhausinternen Umzug von sich und ihren Kindern von der oberen in die untere Etage, nachdem sie sich zunächst einige Zeit das obere Stockwerk mit einer befreundeten Frau*, deren Kindern und weiteren Mitbewohner*innen geteilt habe[4]. Auf den Impuls bzw. die Beschwerde einer neu ins Frauenhaus gezogenen Frau (»diese deutsche Frau«) hätten die Mitarbeiter*innen entschieden, dass

4 Da die Diskussionsgruppe sich inklusive der Interviewerin aus Personen zusammensetzt, die das Marburger Frauenhaus gut kennen, werden einige Spezifika während des gemeinsamen Gesprächs nicht gesondert erläutert. Um den Ausführungen von Frau Khaled folgen zu können, ist ergänzend zu erklären, dass sich das Frauenhaus in Marburg über den Mitarbeiter*innen- und Aufenthaltsbereich im Erdgeschoss sowie eine erste und zweite Etage erstreckt, die von den Frauen* und Kindern bewohnt werden. In jeder der beiden Etagen finden sich mehrere Einzel- und Familienzimmer sowie von den jeweiligen Etagenbewohner*innen gemeinschaftlich genutzte Räume wie Wohn- und Essbereiche, Küche usw.

es aufgrund der Lautstärke der Kinder besser sei, dass Familie Khaled in die untere Etage ziehe.

Frau Khaled beginnt ihren Redebeitrag in der Gruppendiskussion, indem sie auf eine freundschaftliche Beziehung zu einer persischen und ebenfalls geflüchteten Bewohnerin verweist. Im weiteren Verlauf spricht sie wiederholt von sich und der Freundin als »wir« bzw. »uns«, was insbesondere im Kontrast zu der Bezeichnung der Mitarbeiter*innen als »die« als Differenzmarkierung fungiert: Wir versus die. Durch die Formulierungen »unsere Kinder« und »die ganze Zeit immer« wird ein Verhältnis der beiden befreundeten Familien skizziert, das eine gewisse Nähe und ein Aufeinander-eingespielt-Sein vermuten lässt. Frau Khaled räumt ein, dass die Kinder im gemeinsamen Spiel laut gewesen seien, relativiert diese Aussage aber dadurch, dass sie »ein bisschen« laut gewesen seien, »aber ok«, so seien Kinder. Die Lautstärke des kindlichen Spiels wird hier nicht als Problem, sondern als Wesenszug von Kindheit verhandelt. Frau Khaled argumentiert weitergehend, dass die Kinder um acht ins Bett gegangen seien, womit der Eindruck untermauert wird, dass aus ihrer Perspektive kein Problem bestanden habe bzw. das laute Spiel zeitlich begrenzt gewesen sei. Die Formulierung, dass eine neue Bewohnerin, eine deutsche Frau* »aufgetaucht« sei, die »irgendwas« zu den Mitarbeiter*innen gesagt habe, verweist auf eine von Frau Khaled wahrgenommene Unvermitteltheit und Intransparenz hinsichtlich des Einzugs der neuen Frau* sowie deren Kommunikation mit den Frauenhausmitarbeitenden. Denkbar ist hier angesichts der Bewertung der Lautstärke der Kinder als normales und zudem reglementiertes kindliches Verhalten durch Frau Khaled auch eine Lesart von »irgendwas« als Moment der Willkür. Im weiteren Verlauf benutzt sie die Konstruktion »die haben mich […] runtergebracht«, womit eine Setzung von den Mitarbeitenden als aktiv und handlungsmächtig und Frau Khaled als in dem Moment passiv vorgenommen wird; der Umzug von der einen in die andere Etage wird von der Betroffenen selbst weder als berechtigt wahrgenommen noch gewünscht. In der Gruppendiskussion impliziert Frau Khaled, dass sie und die persische Freundin versucht hätten, Einspruch zu erheben, allerdings sei »ihr Wort« nicht gehört worden. Inwieweit dies metaphorisch oder im eigentlichen Wortsinn gemeint ist, bleibt an der Stelle offen. In jedem Fall betont Frau Khaled wiederholt das Gefühl, von den Mitarbeitenden nicht ernstgenommen und gehört worden zu sein, wobei sie kontrastierend schildert, dass der »deutsche[n] Frau« Gehör geschenkt worden sei. In diesem Zusammenhang ist (auch) aufgrund der Mehrfachnennung davon auszugehen, dass der jeweils ethnischen Zugehörigkeit Relevanz zugeschrieben wird bzw. scheint Frau Khaled anzunehmen, dass die Mitarbeitenden die Glaubwürdigkeit des Gesagten mit der Ethnizität der deutschen Bewohnerin in Verbindung bringen.

Konklusion und Ableitungen für eine vulnerabilitätssensible Frauenhauspraxis

Auch wenn die hier vorgestellten Diskussionspassagen lediglich ein Schlaglicht auf die Erfahrungen geflüchteter Frauenhausbewohner*innen werfen, geben sie doch Anlass, die besondere Verletzlichkeit geflüchteter Frauen* und die Verwobenheit von Gewalt- und Ungleichheitsstrukturen zu reflektieren – sowohl hinsichtlich gesamtgesellschaftlicher Diskurse als auch in Hinblick auf die konkrete Praxis in Organisationen wie Frauenhäusern.

Inwieweit die Schilderungen der beiden Teilnehmenden der Gruppendiskussionen tatsächlich auf der Reproduktion von Rassismen und diskriminierenden Strukturen in den Frauenhäusern basieren, kann nicht abschließend beantwortet werden; in jedem Fall ist die von ihnen wahrgenommene Minorisierung und Objektifizierung der Frauen* hinsichtlich Diversitätssensibilität zu problematisieren. Beide Frauen* schildern Gefühle der (Handlungs-)Ohnmacht und des nicht-ernstgenommen-Werdens und stellen argumentativ eine Verbindung zu ihrer Anrufung als geflüchtete resp. nicht-deutsche Frauenhausbewohnerin her, wobei jeweils rhetorisch deutliche Differenzmarkierungen zwischen den geflüchteten Frauen* einerseits und den Frauenhausmitarbeiter*innen (sowie Bewohner*innen, die als »deutsch« gelesen werden) andererseits vorgenommen werden. Insbesondere die Motive Kommunikation und das Gefühl, kein Gehör zu finden, werden hierbei betont.

Um dem selbstformulierten Anspruch, Handlungsfähigkeit und Selbstbestimmung der gewaltbetroffenen Frauen* als elementare Maxime zu begreifen (vgl. Brückner 2012, 2018), gerecht zu werden, bedarf es unabdingbar einer intersektionalen Perspektive in der Arbeit mit geflüchteten Frauenhausbewohner*innen. Die Betroffenheit von unterschiedlichen Benachteiligungsstrukturen und die Verletzlichkeit dieser Personen hinsichtlich Diskriminierungs- und Minorisierungserfahrungen auch auf struktureller und institutioneller Ebene erfordert nicht nur ein erhöhtes

Maß an Reflexion der Mitarbeitenden, »sondern darüber hinaus [wird] auch nach einer klaren migrationspolitischen und antirassistischen Ausrichtung der Organisation verlangt, die auf einer intersektionellen Analyse von Ausgrenzung, Verletzlichkeit und Stigmatisierung beruhen sollte« (do Mar Castro Varela 2006: 24). Zentral bleibt hierbei, die Betroffenen nicht aufgrund kulturalisierender Zuschreibungen zu viktimisieren, sondern eine erhöhte Vulnerabilität mitzudenken und die Frauenhausarbeit selbstkritisch hinsichtlich des in den Gruppendiskussionen thematisierten »Hörens« geflüchteter Frauen* zu prüfen.

Literatur

AfD Fraktion Hannover (2018): Wenn Gutmenschen die Augen vor der Realität verschließen. https://www.afd-fraktion-hannover.de/174-frauenhaeuser-in-hannover-wenn-gutmenschen-die-augen-vor-der-realitaet-verschliessen (21.11.2021).

Aktaş, Gülşen (1993): ›Türkische Frauen sind wie Schatten‹. Leben und Arbeiten im Frauenhaus. In: Ika Hügel et al. (Hg.): Entfernte Verbindungen. Rassismus, Antisemitismus, Klassenunterdrückung. Berlin: Orlanda Frauenverlag 1993. S. 49–60.

Atmaca, Delal / Fried, Michiyo (2019): Vorbehalt ist Hinterhalt. Die Istanbulkonvention in Deutschland aus der Perspektive von Frauen* mit Flucht- und Migrationsgeschichte. In: FHK-Fachinformation 2019/1. S. 23–26.

Blum, Rebekka (2020): Geschlechterrolle rückwärts. Zum Antifeminismus bei der AfD in Baden-Württemberg. https://www.gwi-boell.de/de/2020/11/11/geschlechterrolle-rueckwaerts-zum-antifeminismus-bei-der-afd-baden-wuerttemberg (21.11.2021).

Bohnsack, Ralf (2010): Rekonstruktive Sozialforschung. Einführung in qualitative Methoden. Opladen: Barbara Budrich/UTB.

Brückner, Margit (2011): Frauenhaus. In: Gudrun Ehlert / Heide Funk / Gerd Stecklina (Hg.): Wörterbuch Geschlecht und Soziale Arbeit. Weinheim: Juventa 2011. S. 145–147.

Brückner, Margit (2018): Konfliktfeld Häusliche Gewalt. Transformationsprozesse und Perspektiven der Frauenhausarbeit. In: Gaby Lenz / Anne Weiss (Hg.): Professionalität in der Frauenhausarbeit. Wiesbaden: Springer VS 2018. S. 21–44.

Bundesministerium für Familie, Senioren, Frauen und Jugend (BMFSFJ) (2021): Häusliche Gewalt. https://www.bmfsfj.de/bmfsfj/themen/gleichstellung/frauen-vor-gewalt-schuetzen/haeusliche-gewalt/haeusliche-gewalt-80642 (26.11.2021).

do Mar Castro Varela, Maria (2006): Qualität in der Arbeit mit von Gewalt betroffenen Migrantinnen. Berlin: Interkulturelle Initiative.

Elle, Johanna / Hille, Katrin (2019): Risiken, Gefahren, Bedürfnisse. Geflüchtete Frauen* diskutieren in partizipativen Gesprächsrunden. In: Forschungsprojekt ›Gender, Flucht, Aufnahmepolitiken‹ (Hg.): Wir wollen Sicherheit. Anregungen für eine gender- und fluchtsensible Praxis im Umgang mit geflüchteten Frauen*. Göttingen: Universität Göttingen 2019. S. 22–38.

Fiedler, Bianca (2021): Flucht, Trauma und Lebensqualität: ›Seele in Bewegung‹. Selbstwirksamkeit erleben – Empowermentprozesse anstoßen. In: Martin Staats (Hg.): Lebensqualität. Ein Metathema. Weinheim: Beltz Juventa 2021. S. 624–631.

Foucault, Michel (2013): Die Heterotopien. Der utopische Körper. Berlin: Suhrkamp.

Glammeier, Sandra / Schröttle, Monika (2014): Gewalt gegen Mädchen und Frauen im Kontext von Behinderung, Migration und Geschlecht. In: Gudrun Wansing / Monika Westphal(Hg.): Behinderung und Migration. Wiesbaden: Springer VS 2014. S. 285–308.

Jansen, Angela (2018): Verletzbare Subjekte. Grundlagentheoretische Überlegungen zur conditio humana. Opladen/Berlin/Toronto: Budrich UniPress Ltd.

Schmidt, Julia / Schrader, Kathrin (2018): Kritische Psychologie in der Frauenhausarbeit – ein Ansatz zur Überwindung von Herrschaftsverhältnissen. In: Gaby Lenz / Anne Weiss (Hg.): Professionalität in der Frauenhausarbeit. Wiesbaden: Springer VS 2018. S. 187–204.

Kathrin Schrader

Intersektionalität und Taxonomie in der Sozialen Arbeit – ein ›praktisch‹ unlösbarer Widerspruch

Einleitung

Aktuell sind intersektionale und betroffenenorientierte Ansätze aus der sozialwissenschaftlichen Forschung und ihren Diskursen nicht mehr wegzudenken. Trotzdem sind solche Ansätze in der Praxis der Sozialen Arbeit kaum zu finden und auch die Ergebnisse von intersektional angelegter Forschung verlieren auf dem Weg in die Praxis ihren intersektionalen Charakter. In diesem Text wird versucht, einen Ansatz zu entwickeln, der erklären könnte, warum intersektionale Ergebnisse und betroffenenorientierte Ansätze in der Praxis der Sozialen Arbeit nicht ankommen, selbst wenn sie bereits, wie in der Istanbul-Konvention, integraler Bestandteil von Gesetzen sind. Ausgangspunkt der Überlegungen ist, dass es nicht daran liegen kann, dass Praktiker*innen nicht offen für neue Ansätze seien, sondern dass strukturelle Barrieren im deutschen Hilfesystem existieren, die es zu identifizieren gilt.

Die deutsche Hilfelandschaft wird, wie alle zeitgemäßen Verwaltungsaufgaben, entlang von Organigrammen (Organisationsschemata) strukturiert, wobei in ihnen nicht nur Leitungsbeziehungen und Zuständigkeiten festgelegt, sondern auch die Pfade beschrieben werden, entlang derer Verantwortlichkeit delegiert wird. Gleichzeitig werden alle Finanzierungsprogramme und Managementprozesse nicht nur entlang von Organigrammen erstellt, sondern auch immer weiter unter dem Paradigma der organisatorischen Effizienz ausdifferenziert und optimiert. So entsteht die Situation, dass die Ergebnisse von intersektionalen Analysen und, was noch viel schlimmer ist, auch die Problemlagen der Betroffenen in die existierenden Organigramme einzuordnen sind, damit sie in der Praxis verwertet bzw. bearbeitet werden können.

Das menschliche Bestreben, sich an Normen zu orientieren, kombiniert mit dem abendländischen, effizienzorientierten und wissenschaftsfixierten Paradigma in Kategorien zu denken, führt dazu, dass besonders vulnerable Gruppen in der Praxis immer wieder durch das ›Raster‹ fallen (siehe dazu

Butler 2009: 22; Lorey 2020: 33). Gleichzeitig sorgen die normativen Diskurse dafür, dass diese Menschen bei der Planung von Maßnahmen gar nicht erst berücksichtigt werden, denn leider kann jede*r das Argument nachvollziehen, dass eine Förderung, die offen für alle erdenklichen individuellen Problemlagen wäre, nicht zu finanzieren sei und die gesellschaftliche Akzeptanz schwände, wenn man die Gruppen der Betroffenen immer weiter ausdifferenzieren würde.

Da sich die Finanzierung der Hilfelandschaft und die Ergebniskommunikation an binären Normen und Taxonomien ausrichten, müssen Menschen unter Ausschlüssen leiden, weil sie nicht in die Klassifikationsschemata ›passen‹, nach denen die zuständigen Hilfeeinrichtungen organisiert sind. Nicht die Kategorien sind die Träger der Macht, sondern ihre festgeschriebene (statische) hierarchische Klassifikation.

Taxonomien und ihre verwaltungstechnischen Ableger, die Organigramme, sind Machttechniken, die auf einem Sündenfall der Aufklärung – der Klassifikation – basieren. Sie bilden die unüberwindliche Mauer zwischen der intersektionalen Forschung und den betroffenenorientierten Ansätzen auf der einen Seite und ihrer Anwendung bzw. Akzeptanz in der Praxis auf der anderen Seite. Das Ziel zeitgemäßer feministischer Sozialer Arbeit sollte es nicht sein, kleine Lücken in der Mauer zu finden und diese zu erweitern, um der einen oder anderen Gruppe zu helfen, auf die andere Seite zu kommen, sondern die Mauer vollständig abzutragen.

Klassifikationsschemata bzw. Taxonomien sind in jedem wissenschaftlichen Kontext problematisch, weil sie zwar oft verlockend zielführend und effizient scheinen, aber letztendlich immer erkenntnishemmend sind. Ihr zuschreibender Charakter macht sie anfällig für Stigmatisierung und Ausgrenzung und ›lebensgefährlich‹, wenn sie auf individuelle Menschen in Notsituationen, wie zum Beispiel bei Gewaltbetroffenen, angewandt werden. Dies wird später an einem Praxisbeispiel belegt.

Es wird ein neuer Praxisansatz vorgeschlagen, der sich dieser etablierten Ordnung verweigert und auf Isabel Lorey Bezug nimmt, die ein Neuzusammensetzen fordert.

> »Damit ist gerade nicht das Aneinanderhängen von Kategorien gemeint, sondern eine Konstituierung, die aus und in nicht vereinheitlichten Praxen entsteht, aus Praxen, die es wagen, Neues zu erfinden, um die Verhältnisse zu verändern, die sie geflohen haben« (Lorey 2012).

Loreys Konzept der ›Un-Ordnung‹ kann zum Beispiel durch den Einsatz von dynamischen Filtern umgesetzt und praktisch nutzbar gemacht werden. Dies wäre dann auch ein Beispiel, um für die feministische Soziale Arbeit in Forschung und Praxis zu zeigen, dass moderne Ansätze des agilen Arbeitens und der digitalen Transformation zukünftig nicht von außen als weitere neoliberale Machttechnik in dieses Feld getragen werden, sondern dass diese aktiv für die Umsetzung solidarischer und intersektionaler Grundsätze einer feministischen Sozialen Arbeit genutzt werden können.

Klassifizierung und Taxonomie als Machttechniken

Intersektionalität richtet den Blick auf das Zusammenwirken und die Interdependenzen von verschiedenen sozialen Kategorien bzw. Differenzkonstruktionen wie Geschlecht, *race*/Ethnizität, Klasse und Körper und fokussiert diese auf die damit einhergehenden Ungleichheits- und Machtverhältnisse. Laut Stuart Hall sind Rassismus, Heteronormativismus und Klassismus »die großen Klassifikationssysteme der Differenz, [...] die Menschen stillschweigend, aber dezidiert in Gruppen unterteilt haben« (Hall 2018). Sie sind somit zentrale Systeme, die die Welt strukturieren und bedeutungsvoll klassifizieren. Um ihren Einfluss zu minimieren bzw. gänzlich abzuschaffen, ist es notwendig, zu verstehen, wie genau sie funktionieren und »warum die klassifikatorische Ordnung, die sie repräsentier[en], einen so mächtigen Einfluss auf die menschliche Vorstellungsfähigkeit ausübt« (ebd.).

Klassifizierungssysteme und Taxonomien nehmen in der abendländischen Wissenschaft eine zentrale Position ein, denn sie sind nicht nur die etablierten Werkzeuge für die Ergebniskommunikation, sondern strukturieren das Wissen in hierarchischen Systemen. Wissenschaft wird in einer Forschungsstruktur praktiziert und zielt auf Verwertung, denn auch die Wissensproduktion, also Forschung und Entwicklung, ist einem kapitalistischen Verwertungsprozess unterworfen und damit immer kompetitiv. Nur was sich rechnet, weil es aussichtsreich und effizient scheint, hat Aussicht gefördert zu werden.

> »Das Prinzip der Klassifikation beruht auf ›Einteilung‹. Objekte (z.B. Menschen) oder Wissen über Objekte (Wissen über Menschen) werden in jeweils disjunkte Abteilungen (Klassen) eingeteilt. Diese Klassen stehen in einem hierarchischen Über- bzw. Unterordnungsverhältnis zueinander. Dabei werden Aspekte höherer

Hierarchieebenen ›vererbt‹ auf darunterliegende Klassen (Merkmalsvererbung). Klassifikation begegnet uns überall im täglichen Leben. So ist die Aufforderung auf Formularen, eine Einteilung nach den Kriterien ›männlich‹ oder ›weiblich‹ vorzunehmen, Beispiel für eine einfache Klassifikation.« (Nohr o.J.)

Das Individuum wird in ein starres, hierarchisches Schema von Klassen (Taxonomie) ›gepresst‹. Die Kategorien sind die beschreibenden ›Aspekte‹ der Klassen. Wir haben diese Methode der Ergebnisaufbereitung von empirischer Wissenschaft vollständig internalisiert und denken seitdem in hierarchischen Kategorien und brauchen Organigramme, um Verantwortlichkeiten zu definieren und ›effiziente‹ Prozesse zu beschreiben.

Mit den folgenden Abbildungen soll verdeutlicht werden, wie die übliche, oft unbewusste Anwendung einer Taxonomie, die Sichtweise auf die Individuen beeinflusst. Sie zeigt, welche Taxonomie der Istanbul-Konvention zugrunde liegt und wie sich die deutsche Sozialpolitik in ihren Erfolgsberichten dann auf die zentrale Position der häuslichen Gewalt in der Taxonomie fokussieren kann und damit alle anderen Fälle nicht mehr betrachten muss (BMFSFJ 2020).

Abb. 1: Taxonomie der Gewalt

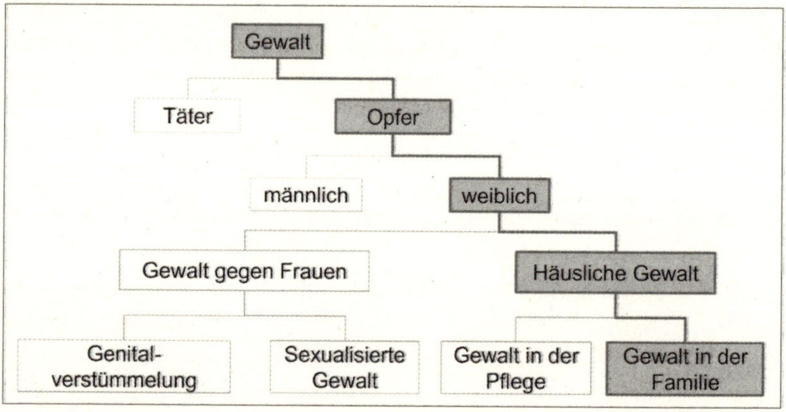

Dieses Beispiel zeigt auch, dass ein weiteres Ausdifferenzieren das Problem nicht lösen kann, da die Hierarchie maßgebend ›für den ersten Eindruck‹ ist (siehe Abbildung 1).

»Eine Taxonomie […] ist ein einheitliches Verfahren […], mit dem Objekte nach bestimmten Kriterien klassifiziert, das heißt in […] Klassen […] eingeordnet wer-

> den. Naturwissenschaftliche Disziplinen verwenden den Begriff der Taxonomie für eine in der Regel hierarchische Klassifikation (Klassen, Unterklassen usw.). Taxonomien [...] [waren und, Anm. KS] sind für die [abendländische, Anm. KS] Wissenschaft von erheblicher Bedeutung, denn sie erleichtern den Umgang mit Einzelfällen und ermöglichen summarische Aussagen, die bis hin zu einer Erklärung von Zusammenhängen führen können. Sie zwingen zur Klarheit über die Unterschiede zwischen den Kategorien und führen dadurch zu einem besseren Verständnis des Untersuchungsbereichs.« (Taxonomie 2022)

Dieses Verfahren ist für eine erfolgreiche Abstraktion und Systematisierung von Erkenntnis absolut notwendig, aber es ist immer nur ein Teil der Modellbildung, die zwar die Wahrnehmung und Analyse der Realität erleichtert, diese aber niemals vollständig beschreibt. Sie ist ein mächtiges Werkzeug in der abendländischen Wissenschaft, das richtig und reflektiert eingesetzt werden muss, um erfolgreich wissenschaftliche Fragestellungen zu lösen. Wird sie für die falsche Aufgabe und/oder ohne Sachverstand eingesetzt, kann die Wirkung gerade im Umgang mit Menschen verheerend sein, denn Individuen sind immer die Summe aller ihrer Eigenschaften und können daher nicht als Vertreter*innen einer Klasse (Gruppe von Kategorien) behandelt werden. Das betrifft auch ihre Lebensrealität, die natürlich situativ von einigen Umständen stärker beeinflusst wird, aber niemals ausschließlich von diesen bestimmt wird. Zuschreibungen, bewusste Vereinfachungen in der Abstraktion oder Fehler wirken nicht nur an der Stelle, an der sie gemacht werden, sondern entfalten durch die Vererbung, die ein immanentes Prinzip der Taxonomie ist, ihre Wirkung bis auf die untersten Ebenen. Menschen werden mit Kategorien in Verbindung gebracht, die nicht von ihrem individuellen Sein bestimmt, sondern von den übergeordneten Klassen übernommen werden.

Werden Hilfe- und Unterstützungsprozesse entlang von Pfaden in der Taxonomie definiert und eingesetzt, dann existiert der individuelle Mensch nicht mehr, sondern er wird an einer ›passenden Stelle‹ (im besten Fall die mit der größten Übereinstimmung) in das Schema einsortiert und dann nur noch als Vertreter dieser Kategorie ver- und behandelt. Damit geraten nicht nur alle anderen ›Eigenschaften‹ aus dem Fokus, sondern ihm werden auch Gruppeneigenschaften zugeschrieben, die er als Individuum gar nicht hat. Diese abstrakten Betrachtungen sollen am Beispiel eines realen Falls verdeutlicht und belegt werden. Er beschreibt das Lebensende einer von

Gewalt betroffenen minderjährigen obdachlosen Frau, der zum Zwecke der Anonymisierung der Name Ani gegeben wurde.

Ani lebt in einer deutschen Großstadt, konsumiert Drogen, ist 17 Jahre alt und mutmaßlich schwanger. Sie ist seit fünf Monaten in Deutschland und bekommt keine finanzielle Hilfe. Die Polizei wurde informiert, als sie von ihrem Dealer geschlagen wurde. Ani ist der Polizei und auch dem Jugendamt (JA) als minderjährige rumänische Staatsangehörige bekannt. Sie hat die Unterstützungsangebote des Jugendamtes nicht angenommen, obwohl ihr Zustand besonders bezüglich ihrer Schwangerschaft sehr besorgniserregend ist. Die Polizei greift Ani regelmäßig auf und hat sie dreimal an die Inobhutnahme (ION) übergeben, wo sie aber nie lange geblieben ist. Das Jugendamt bekommt keinen persönlichen Zugang zu ihr und setzt einen Vormund ein. Ani wird schwer misshandelt und ohne Bewusstsein hinter den Mülltonnen eines Rastplatzes aufgefunden und vom örtlichen Jugendamt nach der medizinischen Behandlung *unbegleitet* in einen Zug gesetzt und zurück in die Großstadt geschickt. Das zuständige Jugendamt wird erst nachträglich verständigt und versucht sie in der geschlossenen Psychiatrie unterzubringen. Der Vormund ist nur sporadisch erreichbar und hatte bisher nur einmal Kontakt zu Ani. Die Psychiatrie hat keine Dolmetscher*innen, sodass Patient*innengespräche nur möglich sind, wenn der rumänisch sprechende Kollege Dienst hat. Die behandelnde Psychiaterin schlägt dem Jugendamt ein Hilfeplangespräch vor, doch Ani verweigert sich den Untersuchungen und wird entlassen, worüber das Jugendamt erst nachträglich informiert wird. Es lässt Ani in die Inobhutnahme bringen und koppelt weitere Hilfe an eine dortige Unterbringung. Eine Mitarbeiterin attestiert Ani Intelligenzminderung mit einem IQ von 62 und thematisiert in der Ansprache ihren ›Lebenswandel‹. Danach schläft Ani noch einmal in einer Übernachtungseinrichtung und hat laut Polizei Kontakt zu einem Freier mit Verbindungen zur Organisierten Kriminalität im Bereich Menschenhandel. *Ani begeht Suizid.* Ihr Körper wird aus Kostengründen nicht nach Rumänien überführt und sie wird stattdessen anonym bestattet.

Um zu verstehen, warum hier eine Gewaltbetroffene, die aus einer besonders vulnerablen Gruppe kommt, keinen Schutz gemäß der Istanbul-Konvention bekommen hat, ist es hilfreich auf die Taxonomien der jeweiligen Einrichtungen zu schauen, die ihre Sichtweise auf Ani und damit auch ihr Handeln bestimmt haben. In Abbildung 2 wird deutlich, wie das Jugendamt Ani sieht. Die Betroffene ist minderjährig und wohnungslos. Sie verweigert sich der Mitarbeit. Sie muss zuerst in Obhut genommen werden, bevor man ihr helfen kann. Der Schutz vor Gewalt ist dem untergeordnet.

Abb. 2: Taxonomie – Jugendamt

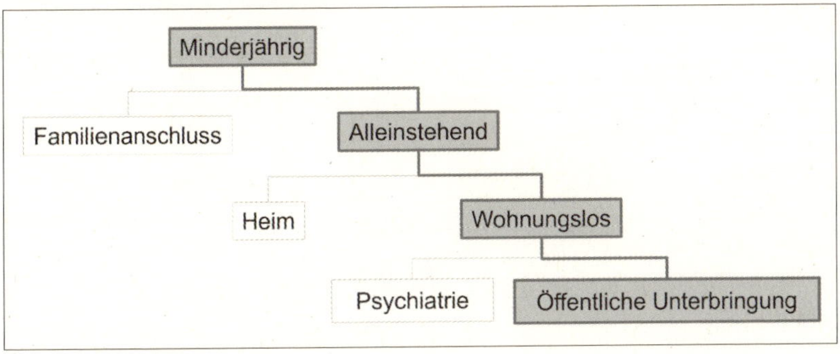

Aus der Sicht der Psychiatrie ist Ani krank, mutmaßlich schwanger und verhaltensauffällig. Sie muss daher zur Beobachtung stationär aufgenommen und später behandelt werden. Die Patientin spricht aber nur rumänisch und versteht die Patientenansprache nicht. Sie ist deshalb nicht therapierbar und muss daher entlassen werden. Ihre Gewalterfahrung wird mutmaßlich nicht wahrgenommen und deshalb auch nicht therapiert (siehe Abbildung 3).

Abb. 3: Taxonomie – Psychiatrie

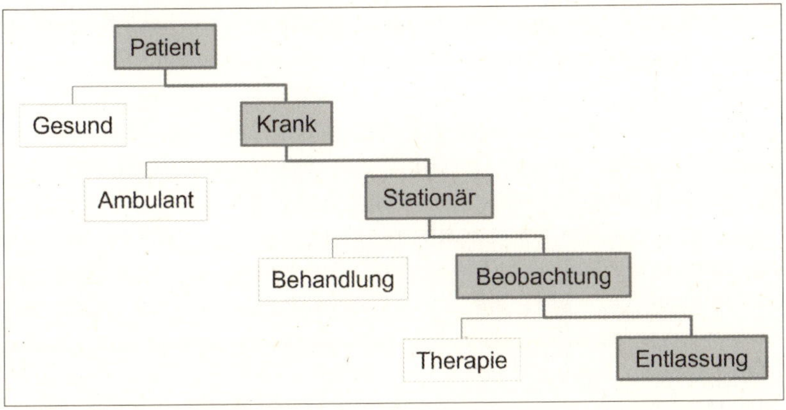

Für die Polizei hingegen ist Ani ein minderjähriger Problemfall, weil sie sich immer wieder nachts allein im Drogen- bzw. Prostitutionsmilieu aufhält. Sie muss aufgegriffen und unbedingt an eine*n Erziehungsberechtigte*n, die*

für ihren Schutz verantwortlich ist, übergeben werden (siehe Abbildung 4). Dass sie Opfer von strafrechtlich relevanten Gewalttaten ist, gerät dabei aus dem Fokus.

Abb. 4: Taxonomie – Polizei

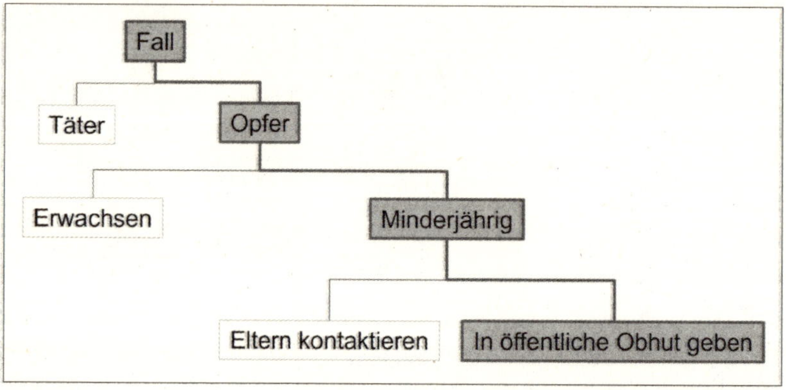

Es zeigt sich, dass alle Institutionen entsprechend ihrer Arbeitsschemata korrekt und effizient arbeiten. Sie haben sich nichts vorzuwerfen, aber am Ende bringt sich Ani um, weil sie in ihrer spezifischen Situation mit ihren Gewalterfahrungen allein gelassen wurde.. Sie hat nicht die Hilfs- und Unterstützungsangebote bekommen, die ihr gemäß der Istanbul-Konvention als Gewaltbetroffene gesetzlich zustehen, sondern ist von jeder Institution in ihre Vorgaben und Prozesse einsortiert und entsprechend ›behandelt‹ worden.

Dieser Fall wurde auch ausgewählt, weil es hier den Versuch einer Kolleg*in gegeben hat, Ani als Individuum zu sehen, das sich in einer multiplen Problemlage befindet, und entsprechend zu reagieren, also sie auch so anzusprechen. Die Straßensozialarbeiterin aus der deutschen Großstadt bekommt in der Fallbeschreibung den Namen Zara. Zara wird Ende April von einer Klientin (!) auf Ani aufmerksam gemacht. Ani spricht nur Rumänisch (mutmaßlich etwas Englisch), Zara jedoch nicht. Am 15. Mai bekommt Zara durch geduldige Kontaktversuche einen ersten Zugang zu Ani. Der Versuch, zusammen mit ihr das Gesundheitsamt aufzusuchen, scheitert, weil Ani ›in Ruhe‹ gelassen werden will. Am 19. Mai fragt das JA an, ob Zara und ihr Team Ani nicht überzeugen könnten, ein Unterstützungsangebot anzunehmen und bittet Zara, Ani zum Termin mit dem

Abb. 5: Subjektorientierte Herangehensweise

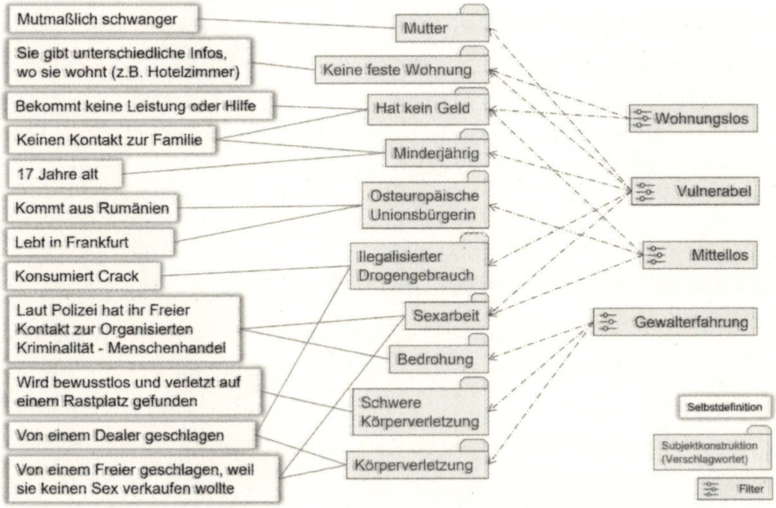

Vormund zu begleiten. Dies lehnt Zara ab, weil ihr Kontakt zu Ani noch nicht belastbar genug ist. Sie versucht ihn in dieser Zeit zu stabilisieren und erzielt dabei leichte Fortschritte. Allerdings werden die Gespräche von Ani sofort abgebrochen, wenn es um ihre Schwangerschaft oder eine Zusammenarbeit mit dem JA geht. Bis Ende Juli gelingt es Zara, einen regelmäßigen Kontakt zu Ani aufzubauen, auch wenn die Kommunikation mit ihr nach wie vor schwierig ist. Während Anis Aufenthalt in der Psychiatrie bietet Zara dem JA und der Psychiatrie an, als Kontaktperson zu arbeiten, um andere Perspektiven zu erarbeiten und versucht eine Besuchserlaubnis zu bekommen, was an den Coronaauflagen scheitert. Anfang August informiert das JA Zara, dass Ani entlassen wurde und bittet sie darum, mit ihr in Kontakt zu bleiben. Das gelingt Zara, jedoch bricht Ani noch immer sofort den Kontakt ab, wenn das Gespräch auf das JA kommt. Zara informiert den Vormund, dass sie demnächst Urlaub machen wird, aber dass das Team weiter für Ani da sei. Während sie im Urlaub ist, hat Ani noch einmal Kontakt mit einer Kollegin von Zara, Ani freut sich erkennbar, bricht aber den Kontakt schnell ab, als sie erfährt, dass Zara noch im Urlaub ist und begeht an diesem Abend Suizid.

Was macht den signifikanten Unterschied im Ansatz von Zara verglichen mit den involvierten Institutionen aus und warum ist es sehr wahrscheinlich, dass sie Erfolg gehabt hätte, wenn ihr mehr Zeit geblieben wäre und die Institutionen ihr Angebot, als vermittelnde Kontaktperson zu fungieren, angenommen hätten? In Zaras Kopf gab es kein vorgefertigtes Schema, in das sie Ani einsortiert hat. Sie hat eine intersektionale, betroffenenorientierte Herangehensweise gewählt, deren Visualisierung in Abbildung 5 versucht wurde.

Taxonomie versus Intersektionalität

Für ein besseres Verständnis des Gesagten ist ein kurzer Exkurs in die unterschiedlichen logischen Bausteine, die der Taxonomie und der Intersektionalität zu Grund liegen, notwendig. Die Taxonomie arbeitet mit Konjunktionen (logisches *UND*) und Kontravalenzen (ausschließendes *ODER*). In einer Konjunktion müssen alle Bedingungen gelten. Ein typisches Beispiel ist die Definition einer spezifischen Zielgruppe für eine Fördermaßnahme. Sie setzt sich aus Menschen zusammen, die über 60 *UND* weiblich *UND* wohnungslos sind. Kontravalenzen sind oft in den oberen Hierarchiestufen einer Taxonomie zu finden. Hier gilt dann nur eine Aussage, zum Beispiel die Opfergruppe ist männlich *ODER* weiblich *ODER* divers.

Um die Ergebnisse von intersektionalen Betrachtungen auswerten zu können, ist es jedoch nötig mit Alternativen (nicht ausschließendes *ODER)* zu arbeiten. Hier gilt eine generelle Aussage nur dann nicht, wenn alle Bedingungen nicht erfüllt werden. Wohnungslose Menschen sind besonders vulnerabel, wenn sie weiblich *ODER* über 60 *ODER* gebrechlich sind.

Taxonomie können sehr effizient die Konjunktionen und Kontravalenzen von Kategorien entlang der Schemastruktur verwalten und für die Auswertung bereitstellen. Bei der Berücksichtigung von Alternativen geht dieser Vorteil jedoch vollständig verloren. Alternativen sind nur sehr aufwendig darzustellen. Sie zerstören die ›schöne‹ Ordnung und Übersichtlichkeit und machen die Ergebnisse uneindeutig. Deshalb werden sie gerne so weit verallgemeinert und reduziert, bis eine binäre Konstellation entsteht, die als Entweder-oder-Frage eindeutig beantwortet werden kann. Alles, was dort nicht hineinpasst, wird als ›Sonderfall‹ deklariert und muss dann nicht mehr berücksichtigt werden. Aber genau auf diese Vielfalt an

Alternativen kommt es an, wenn die Ergebnisse intersektionaler Forschung in die Praxis übertragen werden sollen.

Es gibt aber auch eine andere Herangehensweise. Ausgangspunkt ist hier die Selbstdefinition der Betroffenen, die in den Subjektkonstruktionen erfasst wird. Diese werden dann gemeinsam mit den Betroffenen hierarchiefrei verschlagwortet. Mithilfe dieser verschlagworteten Subjektkonstruktionen wird das Ergebnis der ›Anamnese‹ dokumentiert. Sie beschreibt die aktuelle und individuelle Lebenssituation der Betroffenen, die aber durch die Verschlagwortung anschlussfähig für eine situative Gruppierung sind. Nicht mehr die Kategorien und ihre Position in einer starren Hierarchie sind der Ausgangspunkt für die Problemlösung, sondern der Einsatz von dynamischen Filtern, die entlang der Schlagworte so lange verfeinert bzw. vergröbert werden können, bis ALLE notwendige Angebote und Maßnahmen gefunden und situativ sinnvoll miteinander kombiniert wurden. Das setzt jedoch voraus, dass auch diese nicht mehr schematisch für spezifische Zielgruppen aufbereitet und verwaltet, sondern auf Basis verschlagworteter Kategorien beschrieben und umgesetzt (!) werden. Es gibt also kein Hilfsangebot für obdachlose Frauen mehr, sondern für Menschen, die vulnerabel sind, weil sie zum Beispiel keinen festen Wohnsitz haben und sich nicht männlich definieren oder gebrechlich sind.

Schluss

Das Dilemma der intersektionalen und betroffenenorientierten Forschung besteht darin, dass ihre Ergebnisse bei der Überführung in die Praxis wieder verallgemeinert werden, weil sie immer in die existierenden Organigramme (Organisationsschemata) und Prozessbeschreibungen (implizite Taxonomien) eingeordnet werden müssen, um verwertet werden zu können. Dabei verlieren sie zwangsläufig ihren intersektionalen Charakter und es stellt sich die Frage, wie dieses Dilemma denn nun aufgelöst werden kann.

> »Jetzt wird es spannend, denn einfache Antworten darauf gibt es nicht. Wichtig ist es, miteinander ins Gespräch zu kommen, Fragen zu stellen, Neugier zu entwickeln, über die eigenen Privilegien nachzudenken und bereit zu sein, auf Vorteile zu verzichten. Über Macht und Ohnmacht zu sprechen, Verantwortung zu übernehmen. Die eigenen Verletzungen wahrzunehmen und trotzdem offen anderen Menschen gegenüber zu sein, das Gegenüber zu fragen, was es braucht, um sich willkommen zu fühlen.« (Janssen 2022)

Daraus leitet sich sofort die weiterführende Frage ab, wie dieser arbeitsintensive, individuelle und solidarische Ansatz in der Praxis funktionieren soll. Eine visionäre Antwort findet sich bei Lorey:

> »Das Verharren im kategorialen Paradigma, das theoretisch zirkulär wirkt und verändernde politische Praxen nur reproduktiv versteht, ist, so meine These, einem verkürzten impliziten Verständnis von Kritik geschuldet. Ein kategorialer Exodus würde bedeuten, die Fokussierung auf Kategorien, die tendenziell Machtverhältnisse einfriert und Widerständigkeiten begrenzt oder gar ausblendet, zu fliehen, um Machtverhältnisse nicht nur zu analysieren, sondern zu verändern und gegebenenfalls sogar aufzulösen.« (Lorey 2012)

Die Überlegungen, die in diesem Artikel beschrieben werden, führten zu der Idee, dass die Intersektionale Mehrebenenanalyse im Kontext einer betroffenenorientierten Forschung das Transportmittel für einen klassifikatorischen bzw. kategorialen Exodus sein könnte. Die Subjektkonstruktionen (vgl. Butler 2001; Winker/Degele 2009) der Betroffenen sind ein relevanter Teil der Forschungsergebnisse. Sie werden verschlagwortet und stehen für eine dynamische Auswertung zur Verfügung.

Eingebettet in einen solchen Ansatz, verlieren die Kategorien ihre zentrale Bedeutung und damit auch die Macht, die sie durch ihre Position in der taxonomischen Hierarchie bekommen haben. Sie sind dann nur noch Hilfsmittel, um die Selbstdefinitionen zu verschlagworten bzw. Unterstützungs- und Hilfsangebote betroffenen- statt zielgruppenorientiert zu adressieren.

Die Ergebnisse der intersektionalen Forschung dürfen nicht länger als weitere Hierarchieebenen in die existierenden Taxonomien eingefügt werden, weil damit nur die Klassifizierung und unweigerlich die normativen Setzungen verfeinert würden, sondern es muss sich auch in der Praxis eine intersektionale Sichtweise auf die Lebensrealität der Betroffenen etablieren. Der Lösungsansatz basiert auf einer konsequenten Anwendung der Intersektionalen Mehrebenenanalyse in einem feministischen Kontext. Dies wäre ein Weg, um die feministische Forschung aus der Klammer eines dichotomen Differenzfeminismus und einer identitätsbezogenen Minderheitenpolitik zu lösen und damit die Subjektkonstruktionen, die sich aus der intersektionalen Analyse ergeben, in einem integrierenden Ansatz produktiv zu machen. Subjektkonstruktionen beschreiben die gemeinsamen Erfahrungen der Individuen und sind keine gruppenspezifischen Merkmale im Sinne einer ›Wesenheit‹. Jede Gruppenbildung auf Basis von Klassifizierungen schreibt die ›Ursünde‹ der Aufklärung fort und sie wird nicht dadurch besser, dass das vermeintliche Wissen über die Gruppe aus Kategorien abgeleitet wird, die einer intersektionalen Analyse entspringen. Zielführender ist es, im ursprünglich feministischen (emanzipatorisch, solidarisch, intersektional) Sinne, davon zu sprechen, dass Individuen sichtbar gemacht werden müssen und dann zu analysieren, welche Kombinationen von Subjektkonstruktionen situativ wie zu gewichten sind, um adäquate Unterstützungsangebote zu entwickeln. Zukünftig sollen moderne Ansätze des agilen Arbeitens und der digitalen Transformation nicht intern abgelehnt und dann von außen in dieses Feld getragen werden, um sie in die alten Machtstrukturen zu implementieren, sondern es ist unser aller Aufgabe, diese aktiv für die solidarischen und intersektionalen Grundsätze einer feministischen Forschung und Entwicklung produktiv zu machen.

Literatur

Bundesministerium für Familie, Senioren, Frauen und Jugend (BMFSFJ) (2020): GREVIO Erster Staatenbericht der Bundesrepublik Deutschland. Berlin. https://www.bmfsfj.de/resource/blob/160138/6ba3694cae22e5c9af6645f7d743d585/grevio-staatenbericht-2020-data.pdf (24.07.2022).

Butler, Judith (2001): Eine Welt, in der Antigone am Leben geblieben wäre. Interview mit und Übersetzung. In: Deutsche Zeitschrift für Philosophie 49/4. S. 587–599.

Butler, Judith (2009): Raster des Krieges: Warum wir nicht jedes Leid beklagen. Frankfurt am Main: Campus.

Janssen, Claudia (2022): Überkreuzungen. Was Geschlecht, Hautfarbe und Herkunft miteinander zu tun haben. https://www.ndr.de/kultur/sendungen/glaubenssachen/manuskript554.pdf (11.09.22).

Hall, Stuart (2018): Das verhängnisvolle Dreieck. Frankfurt am Main: Suhrkamp.

Lorey, Isabell (2012): Konstituierende Kritik. Die Kunst, den Kategorien zu entgehen. In: Birgit Mennel / Stefan Nowotny / Gerald Raunig (Hg.): Kunst der Kritik. Wien: Turia + Kant 2012. S. 47–64. www.portal-intersektionalität.de (11.09.22).

Lorey, Isabell (2020): Die Regierung der Prekären. Wien: Turia + Kant.

Nohl, Holger (o.J.): Klassifikation. Skript zur Vorlesung im Fach Inhaltliche Erschließung, Studiengang WB. https://hdms.bsz-bw.de/frontdoor/deliver/index/docId/382/file/nohrklassifikation.pdf (24.07.2022).

Taxonomie 2022: Wikipedia – Die freie Enzyklopädie. https://de.wikipedia.org/wiki/Taxonomie (24.7.2022).

Klassifikation 2022: Wikipedia – Die freie Enzyklopädie. https://de.wikipedia.org/wiki/Klassifikation (24.7.2022).

Winker, Gabriele / Degele, Nina (2009): Intersektionalität. Zur Analyse sozialer Ungleichheiten. Bielefeld: transcript.

Autor*innenverzeichnis

Katja von Auer ist Sozialarbeiterin (M.A.) und Lehrbeauftragte an der Frankfurt University of Applied Sciences im Fachbereich Soziale Arbeit. Sie lehrt und forscht zu den Schwerpunkten Intersektionalität, prekäre Lebenslagen und Rassismus gegen Sinti*zze und Rom*nja.
E-Mail: katja.vonauer@fb4.fra-uas.de

Elena Barta ist Historiker*in. Arbeitsschwerpunkte: Zeit- und Bewegungsgeschichte, Menschenrechte, Intersektionalität und strukturelle Veränderungsprozesse (insbesondere zu Geschlecht, Sexualität, Migration und Abilität), sowie gesellschaftliche Gewalt- und Machtverhältnisse.
E-Mail: barta@posteo.de

Mai-Anh Boger ist Akademische Rätin am Lehrstuhl Pädagogik bei Verhaltensstörungen einschließlich inklusiver Pädagogik an der Universität Regensburg. Sie promovierte zur Theorie der trilemmatischen Inklusion – Zur Kartographierung von Betroffenenperspektiven und theoretischen Zugängen und wurde ausgezeichnet mit dem Dissertationspreis der Universität Bielefeld. Sie ist Gründungsmitglied und Redaktionsmitglied der Zeitschrift für Disability Studies (zds-online.org) und Mitherausgeberin der Reihe ›resistance & desire‹ des bildungslab* (bildungslab.net).
E-Mail: mai-anh.boger@ur.de

Christina Clemm ist Fachanwältin für Strafrecht und Familienrecht in Berlin, Autorin von ›Akteneinsicht – Geschichten von Frauen und Gewalt‹ (Verlag Antje Kunstmann), im September 2023 erscheint bei Hanser Berlin ihr neues Buch ›Gegen Frauenhass‹. Ihre Tätigkeitsschwerpunkte sind u.a.: Vertretung von Verletzten geschlechtsspezifischer, rassistisch und lgbtiq-feindlich motivierter Gewalt.
E-Mail: clemm@anwaeltinnen-kreuzberg.de

Sarah Elsuni ist Professorin für das Recht der Sozialen Arbeit mit Schwerpunkt Recht der Frau / legal gender studies an der Frankfurt University of Applied Sciences im Fachbereich Soziale Arbeit & Gesundheit. Arbeitsschwerpunkte: Grund- und Menschenrechte im Mehrebenensystem, legal gender studies & theory, Antidiskriminierungsrecht, Gewaltschutzrecht.
E-Mail: elsuni@fb4.fra-uas.de

Melike Engin ist als staatlich anerkannte Sozialarbeiterin tätig in einem hessischen Frauenhaus und Lehrbeauftragte an der Frankfurt University of Applied Sciences zum Thema Gewalt gegen Frauen.
E-Mail: melike.engin2@fb4.fra-uas.de

Sabine Fries ist Professorin für Gebärdensprachdolmetschen und Gehörlosengemeinschaft an der Hochschule für angewandte Wissenschaften Landshut/Niederbayern. Arbeitsschwerpunkte: Deaf Community Studies, Gewaltforschung, Intersektionalitätserfahrungen tauber Frauen, Partizipative Forschung, Ethik und Berufsethik im Berufsbild Gebärdensprachdolmetschen.
E-Mail: sabine.fries@haw-landshut.de

Sylvia Haller und *Britta Schlichting* sind beide Sozialpädagoginnen. Arbeitsschwerpunkt: Zentrale Informationsstelle Autonomer Frauenhäuser und Frauen helfen Frauen e.V. Heidelberg.
E-Mal: info@zif-frauenhaeuser.de

Das *Kollektiv Solidarische Sozialarbeit* ist eine Gruppe von Menschen, die im und um das Bahnhofsviertel Frankfurt arbeiten und bereits 2020 einen Artikel im Alternativen Drogen- und Suchtbericht veröffentlichten.
E-Mail: solidarische-sozialarbeit@riseup.net

Christine Kone ist Sozialarbeiterin (M.A.) und Lehrbeauftragte an der Frankfurt University of Applied Sciences. Sie lehrt zu den Themen Rassismus und Antiziganismus.
E-Mail: christine-kone@gmx.de

Ulrike Lembke ist Professorin für Öffentliches Recht und Geschlechterstudien an der Humboldt-Universität zu Berlin, Juristische Fakultät und

Zentrum für transdisziplinäre Geschlechterstudien. Arbeitsschwerpunkte: Grund- und Menschenrechte, Antidiskriminierungsrecht, rechtliche Geschlechterstudien, reproduktive Rechte, Gewalt im Geschlechterverhältnis, Intersektionalität, Geschichte der Frauenbewegungen, Rassismus und Antisemitismus.
E-Mail: ulrike.lembke@hu-berlin.de.

Fabienne Mahwane ist Volljuristin, Moderatorin und Beraterin. Arbeits- und Beratungsschwerpunkte: Antidiskriminierung, Gewaltschutz, Intersektionalität im Recht, in der Arbeitswelt und im Alltag.
E-Mail: fabienne.mahwane@posteo.de

Christiane Micus-Loos ist Professorin für Sozialpädagogik an der Christian-Albrechts-Universität zu Kiel, Institut für Pädagogik. Arbeitsschwerpunkte: Feministische Theorien, Gender- und Queer Studies, Intersektionalität, Gewaltforschung, Berufsorientierung und Lebensplanung, Qualitative Sozialforschung und Theorien Sozialer Arbeit.
E-Mail: micus-loos@paedagogik.uni-kiel.de

Ursula Probst ist wissenschaftliche Mitarbeiterin am Institut für Sozial- und Kulturanthropologie an der Freien Universität Berlin. Arbeitsschwerpunkte: Medical Anthropology, Migration und Mobilität, sexuelle Ökonomien, Arbeit, Prekarisierung, kritische Europaforschung, Neoliberalismus.
E-Mail: ursula.probst@fu-berlin.de

Martina Puschke ist Leiterin der Politischen Interessenvertretung behinderter Frauen im Weibernetz e.V. Arbeitsschwerpunkte: Gewalt gegen Frauen mit Beeinträchtigungen, Antidiskriminierungspolitik, geschlechtergerechte Teilhabe.
E-Mail: martina.puschke@weibernetz.de

Birgit Sauer ist Professorin für Politikwissenschaft, i.R., an der Universität Wien, Institut für Politikwissenschaft. Arbeitsschwerpunkte: Feministische Staats- und Demokratietheorie, Politik und Affekt, Rechtspopulismus und Geschlecht, vergleichende Geschlechterpolitikforschung, Migration und Geschlecht.
E-Mail: birgit.sauer@univie.ac.at

Stella Schäfer promoviert zu einer intersektionalen Analyse von Partnerschaftsgewalt am Institut für Soziologie, Goethe-Universität Frankfurt am Main. Arbeitsschwerpunkte: Gewaltforschung, Intersektionalität, Frauenhäuser, Istanbul-Konvention, Femi(ni)zide, Mapping und Übergangsforschung.
E-Mail: stella.schaefer@stud.uni-frankfurt.de

Gloria Schmid ist Soziolog*in und Sozialpädagog*in. Arbeitsschwerpunkte: geschlechtsspezifische und häusliche Gewalt, Istanbul Konvention, Gender Studies, Intersektionalität und soziale Ungleichheiten.

Kathrin Schrader ist Professorin für Menschen in prekären Lebenslagen in der Sozialen Arbeit an der Frankfurt University of Applied Sciences, Arbeitsschwerpunkte: Prekarisierung von Lebenswelten, Handlungsfähigkeit marginalisierter Gruppen, Lebenssituation gewaltbetroffener Frauen mit Psychiatrieerfahrung im Frauenhaus, Intersektionalität in der Sozialen Arbeit. Vorstandsfrau von ragazza e.V. Hamburg, einer Hilfeeinrichtung für drogenkonsumierende und sich prostituierende Frauen.
E-Mail: schrader.kathrin@fb4.fra-uas.de

Sarah Sobeczko ist Erziehungswissenschaftlerin (M.A.) und promoviert extern an der Philipps-Universität Marburg im Fachbereich 21 Erziehungswissenschaften. Arbeitsschwerpunkte: Frauen* und Mädchen* als Adressat*innen Sozialer Arbeit, Gewalt (auch) im Geschlechterverhältnis, Kinder- und Jugendhilfeforschung, Cultural Studies u. Visual Studies, Historie Sozialer Arbeit, Qualitative Sozialforschung und Theorien Sozialer Arbeit.
E-Mail: sarah.sobeczko@posteo.de

Rita Segato

Femizid

Der Frauenkörper als Territorium des Krieges

288 Seiten | 19,80 €
ISBN 978-3-89771-338-3

Gewalt gegen Frauen: aus einer dekolonialen und feministischen Perspeltive analysiert

In den vergangenen Jahrzehnten hat die weltweite Gewalt gegen Frauen drastisch zugenommen. Die argentinische Anthropologin Rita Segato fordert, Frauenmorde nicht länger in privaten und sexuellen Kategorien zu betrachten, sondern vielmehr als systembedingte Feminizide zu benennen, die den Herrschaftsanspruch von Männerbünden erhalten sollen. Ihrer Ansicht nach wird es nur durch eine Wiederbelebung und Repolitisierung der Kommunen und Gemeinschaften gelingen, diesen global stattfindenden Femigenozid zu stoppen. Es geht der Autorin mit ihrer Intervention nicht nur um eine Beschreibung der Realität und eine theoretische Auseinandersetzung mit Begriffen, sondern gleichermaßen darum, konkrete Handlungsmöglichkeiten vorzuschlagen und gesellschaftliche Gegenwehr zu entwickeln.

Lena Völkening

Gendern

Warum wir die Flexibilität des Sprachsystems nutzen sollten

160 Seiten | 14,80 €
ISBN 978-3-89771-340-6

Ein Plädoyer für sprachgerechtes Gendern

Auch wenn sich fast alle einig sind, dass wir weniger diskriminierend kommunizieren möchten, wird über kaum etwas so heftig debattiert wie über das Thema Gendern. Um souverän über das Ob und Wie entscheiden zu können, ist es hilfreich zu lernen, wie Sprache im Allgemeinen funktioniert. Denn ihre Regeln sind so komplex wie das Innenleben von uns Menschen. Jedes noch so kleine Detail – von Tonlage über Wortstellung bis hin zur Wahl der Wörter – erfüllt wichtige Funktionen menschlicher Kommunikation. Deshalb ist es nie egal, wie wir etwas sagen. Anhand faszinierender Erkenntnisse aus der Linguistik erklärt die Sprachwissenschaftlerin, Übersetzerin und Journalistin, welchen Einfluss Sprache auf unser Denken hat, wie Bedeutung entsteht und wie Sprachwandel ganz generell vonstattengeht.

Ines Pohlkamp

Genderbashing

Diskriminierung und Gewalt an den Grenzen der Zweigeschlechtlichkeit

424 Seiten | 24 €
ISBN 978-389771-305-5

Tanja Carstensen, Melanie Groß & Kathrin Schrader (Hg.)

care | sex net | work

Feministische Kämpfe und Kritiken der Gegenwart

176 Seiten | 14 €
ISBN 978-3-89771-307-9